敘事探究

課程與教學的應用

莊明貞　主編

莊明貞、阮凱利、吳臻幸、柴成瑋
蕭又齊、賴玫美、何怡君、陳靜宜　著
江慧娟、廖窕吟

主編簡介

莊明貞

學歷：美國伊利諾大學香檳校區課程與教學哲學博士

經歷：教育部國民中小學課程綱要研究發展小組重大議題研修小組
　　　召集人

　　　教育部國民中小學課程綱要審議委員會委員

　　　教育部國編館高中「公民與社會科」教科書審議委員

　　　美國伊利諾大學香檳校區全球教育研究訪問教授

　　　中國北京師範大學教育學院國際講座教授

　　　英國倫敦大學教育學院課程研究訪問學者

　　　《課程研究》期刊總編輯

　　　《教育與多元文化研究》期刊主編

　　　《跨國課程探究期刊》（Transnational Curriculum Inquiry）主編

現職：國立台北教育大學課程與教學研究所教授兼所長

專長：課程研究方法論、課程理論研究、多元文化課程與教學研究、
　　　當代課程趨勢與議題、國際化課程研究

獎勵：行政院國家科學委員會甲種學術研究計畫與著作獎勵十三次

Email：mingjane@tea.ntue.edu.tw

作者簡介

莊明貞（第1、2篇）
學歷：美國伊利諾大學香檳校區課程與教學哲學博士
現職：國立台北教育大學課程與教學研究所教授兼所長

阮凱利（第3篇）
學歷：國立台北教育大學課程與教學研究所博士
現職：桃園縣草漯國小校長

吳臻幸（第4篇）
學歷：國立台北教育大學課程與教學研究所博士候選人
現職：桃園縣成功國小教師

柴成瑋（第5篇）
學歷：國立台灣師範大學教育學系博士候選人
現職：基隆市安樂國小教務主任

蕭又齊（第6篇）
學歷：台北市立教育大學教育學系課程與教學組博士候選人
現職：台北市逸仙國小教師

賴玫美（第7篇）
學歷：國立台北教育大學課程與教學研究所教學碩士
現職：台北市志清國小教師

何怡君（第8篇）
學歷：國立台北教育大學課程與教學研究所博士候選人
現職：台北市湖山國小校長

陳靜宜（第9篇）
學歷：國立高雄師範大學教育學系課程與教學碩士
現職：台北市西園國小輔導主任

江慧娟（第10篇）
學歷：國立台北教育大學課程與教學研究所課程領導與管理碩士
現職：台北市北投國小教師

廖窕吟（第11篇）
學歷：國立台北教育大學課程與教學研究所碩士
現職：台北縣介壽國小教師

主編序

　　我是在台北市中山區繁華的頂厝庄長大，二百多年前傳聞莊氏祖先以兩隻雞向原住民換得此地。聽父執輩說，日據時代美軍曾轟炸住家附近的澡堂（因澡堂的煙囪像工廠），死了不少當地的居民，因當時祖父正到福建沿海經商，所以僥倖躲過了轟炸。國民政府遷台前，先父在二二八事件發生時正在念中學，血氣方剛的年紀也曾經好奇地跑到公賣局附近，觀看國軍在街上荷槍實彈的抓遊行示威的民眾，後來祖父在那段期間對我父親執行禁足令，也僥倖躲過那段台灣血腥的歲月。在那個事件過後父親回到學校，發現所有當天與他參加活動的同學從此消失無蹤。父親後來並未淪為頂厝庄的黑幫（牛埔幫）角頭，或在燈紅酒綠的五六條通夜生活中從此墮落沉淪，但對我而言，從小所經歷的生活經驗，猶如電影「艋舺」中的片斷，總是那麼樣的鮮明。二二八事件牽動著上一代的歷史情結，也影響了如父親那一代人的政治意識形態，這段台灣人重要的歷史，在我們求學的過程中從沒有撰述在教科書中，卻反而由上一代的口耳相傳，成為一種歷史的敘事與上一代的集體經驗，這種敘事經驗，有社會、文化與歷史建構的意涵，是跨越台灣老中青三代的共同記憶。

　　基於口耳相傳的敘事，有其重建社會歷史文化的價值，本書編輯的目的，就是想探究那些活著和口耳相傳的教師敘事經驗。因為敘事，它既是一種現象，也是一種方法。敘事所指稱的是研究對象的經驗結構內涵，同時亦指稱其研究的類型。在指導研究生論文時，常有研究生詢問「故事」與「敘事探究」的差異，本書所採取的合理策略，就是將現象稱為「故事」，把探究稱為「敘事」。因此，我們可以說，人們會自然地「陳述」其生活，並訴說著那些生活的故事，而敘事探究者旨在描述這樣的生活，並以實徵方法蒐集資料，寫下種種經驗的敘說。

　　一九八〇年代末期，我在美求學時初次接觸到北美教育研究社群所發展的敘事探究，它當時的名稱叫做「個人經驗方法」（personal experience method），在當時量化研究社群眼中，它可能不能被視為「方法」，充其量只能稱為是一種「現象的理解」。但隨著質性研究典範的開枝散葉，敘事探究也逐漸結合了文學、口述史、美學及社會科學等的研究傳統，其方法論也從後實證主義、批判理論、後結構主義與女性主義等的學理吸取厚實養分與啟示，並逐漸成為質性研究中的重要研究取向之一。美國教育研究學會（AERA）也將敘事探究列為特殊興趣組群（SIG）之一，敘事探究發展近二十年來，其研究的社群正逐漸邁向科際整合與國際化，關注的主題也呈現多元文化面貌。台灣課程與教學研究社群對敘事探究的開展伴隨著課程研究的再概念化，相較其他教育研究領域它的起步算是稍早的，相對地，也匯集了一些從事博碩士研究論文的年輕研究社群。本書即集結了一些近幾年來從事敘事探究的研究者，重新反思自己所從事的敘事探究，因大多數為學位論文，為便於查詢，本書也附錄原論文於光碟中，讀者可以瞭解作者如何書寫其敘事經驗及其過程。

本書的撰寫原初目的即是在體現實踐者建構知識與其實踐經驗的「發聲」，所以在撰寫的順序上，首先由我從知識論出發──論課程領域教師敘事探究的發展及其效度評析；其次再從方法論去理解一所郊區小學校的課程革新之敘事探究；另外由阮凱利來談虛構在敘事與教學中的力量，再由吳臻幸撰寫「張力時刻」，論課程敘事探究的另一扇窗；其後──展現實務工作者的課程與教學之敘事實踐案例。自我敘說的研究，首先由柴成瑋以解構或囚泳為隱喻，自我敘事一位國小教師邁向轉化型知識份子的探究；再來由蕭又齊的回顧與眺望，重說社會事件融入社會科課程的故事；相互敘事的實例，則由賴玫美的互為主體的影舞者，重說自己「師徒式學習」的生命敘說；接著由何怡君的回眸凝視，重說自己與退休女校長課程領導的生命故事；另一方面則由陳靜宜的跨越薄冰向前邁進──再探一位國小教務主任課程領導的自我敘說；由個人敘事在地實踐的實例，本書引介江慧娟的自我敘說女巫之旅，論述敘事課程實踐的自我敘說如流水行雲；最後由廖婉吟的重植失根的蘭花，再探在地文化認同課程實踐之生命敘說。各篇皆是由作者的學位論文改寫，再加上作者在撰寫完學位論文後的反思，並重說自己課程與

教學實踐的故事;重說故事不僅僅是在描繪教師課程實踐經驗,亦是達成共同的課程願景,也希望藉此書的出版再現敘事風采,並提供有心從事敘事探究的研究社群之參考。

本書勾勒出敘事探究即為一個在研究進行中,關係到彼此敘說和重述故事的共構過程。在本書各篇案例的研究過程中,研究者「生活」在敘事探究的分享故事裡,且企圖建構一種彼此聲音都能被聽到的關係。在這個相互理解、相互敘說的關係中,研究者及實踐者均感受到關懷且能共同「發聲」,並敘說他們彼此的故事。對於國內課程與教學研究社群所興起的敘事探究風潮,在本書中我以「篇篇起舞」與「眾聲喧譁」作隱喻,來描繪台灣本土有關課程與教學領域的敘事探究,以及課程社群耆老自傳文本文獻的豐沛成長,並希望藉由此書的出版,與國內教育領域的質性研究社群展開積極對話。

最後,本書的出版希望引起更多有興趣從事敘事探究者的共鳴與發聲,雖然敘事探究在國內教育研究社群的發展,仍有不同流派對撰寫研究文本的爭議,但這個現象,即使在北美質性研究社群亦有發生,至此也引起很多對敘事文體與撰寫風格,以及研究倫理與知識有效性議題的廣泛討論,希望讀者在展讀後能不吝斧正,並將論文改進意見提供給我以及作者,作為後續研究之參考。本書能順利出版要感謝心理出版社林敬堯總編輯在我行政繁忙的日子裡,能時時督促我出版事宜,甚至在騎單車環島時仍時時告知付梓在即,在此一併致謝。

莊明貞

謹誌於石牌丹堤

2010 年 7 月 16 日

目次

註：光碟內容為第 4 篇至第 11 篇文章作者之博碩士論文，有興趣的讀者可自行
　　參閱。

從知識論出發——
課程領域教師敘事探究的發展及其效度評析

莊明貞

關注研究論證效度的知識宣稱：這是所有社會科學研究不可或缺的議題。課程研究領域的敘事探究，隨著質性研究典範的興起，也面臨其研究知識有效性的挑戰。近年來，台灣課程研究領域吹起一股敘事探究風潮，基於效度在課程研究領域扮演著一個重要角色，本文嘗試從課程領域教師敘事探究的知識論加以切入，再分析國內外課程領域教師敘事探究的發展趨勢，最後再評析敘事探究的多元效度規準及其知識宣稱的合理性，並做成結論。

壹　實踐知識——教師敘事探究的認識論

近幾年來，敘事探究在北美課程領域的教師研究正蓬勃發展，我曾在2008 年〈從方法論出發〉的一文中，提到北美敘事研究社群強調運用敘事探究，來理解教師在學校改革的敘事知識與理解，或探討學校革新中教師敘事的理解，視教師敘事為批判探究，或強調教師敘事專業認同為一種教師專業的發聲。前述敘事探究研究社群的重要推手，首推 Jean Clandinin 和 Michael Connelly，前者目前任教於加拿大的亞伯達大學（University of Alberta），後者已由安大列教育學院（Ontario Institute for Studies in Education）退休。二十年來，他們出版了許多著作、發表無數論文，其中由他們所主編的敘事探究專書，如《敘說探究——質性研究中的經驗與故事》

（*Narrative inquiry: Experience and story in qualitative research*）（2000）及《敘事探究手冊》（*Handbook of narrative inquiry: Mapping a methodology*）（2007），網羅跨國課程與教學敘事研究社群及關照多元文化角度；他們認為，「敘事」是一種現象，也是一種方法，它是有結構的經驗，同時也是研究的模式，為了區分，他們將現象稱為「故事」，將方法稱為「敘事」。

雖然教師時常運用故事來傳達教學經驗與知識，但同時這些經驗也很容易被質疑，這主要有兩個質疑：一是教師往往是局內探究者，無法如科學標準化實驗般地客觀；其次是教師知識是否由敘事探究所產生仍是未知（Lyons & Laboskey, 2002）。我用以下例子來說明教師研究知識的分野：1986年，Jerome Bruner 在美國心理學會（American Psychological Association, APA）發表時，提出兩種思考與認知模式：一是傳統邏輯科學模式，二是敘事的模式，兩者是互補的，無法相互化約的，它們都提供了經驗與建構真實的不同方式。邏輯科學模式核心的認識論問題是「如何知道真實」？往往這個真實是大寫的 R（Reality），是專有名詞，它相信有唯一的真實，它追求的是免於情境限制的、普遍的解釋，從嚴謹分析、邏輯論證，獲致研究結果。相反地，敘事模式則關心經驗的意義，強調脈絡的敏感度與特殊性，因此它認為真實是諸多經驗詮釋之一的可能性。因為，我們所選擇敘說的故事及物件，乃受到當下人格建構的影響（Errante, 2000），因此有些故事只說給特定時候的某些人聽，相同的故事在不同的時候說給不同的人聽，也會產生不同的意義。

當 Bruner 的論述引發社會科學學術界對敘事與詮釋的興趣時，教師研究正大量運用敘事在研究與實務中，敘事作為故事，特別能夠捕捉教師工作的不確定與複雜性。這些強調從行動中慢慢浮現的知識，自 1990 年代以來，隨著教學敘事探究文獻的增加，有再度引發「什麼是知識？」的質疑。

邏輯科學論者質疑「將故事神聖化並重建新的認識論，顯然無法說服科學社群」。直到 Fenstermacher（1994）的《教學研究的知識》（*The nature of knowledge in research on teaching*）一書中，引用 Bruner 的觀點

提出兩種教學知識形式：正式知識適合邏輯科學模式、實務知識則適合敘事形式。在為敘事知識爭取合法地位的同時，他也提出質疑：「當科學家研究人類行為時，是否可能同時運用正式與實務的知識？」教師知識研究的挑戰，不只是讓人們了解教師所知、所思、所信，而是讓教師知其已知，這是更強調教師對於自己知識的了解與內省所產生行動力。無疑地，上述的方法已經結合行動研究的主要精神。

1990 年代中期，當時已經運用敘事探究教師經驗多年的 Clandinin 和 Connelly，回應 Fenstermacher 提出教師確實能夠知其所知。但是，教師知識品質必須依賴其所處的脈絡與政治性的知識觀。換言之，教師的敘事知識來自其特定的情境，因此，敘事探究首先改變了課程研究社群的「知識觀」，其站在教師實務知識研究的當口，迫使人們必須重新審視教師知識的地位與研究的定義。在敘事脈絡中的課程與教學研究，並非發展或提出一般的教學原則，而是考慮情境、脈絡與特殊的意義與知識，並喚起大家注意到認知的社會意義，以了解教師如何教學及學生如何學習。

由於教師擁有大量的教學故事與經驗，會促使教育研究者以特別的觀點來詮釋、評價與感受每天行動的經驗。長久以來，課程理論往往凌駕於教師經驗之上，理論擁有高高至上的特權與優勢，經驗往往由於缺乏嚴密的理論而遭受貶抑。除此之外，一般都假定教師常抗拒課程與教學理論，因為它過於抽象且遠離實務經驗，但同時，理論又像權威的論述是嚴密與合法的文本，於是經驗與理論的矛盾二分，使得教師的課程實踐常面臨困境，也限制了教師的思考，並控制與規範教師的實踐取向。

然而，真正的問題並不在於教師敘事經驗過於個人化或在地化，因此沒有研究價值，其主要的問題是經驗不夠理論化，實務工作者的經驗往往欠缺批判分析，教師與學生也無法看到自己的經驗是如何建構的，以及如何受語言、制度與文化的意識形態所影響。因此，教師是需要理論的語言來幫助其看到經驗的再建構，與在教學敘事中的競爭與衝突，而這樣的訴求將促使批判理論取向的敘事探究之發展。

除此之外，故事提供社會文化的象徵性對話文本，將社會的自我與更廣

大的與文化敘事相聯結，敘事探究能夠為研究主題創造新的意義與重要性，而非僅是生產知識而已（Clandinin & Connelly, 2000）。有若干學者認為，課程領域的敘事探究強調教師的發聲，它常常關切性別、知識與權力的議題，因此有一些研究者會進行女性主義、後現代主義取向的敘事探究。由此看來，女性主義與多元文化的理論，也能協助教師敘事經驗的理論化（Carter & Anders, 1996）。

綜上所述，在敘事探究中，經驗與理論是彼此持續辨證與對話的，教師不運用理論的假定，對於教學改進是不利的，相反地，透過敘事，教師將經驗理論化而非去理論；如此一來，猶如課程再概念學派的一貫立論，敘事探究是一種課程理論化，它能夠反駁理論甚至生產或修正理論。

貳　眾聲喧譁──課程領域教師敘事探究的特性

敘事探究是跨科際研究的，其方法取自心理學、文學、歷史、人類學與教育等等，敘事探究包括傳記與自傳、生活書寫、個人報導、個人敘事、敘事訪談、個人文件、生活文件、生活故事、生活歷史、口述歷史與民族歷史、民族誌、自我民族誌、俗民心理學、通俗記憶團體等等（Casey, 1996）。

敘事探究所賦予教學中師生的豐富脈絡之意義，故事也如同量化資料一樣值得信賴。在教師敘事研究中，我們會了解沒有一個真正的故事，也沒有完全價值中立的觀點。無可避免的，敘事探究有其功能價值，同時也有其限制與問題。整體而言，敘事探究是意圖的、反省性的行動，其研究特性包括以下數端：

1.探究假設：基於自然主義的假定，研究者必須對於自然情境、人物與脈絡保持敏感性，另外，所存在的知識是能夠被詮釋的（Guba & Lincoln, 1989）。

2.探究目的：敘事探究旨在了解，不同的人們在複雜的脈絡下如何達成

共識。敘事探究即意圖了解與創造經驗的意義，它主要透過訪談、參與觀察、報導、視覺與書寫的文本，蒐集質性與量化資料，同時它的本質是主觀的、描述的、詮釋的、建構的與互動的。

3.彈性風格：Denzin 和 Lincoln（2000）認為，彈性是質性研究的關鍵特質，是一連串的張力、衝突與猶豫；敘事探究也支持研究設計與發展能夠有彈性的修改，包括研究範圍、蒐集資料的形式與完成研究的時間（Merriam & Simpson, 2000）。

4.曖昧模糊：在敘事探究裡，往往追求「另類的詮釋」，Clandinin 和 Connelly（2000）以為，敘事探究本文是建立在多元、流動基礎上的宏偉設計，它曖昧模糊的特質激起更多迴響與不同的觀點，因此他們倡議忍受這種伴隨曖昧模糊而來的不安。

5.時間處理：敘事探究的時間軸在過去、現在與未來之間游移，此外，研究者與參與者在時間軸上同時聚焦在四個方向，包括向內、向外、往前、往後。他們總是處在時間與空間的連續軸上，向內是指內在的感覺、希望、美感反應與道德的情意；向外包括存在的條件、環境與真實。而時間的往前、往後旅程則與個人、社會相連結（Clandinin, 2007; Clandinin & Connelly, 2000）。

6.研究者與研究物件的條件：敘事探究堅持研究者與研究物件是相互的、真誠的合作，它需要坦白與信任，因為是合作的，所以雙方的聲音都應該被聽到，Clandinin 等人甚至認為，研究者與其共同參與者就如同陷入熱戀的情人般，基於此，他們提醒研究者在組織田野文本時，必須運用「冷靜的觀察」技術（Clandinin & Connelly, 2000）。

7.文本處理：在敘事探究中，聲音、署名敘事形式與閱聽者等議題，必須在研究者建構研究文本過程中陳述。閱聽者在建構田野文本時需考慮其詮釋可能（Clandinin & Connelly, 1991）。至於聲音，研究文本必須陳述與反映出多重的聲音，包括研究者、共同參與者與閱聽者的聲音（Clandinin & Connelly, 2000; Elbal-Luwisch, 2005）。使用聲音的隱喻來討論文本的書寫策略，包括寫作的行為、作者、讀者等等。聲音有時是獨白、有時是互

相敘說的唱雙簧，時常是兩者兼有之，聲音是獨特的、個人的媒介，在敘說中我們了解自己、語言與世界，聲音有三種形式，包括自我的聲音，沒有目的也不考慮讀者，其次是自然的聲音，不依賴脈絡，最後是原始的聲音，停留在時間與空間中。總之，「聲音」是敘事探究中重要的隱喻，也是文本構成的主要因素。它如同音樂的曲風，如巴羅克時期的賦格或古典時期的奏鳴曲等；當然，敘事探究寫作風格需要研究者與共同參與者協商完成。

綜上所述，敘事探究改變了傳統知識觀與認識論，它關切學習者與學習內容之間的關係，因為探究者帶著個人價值觀與社會歷史的立場進入研究，因此敘事探究的知識觀是社會建構的（Berger & Luckman, 1966）。它的詮釋權是開放給閱聽者。同時，當教師實踐知識能夠與所謂正式知識相提並論時，教師的經驗則必須透過理論化使之自覺、自省並行動，以促進專業發展，進而說服其他研究社群，這樣的行動基礎有來自批判理論、女性主義、多元文化主義、後現代主義等理論的啟示。因此，敘事探究是科際整合的研究方法，它的方法論基礎是多元典範的立論。探析教師敘事探究的特性足以讓我們在從事或評述敘事研究時，能夠掌握其本質，不致於偏離其研究立場。

參 篇篇起舞——
課程領域教師敘事探究的發展趨勢

由以上分析，我們得以了解敘事探究有助於教師經驗的理論化，今日課程研究領域由於不斷受到如現象學、詮釋論、批判理論、女性主義與後現代主義等思潮影響，除了課程本質進行再概念化之外，也影響了課程研究的實踐領域。課程與教學領域的敘事探究，除前述加拿大學者 Connelly 和 Clandinin 二十多年來不斷出版專書外，更親自參與並指導許多國際性研究，他們結合了敘事探究與行動研究，並致力於提高教師實踐知識的地位，它創造

了獨特的「研究空間」使理論與實務充分對話，讓教師的知識不只被了解，更能夠在探究過程中創造理論與實踐的可能性。

然而在敘事探究的發展過程中，評議聲音不絕而耳。它往往被批評為只關切個人較忽略社會，而我發現，在敘事探究中的發聲者，往往都是邊陲的族群，如同志教師、女性、少數族群等等（Schultz, Schroeder, & Brody, 1997）。審視近年來國內外課程研究領域的敘事探究主題發現，許多敘事取向的行動研究奠基在多元文化主義、女性主義、批判理論與後結構主義，並運用自傳、傳記、生命史、自我民族誌、個人敘事、生活故事、口述歷史等方法，來探討教師主體認同、課程實踐、專業發展與教學實踐等議題，為了探析課程研究領域教師敘事的多元風貌，首先就必須先釐清敘事探究方法論的基礎是何種方法論視角；其次，依研究主題與方法的取向、撰述風格與研究文本的詮釋，由於族繁不足備載，僅能從 2000 年以降的研究案例，擇取其中加以評析。

台灣本土有關課程領域方面的教師敘事探究，近幾年亦受到質性研究典範的興起而迅速發展，並逐漸開展教育研究社群語言的對話，以教師為對象的生命史研究最早被發展出來，碩博士學位論文研究成果豐碩。以教師為物件的生命史研究，主要目的是藉現場實務工作者的「發聲」，讓女性與男性教師的實踐經驗得以透過「說故事」，來再現教師主體經驗。

台灣教師教室教學敘事探究的學位論文，可溯及 2001 年吳臻幸的〈我的班、我的故事——國小導師型塑班風歷程的敘說性探究〉一文，她透過敘事性研究的方式，呈現出研究者與研究對象——一位國小班級導師，如何覺察自己的教學實務知識的內涵與運作，並不斷地反省教學實務知識和審視自己生命的過去、現在與未來的關係，以樹立主體性、找回專業自信。當她關切教師教學實踐與自我專業成長之前，教育研究領域已經出現生命史研究（師瓊璐，2000；張豐儒，2000；陳佑任，2001），他們為敘事探究布置了布景，生命史是個人故事的鋪陳，有趣的是，這些研究全非自我敘說，而是與研究對象相互敘說；他們關切女性教師與代課教師的生命史，顯然地，他們希望讓容易被邊緣化的教師聲音，擁有自己的舞台。之後，課程與教學

研究領域的學位論文，仍然出現相當多教育工作人員從事生命史與自傳式的自我研究，如周聖珍（2001）、曾慶台（2002）、邱美菁（2002）、蔡瑞君（2003）、吳慎慎（2003）、劉玲君（2004）、柴成瑋（2005）等人的研究即是此類案例。

學校生活裡的教學故事，往往是教師敘事研究者最感興趣的，有的探討班級內師生互動的方式對班級的影響，從中檢視是否造成班級階層的再製（李桂萍，2002）；有的選擇多重敘說的方式探討教育本質問題（何粵東，2002）；或探究身為教師的自己在教學實踐之路為何生氣，以及其與體制間的關係和產生的意義（李玉華，2002）。這些研究故事取材自教學現場，由教師與學生共同編織的故事中了解更深層的意義，並發覺潛在的問題。

在教師主體經驗的描繪方面，有若干研究（李文英，1999；李玉華，2002；林泰月，2004；倪美貞，2002；藍富金，2003）則強調教師主體性的探究。質言之，台灣九年一貫課程改革從政策到實施，鉅觀的量化研究汗牛充棟，惟在課程改革脈絡下，以教師主體經驗出發，並從敘事研究方法論到課室實踐的研究者較為缺乏，值得進一步開拓。

隨著近年來，兩岸三地課程改革運動風起雲湧，課程實踐議題備受矚目，有的選擇以教師的知識與聲音為出發點，沉浸在現場中，透過敘事的方法，讓老師一字一句的娓娓道出他的理解、抉擇與判斷；從敘說的故事裡分享教師的教學經驗，也喚起研究者過往的記憶，在互為敘說主體的關係中，再一次澄清彼此對教育的信念。教師的實踐知識也在自我的澄清中發展（阮凱利，2002）。有的則運用敘事探究方法，協同教育工作者參與研究協作，理解並敘寫學校教師與課程改革遭逢的經驗，以探討課程改革裡教師轉變遭遇的難題及其處理歷程，進而省思課程改革與教師的關係建構，並於實際歷程中建構敘事探究的研究方法（范信賢，2003）；或以敘事探究的方法，採取領域課程的實踐與反思，透過研究者在課前的準備、教學的進程和課後的檢視中，尋找著轉化社會、批判解放的意識醒覺足跡的故事（蕭又齊，2003）。教師課程實踐的歷程是演進的、協商的、行動的，透過研究歷程慢慢發掘，並從敘說中澄清立場，再出發。因此在教師敘事探究中的課程實

踐容易看到轉變的歷程，感受實際的問題與改變。

　　台灣自 2001 年國中小九年一貫課程的正式實施以來，教師研究的探照燈逐漸從教師及教學的個人實務知識的研究主題，延伸至如前述吳臻幸（2001）、廖靜馥（2004）、鍾美鈴（2005）等，即從班風經營實務知識、班級文化及自然科實務知識切入，而阮凱利（2002）則從理論與實踐的辯證，敘說國小教師實踐知識之敘說性研究；張重文（2002）〈一位不會跳舞的老師怎麼教跳舞——我的專業成長與課程發展歷程探究〉一文；林泰月（2004）敘說國小教師課程自主實踐的敘事探究轉向到課程主體實踐；周梅雀（2004）、朱麗娟（2003）則聚焦在教師課程意識的生命敘事探究；何怡君（2003）描述教育改革中研究者與一位女校長領導學校課程改革的生命史；周梅雀（2004）則以尋找心中的那朵玫瑰花，探究教師課程意識的敘事；范信賢（2003）以敘事探究取向，探討課程改革中的教師轉變；林芳如（2005）、江慧娟（2007）及洪夢華（2007）皆以課程探究之旅為隱喻，旨在從再概念化學派所強調的「"*currere*"即生命旅程」的概念，描繪教師課程實踐即為達成課程願景之旅；吳秀玲（2007）則結合敘事探究與合作行動探究，敘說國小女教師性別意識覺醒與其自我在學校場域課程實踐之歷程。上述這些課程與教學研究領域的教師敘事體研究文本，所關切的是台灣在這一波的課程改革脈絡中，教師如何在教育改革主流文化中，發展課程主體性、課程意識及專業身分認同，抗拒與調適課程改革的聲音，又如何轉化為具體的課程自主實踐經驗，其又與學校內外的教師文化與社區文化如何形成彼此互為主體的經驗。敘事探究隨著教師在學校課程實踐的行動，敘事風格之呈現隨著質性研究社群在知識論與方法論的不同，而展現多元面貌，也帶動課程研究領域的典範轉移，真可謂「篇篇發聲，翩翩起舞」（莊明貞，2005，2008）。

　　由以上的陳述可知，台灣教師在課程與教學領域的敘事探究目前仍在持續發展，然而相較於北美地區的敘事探究，在研究主題與敘寫風格的多元仍待陸續開拓，例如：以詩性與戲劇書寫多元文化教學實踐，與學校課程改革的故事文體仍為少見，以行動研究為敘事的風格，則集中在特定研究社群指

導的學位論文（如新竹教育大學、東華大學、輔仁大學等）；因此，未來質性研究社群在不同研究取徑與撰寫風格的空間仍然很大。然而，對於敘事知識論、事實與虛構和文本轉變、敘事效度的知識宣稱議題等，卻較少受到台灣課程與教學的研究社群所關注，課程與教學研究社群探討此效度議題亦屬鳳毛鱗角，僅有數篇但並不夠深入（如林佩璇，2007）。本文乃著眼於此效度知識宣稱之重要性，企圖促進敘事探究取向的研究社群之對話及其肯認特有的探究語言的效度規準。

肆 知識宣稱——
課程領域敘事探究的效度議題

　　實驗心理學者 D. Compbell 和 J. Stanley，於 1966 年首創實徵「效度」概念，然而，其後在不同的研究典範，對於判斷質性研究的「素質」也有不同的再詮釋與轉化（Denzin & Lincoln, 2000; Patton, 2002）。不爭的事實是，教育研究傳統以來，常以效度與信度作為評估研究報告品質的工具。

　　然而質性研究社群聲稱，傳統量化的效度、信度並不適用於質性研究，因其欠缺語義的嚴謹度。因此，質性研究社群提出了許多替代效度概念，諸如：信實度、確實性、真實性、互動性、說服力、信服力、解釋效力與療效價值等，來宣稱知識的有效性，但此類替代性效度概念卻較少為華人教育研究社群所肯認，特別是敘事探究作為質性研究的新興研究取向，其研究文本書寫展現多元風格，而究竟如何評估好的敘事探究文本，仍應取決於其知識宣稱和所持證據之間的關係。有學者堅稱，效度應取決於探究者所服膺的探究典範上（Cho & Trent, 2006），我也認為，敘事探究的有效性宣稱背後，必蘊含不同研究典範效度，其建構的效度規準適用於評估敘事探究文本的良窳與價值。

　　早在 20 世紀初期，社會科學研究即致力於發展知識聲稱的有效性，直

到 1970 年初，質性研究社群才掀起改革運動，這些質性研究改革論者（包括敘事研究者）咸認為，人類個人經驗的描述也是知識範疇，但卻被傳統社會科學社群給忽視（Polkinghorne, 2007; Schwandt, 2000）。許多質性研究者特別質疑實在論對知識之假定。而無論是品質，社會科學研究社群皆以「效度」作為其研究設計的核心議題，以使其研究所產生的知識宣稱更為有效。

到了 1980 年代晚期的發展，敘事探究在許多社會科學研究領域愈來愈受重視，並且成為質性探究形式之一，而足以與量化研究分庭抗禮。如同質性探究，從事敘事探究者認為實徵研究方法論在詮釋方面有其限制，他們認為敘事是人類行動組織原則的核心，它將生命視為整體，研究者與參與者透過敘說他們的故事，以探討生命的構成。Riessman（1993）曾援引美國學者與歐陸方法論學者的論述提出「敘事轉向」，並企圖將敘事研究有效化且宣稱其成為合法知識。

Clandinin 和 Connelly 在 2007 年版的敘事探究專書中，已擴大其敘事探究方法論視野，嘗試從後實證主義、馬克思主義與批判理論、後結構主義中，尋求其敘事探究的方法論視野，這主因在於他們早期所挑戰的正是「教師實務知識與正式知識」間的辯證，數十年來，有許多學者加入此論戰，有的質疑其研究方法論欠缺後結構主義的理解（Doll & Gough, 2002），有的卻質疑其流於個人經驗的獨白並欠缺真實性的判準（Greene, 1994a, 1994b）。由於晚近後殖民主義、文化研究等理論建構日趨成熟，諸如現象學、詮釋學、批判理論、建構主義、後現代主義、女性主義等學術領域的蓬勃發展，促使 Jean Clandinin 和 Michael Connelly 等學者所提倡的敘事探究，逐漸與上述社群展開對話，也使得愈來愈多研究者加入敘事探究的陣營，敘事探究始成為教育研究領域頗為盛行的研究方法之一。

另一支強調自傳與生命史研究，自 1970 年代 William Pinar 所提出「*currere*」自傳式課程探究，和 Goodson（1988）等學者所運用的教師生命史研究，也逐漸整合進入敘事探究的大傘下，這兩種類型的敘事研究一方面反映社會科學研究典範轉移在方法取向的轉向，同時也如前述敘事探究承

認人類生活經驗具有意義生成的重要性和價值，並企圖將敘事探究提升為學術社群的合法知識之一（莊明貞，2005）。課程領域加拿大地區的敘事探究社群與美國課程再概念化學派之間的互動相當密切，兩者都將「經驗」視作研究的核心，晚近北美敘事探究社群已漸將 Pinar 等再概念化學群所強調的自傳／傳記探究納入旗下，而統稱為敘事探究。然而，就目前台灣課程研究的現況來看，「*currere*」自傳式課程探究的應用仍處於起步階段。另一方面，自從 Pinar 提出「*currere*」自傳式課程探究之後，在課程領域引起諸多的批評和質疑，其評議主要來自政治取向的課程學者和傳統研究論者，例如：Apple（1978）曾批評「*currere*」自傳式課程探究是一種中產階級的自戀，Pinar 等提倡者退回自我層面，沒有勇氣與社會結構去對抗，而單憑個人的自我意識覺醒並無法改變龐大的社會結構；Tanner 和 Tanner（1981）則批評「*currere*」自傳式課程探究是神秘的煉金術；Gibson（1991）認為，「*currere*」自傳式課程探究是唯我論和純粹個人的研究方法等。事實上，任何一種研究方法都有其特色和發展背景，其所聲稱的研究效度，事實與真實性是否如實證主義或後實證主義對知識來源的假定，或固定單一的檢證規準，在不同典範的方法論宜有其不同的論證。一般而言，質性研究依探究目的不同，例如：真實性的尋求、厚實的描述、個人的表述、社會實踐目的等，其效度規準也不相同，但將效度視為一個詮釋歷程（Cho & Trent, 2006），或將敘事了解轉向為多元理解或模糊的了解，倒是質性研究社群對敘事探究「有效性」較一致的看法。

近幾年來，在質性研究的文獻中浮現兩種相當不同的取向：一為交互效度，它植基於探究者與參與者之間積極的互動，藉由成員檢核、置入括弧、和三角檢證等方法來達成；另一種則稱為轉化效度，是一種比較創新的挑戰效度的觀點，甚至可以說是一種「建構」的效度觀點。這種挑戰在若干極端案例裡，幾乎拒絕對所有研究結果判定「有效性」，除非當中的證據顯示該研究結果的效度可以達到有效性的宣稱（Cho & Trent, 2006）。敘事探究的效度宣稱，以我的看法，轉化效度的「革新」做法，較受到爭議，但也最值得研究社群加以肯認。當然如何認定得視研究者在從事研究時，依不同研

究目的、問題形式而有不同規準（如本文附錄所示）。

具體而言，效度在不同典範的研究社群，有其不同證據與分析研究價值的知識宣稱，其爭論在所難免。而課程研究社群若執著於何種立場的知識宣稱才是有效的，易將課程探究導向實踐的死胡同。就我的立場而言，不同典範的知識宣稱，需要不同種類的證據與論點來說服讀者何者宣稱是有效的。這種知識宣稱不僅是介於課程研究的科學典範與人文典範之間的對話，也介於質性研究社群中不同研究的取徑。

伍 結論

本文從知識論出發，來探討教師敘事探究知識的有效性宣稱，我的主要基調是效度並非固有的宣稱，而是透過課程研究社群的肯認與對話，而給予其特性。一個敘事探究的有效性與價值性不是「有」與「無」的命題，它應是程度的多寡。課程研究領域從傳統論、概念實徵論，乃至後期再概念學派或站在不同方法論立場宣稱其知識的合法性。這其中最大的論辯是「什麼是可接受的證據與推論的證據」。本文的目的，不在討論傳統論實徵研究所使用的證據與論證，是否能說服閱聽者去相信其所宣稱知識的效度，相反的，我提出敘事探究有其不同知識論的假定，兩岸三地課程研究社群在判斷這些教師敘事探究所形成的知識時，宜有合理的知識假定，以說服讀者相信其知識宣稱的合法情形。

而同時在台灣課程研究領域的敘事探究，也有必要進一步建構多元效度的規準，以判斷其敘事研究成果的良窳，如前文所言，判斷質性研究的有效性，端視研究者使用的視野與其研究者預設的典範而定，敘事探究作為課程研究合法知識的形式之一，其效度判準，宜建立自己的知識論觀點，審慎思考不同典範研究方法論可能發展的效度為何，並理解敘事探究多元效度如何反映我們的知識、文化與權力關係，進而因應敘事探究在研究文本再現人類經驗真實性的質疑。

（本文原載於「第十一屆兩岸三地課程理論研討會」會議論文集430～440頁，該會議於2009年10月30～31日由中國重慶西南大學教育學院主辦）

 參考文獻

中文部分

朱麗娟（2003）。**教師課程意識之自我探究歷程**。國立東華大學教育研究所碩士論文，未出版，花蓮縣。

江慧娟（2007）。**女巫故鄉之旅——敘事課程實踐之自我探究**。國立台北教育大學課程與教學研究所碩士論文，未出版，台北市。

何怡君（2003）。**交織一片藍天——我與一位女校長投入課程改革的生命史研究**。國立台北師範學院課程與教學研究所碩士論文，未出版，台北市。

何粵東（2002）。**眾聲喧嘩與獨白——敘說學校生活故事**。國立屏東師範學院國民教育研究所碩士論文，未出版，屏東市。

吳秀玲（2007）。**跨越圍籬的旅程——國小女性教師性別意識覺醒與實踐之敘事探究**。國立台北教育大學課程與教學研究所碩士論文，未出版，台北市。

吳慎慎（2003）。**教師專業認同與終身學習——生命史敘說研究**。國立台灣師範大學社會教育研究所博士論文，未出版，台北市。

吳臻幸（2001）。**我的班、我的故事——國小導師形塑班風歷程的敘說性研究**。國立台北師範學院課程與教學研究所碩士論文，未出版，台北市。

李文英（1999）。**身體的包袱——一位國小老師主體探究與身體教育實踐的故事**。私立輔仁大學應用心理學系碩士論文，未出版，台北縣。

李玉華（2002）。**解開「生氣」的鎖鍊——一個小學女老師的探索、實踐之路**。國立新竹師範學院課程與教學碩士班碩士論文，未出版，新竹市。

李桂萍（2002）。**師生互動中的文化再製現象——一個國小六年級班級之敘說研究**。台北市立師範學院國民教育研究所碩士論文，未出版，台北市。

阮凱利（2002）。**理論與實踐的辯證——國小教師實踐知識之敘說性研究**。國立台北師範學院課程與教學研究所碩士論文，未出版，台北市。

周梅雀（2004）。**尋找心中的那朵玫瑰花——一趟教師課程意識的敘事探究之旅**。國立台灣師範大學教育研究所博士論文，未出版，台北市。

周聖珍（2001）。**呼喚祖靈——原住民青年之生命追尋**。國立花蓮師範學院多元文化

教育研究所碩士論文，未出版，花蓮市。

林佩璇（2007）。課程行動研究的信實度。載於中華民國教材研究發展學會（主編），**邁向課程新紀元（廿二）——課程理論與課程改革（下）**（頁 12-29）。台北縣：中華民國教材研究發展學會。

林芳如（2005）。**用行動發聲——我的課程實踐之旅**。國立台北教育大學課程與教學研究所碩士論文，未出版，台北市。

林泰月（2004）。**蝶變——一位國小教師課程自主實踐的敘事探究**。國立台北師範學院課程與教學研究所碩士論文，未出版，台北市。

邱美菁（2002）。**七色花的故事——一個女性教師生命角色轉換之處境探究**。國立新竹師範學院國民教育研究所課程與教學碩士班碩士論文，未出版，新竹市。

范信賢（2003）。**課程改革中的教師轉變——敘事探究的取向**。國立台北教育大學國民教育研究所博士論文，未出版，台北市。

洪夢華（2007）。**我的課程之旅——一位國小教師課程自主實踐之敘事探究**。國立台北教育大學課程與教學研究所碩士論文，未出版，台北市。

倪美貞（2002）。**移民——一個國小女教師主體探索的故事**。國立新竹師範學院課程與教學碩士班碩士論文，未出版，新竹市。

師瓊璐（2000）。**橫越生命的長河——三位國小女性教師的生命史研究**。國立台東師範學院國民教育研究所碩士論文，未出版，台東市。

柴成瑋（2005）。**解構第四面牆——一位國小教師邁向轉化型知識份子之敘事探究**。國立台北教育大學課程與教學研究所碩士論文，未出版，台北市。

張豐儒（2000）。**女性代課教師的生命史研究**。國立花蓮師範學院國民教育研究所碩士論文，未出版，花蓮市。

張重文（2002）。**一位不會跳舞的老師怎麼教跳舞——我的專業成長與課程發展歷程探究**。國立新竹師範學院課程與教學碩士班碩士論文，未出版，新竹市。

莊明貞（2005）。敘事探究及其在課程研究領域之發展。**教育研究月刊，130**，14-29。

莊明貞（2008）。從方法論出發——一所郊區小型學校課程革新的敘事探究。**課程研究，3**（2），47-72。

陳佑任（2001）。**他們的故事——三位國小男性教育人員的生命史研究**。國立新竹師範學院課程與教學碩士班碩士論文，未出版，新竹市。

曾慶台（2002）。**面面俱到？處處保留？——一個國小男性教師的自我敘說**。國立新
　　竹師範學院課程與教學碩士班碩士論文，未出版，新竹市。

廖靜馥（2004）。**國小教師自然科實務知識在教學創新中的展現——敘事探究取向**。
　　國立台北師範學院數理教育研究所碩士論文，未出版，台北市。

劉玲君（2004）。**我的變與辯——一位國小女性代課老師追尋教師專業認同的生命敘
　　說**。國立台北教育大學課程與教學研究所碩士論文，未出版，台北市。

蕭又齊（2003）。**我的意識醒覺——一個國小老師敘說社會事件融入社會科課程的故
　　事**。國立台北教育大學課程與教學研究所碩士論文，未出版，台北市。

蔡瑞君（2003）。**傾聽我們的聲音——三位國小教師的自我生涯歷程敘說分析**。國立
　　花蓮師範學院多元文化教育研究所碩士論文，未出版，花蓮市。

藍富金（2003）。**落入與不昧——一位國小男老師的主體性探究**。國立新竹師範學院
　　課程與教學碩士班碩士論文，未出版，新竹市。

鐘美鈴（2005）。**民主與權威的辯證——我形塑班級文化的歷程**。國立台北師範學院
　　課程與教學研究所碩士論文，未出版，台北市。

英文部分

Apple, M. (1978). Ideology and form in curriculum evaluation. In G. Willis (Ed.),
　　Qualitative evaluation: Concepts and cases in curriculum criticism (pp. 492-521).
　　Berkeley, CA: MCCutchan.

Berger, P. L., & Luckmann, T. (1966). *The social construction of reality*. New York:
　　Doubleday.

Carter, K., & Anders, D. (1996). Pragram pedagogy. In B. M. Frank (Ed.), *Teacher
　　education's handbook: Building a knowledge base for the preparation of
　　teachers*. San Francisco, CA: Jossey-Bass.

Casey, K. (1996). The new narrative research in education. *Review in Research in
　　Education*.

Cho, J., & Trent, A. (2006). Validity in qualitative research revisited. *Qualitative
　　Research, 6*(3), 319-340.

Clandinin, D. J., & Connelly, F. M. (2000). *Narrative inquiry: Experience and story in qualitative research*. San Francisco, CA: Jossey-Bass.

Clandinin, D. J. (Ed.) (2007). *Handbook of narrative inquiry: Mapping a methodology*. Thousand Oaks, CA: Sage.

Clandinin, D. J., & Connelly, F. M. (1991). Teacher as curriculum maker. In P. Jackson (Ed.), *Handbook of research on curriculum*. New York: Macmillan.

Denzin, N. K., & Lincoln, Y. S. (Eds.) (2000). *Handbook of qualitative research*. London: Sage.

Doll, W. E., & Gough, N. (2002). *Curriculum visions*. New York: Peter Lang.

Elbal-Luwisch, F. (2005). *Teachers' voices: Storytelling & possibility*. Greenwich, CT: Information Age.

Errante, A. (2000). But sometimes you're not part of the story: Oral histories and ways of remembering and telling. *Educational Researcher, 29*(2), 16-27.

Fenstermacher, G. D. (1994). The knower and the known: The nature of knowledge in research on teaching. In L. Darling-Hammond (Ed.), *Review of research in teaching* (pp. 3-56). Washington, DC: AERA.

Gibson, R. (1991). Curriculum criticism: Misconceived theory, ill-advised practice. In D. Hlynka & J. Belland (Eds.), *Paradigms regained: The use of illustrative, semiotic, and postmodern criticism as modes of inquiry in education technology*. Englewood Cliffs, NJ: Educational Technology.

Guba, E. G., & Lincoln, Y. S. (1989). *Fourth generation evaluation*. Newburg Park, CA: Sage.

Goodson, I. (1988). History, context, and qualitative methods in the study of curriculum. In I. F. Goodson (Ed.), *The meaning of curriculum* (pp. 41-58). London: Falmer Press.

Greene, M. (1994a). Carpe Diem: The art and school restructuring. *Teachers College Record, 95*(4), 494-507.

Greene, M. (1994b). Postmodernism and the crisis of representation. *English Education, 26*(4), 206-219.

Lyons, N., & Laboskey, V. K. (2002). *Narrative inquiry in practice: Advancing the knowledge of teaching*. New York: Teachers College Press.

Merriam, S. B., & Simpson, E. L. (2000). *A guide to research for educators and trainers of adults* (2nd ed., updated). Malabar, FL: Krieger.

Patton, M. (2002). *Qualitative research and evaluation methods*. London: Sage.

Polkinghorne, D. E. (2007). Validity issues in narrative research. *Qualitative Inquiry, 13*(4), 471-486.

Riessman, K. C. (1993). *Narrative analysis*. London: Sage.

Schultz, R., Schroeder, D., & Brody, C. M. (1997). Collaborative narrative inquiry: Fidelity and the ethics of caring in teacher research. *International Journal of Qualitative Studies in Education*, 10(4), 473-485.

Schwandt, T. A. (2000). Three epistemological stances for qualitative inquiry: Interpretation, hermenenutics, and social construction. In N. K. Denzin & Y. S. Lincoln (Eds.), *Handbook of qualitative research* (2nd ed.). Thousand Oaks, CA: Sage.

Tanner, D., & Tanner, L. (1981). Emancipation from research: The reconceptualist prescription. *Educational Researcher, 8*(6), 8-12.

附錄　不同質性研究目的及其效度之使用目的

目的	基本問題	效度即過程	主要的效度規準	可能的效度威脅
真實的尋求	正確的答案為何？	漸進的歸納	1.成員檢核 2.三角檢證	1.研究效應 2.間接的資料來源 3.記憶問題
厚實描述	在研究中，研究者如何詮釋現象？	1.整體的 2.延長的田野投入	1.三角檢證與描述性資料 2.日常生活的正確知識 3.遞迴的參與者檢核	1.文化前設 2.研究者的偏見
發展性的	一個組織如何隨著時間改變？	1.範疇的 2.前後來回	1.反省性的豐富歷史檔案 2.三角檢證與進行中的參與者檢核	1.缺乏發展性的資料蒐集 2.未即時整理與資料
個人自述	研究者的個人詮釋為何？	1.反省的 2.美學的	1.經驗的自我評估 2.在特定情境中個人意見的公開	研究者自我揭露的程度
實踐的／社會的	教育者及組織的改變為何？	與參與者共同探究	1.成員的反身檢核 2.自我的反身批判 3.對於現狀的再定義	研究者與研究參與者反身批判之程度

資料來源：Cho & Trent (2006)

從方法論出發——
理解一所郊區小型學校課程革新的敘事探究

莊明貞

莊明貞

壹　由上而下、由下而上——我的視角位移

　　國民中小學九年一貫課程從 2001 年正式起跑以來，許多課程的創新方案，諸如：學校本位課程發展、統整課程、各學習領域及重大議題、能力指標之轉化、彈性學習節數的課程設計、課程評鑑之革新及學習評量的多元化、課程與教學領導等方案之提出，皆希望透過學校的教師課程革新，以帶動整體的課程改革，並提升學生的學習潛能，以落實課程革新的目標，培養學生終身學習的能力，探究反思及創造進取與世界觀的健全公民。

　　然而，近十年來台灣本土所執行的諸項學校課程革新方案，都未能真正有效落實。歸究其主要原因，大致是教師課程意識未能建立、社會整體氛圍仍抱持唯智主義與升學主義，再加上課程改革過程中，教育決策當局人事更迭過快，許多課程政策執行方針因不同政治意識形態的權力競逐，初期在課程改革決策上常顯現搖擺不定，導致仍有許多教師未能認同課程改革方針。而部分家長對九年一貫課程的執行方向也提出質疑，如社會大眾仍將「一綱一本」教科書政策的實施，視為解決升學進階的良策，使得課程改革始終顯現出濃厚的文化政治性（Chuang, 2007）。

　　在理解上述課程改革政策層面的文化政治性，我為了能從課程政策的參與到實務現場的深入理解，擬由下而上重新出發。本文係擷取我在 2006 到

2007 年間所執行國科會計畫「課程研究領域的敘事探究——學校革命脈絡的教師課程實踐（Ⅱ）」（莊明貞，2007）的部分語料作為敘事分析；在前述兩年期研究中，我實際於 2006 年 2 月至 6 月間，參與觀察一所位於台北市大屯山區小型郊區學校的教師課程革新歷程，根據敘事探究方法論視野，並針對學校在課程革新脈絡中教師的實踐經驗加以詮釋分析，最後，並嘗試寫成敘事文本並提出研究結果與發現。

貳 從上說起——課程敘事探究的方法論

在執行兩年期的國科會研究——課程領域敘事探究中，我仍持續關注該計畫研究目的之方法論典範移轉議題，並以一所山上學校（化名）課程革新的故事來描繪學校現場教師課程實踐經驗。但在文體與撰述風格上，發表論文的書寫的確面臨蠻大考驗，這也同時帶出敘事探究在田野文本轉為研究文本的過程，如何呈現「應有」的敘事書寫風格之議題。而我決定在本文中選擇一開始，以社會科學慣用的學術論述風格作開場白，然後，再以對位的寫作作為敘事文本寫作的基調，企圖在傳統學術論文寫作規則與敘事另類風格中尋找折衷點。

首先，我們就來說一說敘事探究為何，它其實是一種了解生活經驗的方式。它是研究者和其研究對象在一個情境或一連串相關情境，經過一段時間接觸或相處，和其所處社會及其周遭環境互動合作的結果。研究者藉著進入由敘說者生活經驗所組成的故事，而走進敘說者的世界中，開始說這些活著、說著、再生活一次和再說一次的生活故事中，也結束於其中。敘事探究，簡言之，就是探究那些活著和口耳相傳的故事（Clandinin & Connelly, 2000: 20）。因為它代表著我們所謂的敘說，既是現象，也是一種方法。敘事所指稱的是研究對象的經驗結構內涵，同時亦指稱其研究的類型。為了便於區分，我們在此使用一個合理的策略，把現象稱為「故事」，而把探究稱為「敘事」。因此，可以說，人們會自然地「陳述」其生活，並訴說著那些

生活的故事，而敘事探究者旨在描述這樣的生活，並寫下種種經驗敘說。

　　自 1890 年代晚期，敘事探究在許多社會科學研究領域愈來愈受重視，並且成為質性探究形式之一，足以與量化研究的方法等量齊觀（Mishler, 1995）。敘事於 1990 年才又在心理學中被發現，雖然 Polkinghorne（1988）曾宣稱，在本世紀初期更替時期，敘事相關的探究是心理學領域的一部分，但在第二次世界大戰後，卻被自然科學典範所壓制，當時沒有任何發展空間，以致於在該領域中消失。論敘事知識本質最基本且是教育上最值得推薦的作品，是 Johnson 的《肢體知識與語言之哲學研究》一書。由於教育研究終究是道德和性靈的追求，MacIntyre 的敘說倫理理論及 Crites 有關敘說之神學著作，對教育目的則是特別有用的（引自 Connelly & Clandinin, 1991: 122）。

　　如同質性探究者，從事敘事探究者咸認為實徵研究方法論在詮釋方面有其限制，他們認為敘事是人類行動組織原則的核心，它將生命視為整體，研究者與參與者透過敘說他們的故事探討生命的構成。Riessman（1993）曾援引美國學者與歐陸方法論學者的論述提出「敘事轉向」，並企圖將敘事探究有效化且成為合法知識。

　　目前一般對敘事探究的評議，大致追隨後實證主義評議敘事缺乏真實性的判別（Kleine & Greene, 1993），以及無法去區分對教室事件的學術性詮釋，較嚴厲的批評則僅是研究者扮演胡言亂語的觀察者（Salomon, 1991: 10）。敘事研究早期曾被描寫成是一個站不住腳的研究形式，在資料蒐集的脈絡中其流動變異性頗大。有些研究者甚至譏諷，敘事探究的使用乃是因為研究者無法運用實驗設計與資料分析的統計工具。即使是 Connelly 和 Clandinin（1990）及其同僚也受評議，其所倡導的敘事探究僅在提供一個研究任務，使得「課程專家有事可做」（Schwab, 1983）。其他的評議者則認為，敘事探究過於強調教師個人的意義與誇大作者主體性的重要。而關於知識的基本假定，即提升教師的故事到一權威研究知識，則尚未被有系統的處理。

　　依我所理解目前的敘事探究，有以下幾項常受質疑的缺失，這些方法論

評議也帶動不同質性研究社群的持續對話，甚至因在經驗論與後結構主義的方法論視角位置不同，也產生不同的知識觀點，這些爭議大致上有數端：敘說與真實的關係並不必然存在有一對一的符應關係；為了教學目的所敘說的故事，傳達了一個教學上特定的概念。由於這些描述存有多元的意義，描述的複雜性有時會導致教學上的混淆。不同敘事詮釋的可能性，也可能是參與故事研究中學生的觀點與經驗的不同；由敘事產生的詮釋無法被進一步驗證，因為它們源自教師（資料提供者）與研究者（報導者）協同建構出來的信念；而敘事所有權究竟歸屬何者所有，也存在著相當爭議；詮釋的普遍性與實用性也存在著爭議。詮釋是受研究者信念系統所影響，而這套信念系統是個人文化架構下的產物。中立無偏見的觀點往往不可能存在，我們能否宣稱詮釋產生的證據是真實的符合客觀現實，或是表達任何普遍的有效原則呢？（Greene, 1994）其次，敘事常被批評誇大了道德的、自我陶醉的與全能的表述。Hargreaves（1994）曾建議，經由敘事探究所表達的教師聲音應將教師視為一個整體，他指出，新進教師並不需表達他們對學生的「關心」。教師想法與聲音的研究是充實了人性化與有愛心的教師，而不是那些憤世嫉俗、缺乏知識或單有教育哲學理念的教師。

　　Connelly 和 Clandinin（1990）則認為，敘事的價值存在於其作為敘事者主體的特質，以及呈現生活經驗的能力，但是這其中虛構的謊言也可能替代了敘說的事實與意義。敘說的詮釋在方法論上易犯的失誤，可能發生在試圖將故事的事件予以通則化；也可能是經由杜撰事件的敘述，歪曲與修改原來事實真相。基於此敘說的流暢性，可能會隱匿一些事實，或是忽略一些該被敘說的問題。Greene（1994: 438）曾說，敘事探究中所存在的成見與偏見不能置之不顧，因為他們對於形塑敘事中的詮釋影響極深。

　　由故事資料所蒐集來的詮釋也未必符合教師實踐的資訊，因為故事中的意義未必能被讀者所理解。Nespor 和 Barylske（1991）則認為，當研究者使用敘事作為建構知識的工具時，他們是在對真實存在的客體進行描述、發現與定義。然而，研究者將教師的建構塑造為符合研究者的需求。在這樣的情況下，敘事甚至被用來作為表達研究者們權力與政治關係的工具，而不是

發現事實與展開對於教師實踐研究多元知識的基礎。當然，也有許多學者
（Atkinson, 1998; Polkinghorne, 2007; Riessman, 1993）提到，以確證
性、說服性、符合性、一致性、催化性與實用性等歸準，來提高敘事研究的
效度，但存在敘事探究社群本身對知識是社會建構與經驗的再現，或真實與
虛構的爭辯，以及對閱聽人寫作的催化影響之辯稱，卻始終是不斷的。

參

彌補鴻溝——
敘事探究是課程／教學的新理解

　　以敘事探究來作為課程與教學研究的方法論，並依此分析教學與教師思
考，在教育工作者之間較其他教育研究領域起源較早。提倡敘事探究者咸
信，「故事」研究提供教師在特殊情境的脈絡中描繪自己豐富的教學經驗。
這樣的描述對於教師從事主動的反思，扮演了一個有力的冥想角色，即教師
的思考。這些描述被認為是透過默會知識的闡明來指引實務，並且可實踐課
程與教學理論。敘事研究者宣稱「故事」呈現一個龐大的資料庫，而這個資
料庫的發展對於教育脈絡中現象之間的關係，有了新的理解。然而，傳統實
徵論者也提出有關敘事探究可靠性與真實性的幾個研究效度問題（Polkin-
ghorne, 2007）。他們也質疑這個研究取向的效度，本質上，實徵研究典範
流派是在質問：從個別教師嵌在學校脈絡中的故事，究竟能為教育研究帶來
何種啟示？這些關注假定，敘事研究社群最終企圖是將敘事探究昇華為一個
較為可行的方法論取向，以取得其合法性知識的地位（莊明貞，2005）。

　　故事或敘事探究屬於教室生態學的典範，這個典範包含了教學上的社會
語言學研究，如同質性的、詮釋的與心理分析的探究形式一般（Martin &
Sugarman, 1993）。敘事探究也可以是一種質性研究中民族誌的形式，包
含敘說與敘述。

　　北美地區所發展敘事探究的思想淵源，其實是深受John Dewey觀念的

影響。Dewey（1938）所強調的經驗，是敘事探究在對教育現象研究時，一個非常重要的觀念。Dewey 認為，經驗是個人的，也是社會的；人類雖然是單獨的個體，但是一旦脫離其所處的社會脈絡，則無法真正被理解；經驗可以幫助我們在思考問題時，除了考慮到個別因素之外，亦將其他社會脈絡的因素一併考量進去。此外，Dewey 認為，經驗是連續性的，經驗可以生出其他經驗，也可以導致進一步的經驗產生。這些觀念開拓我們從事教育問題探究時的視野，有實質上幫助。在探究一個教育問題時，我們往往必須來回穿梭於個人和社會，以及社會周遭環境的關係外，也必須將現在、過去和未來等時間因素考量進去。

在敘事探究的課程文本中，我們視教師敘說為一種教學關係的隱喻，於是在課程與教學研究上欲了解教師與學生，就必須以生活經驗的敘說來理解。生活的敘事於是形成了學校情境意義的脈絡。就因為敘事探究側重經驗及生活與教育品質，敘事一開始的發展即擺在質性研究的行列中。Schwab（1978）早在 1978 年即揭示，理解課程必須致力於學校與教室生活的課程實踐研究。在 Eisner（1988）的經驗教育研究評論中，即將敘事排在從事實驗哲學、心理學、批判理論、課程研究及人類學等質性取向的教育研究行列中。

Wittrock（1986）亦曾在《教學研究手冊》中提及：「教師們訴說的故事和教師們的故事（Teachers' Stories and Stories of Teachers）皆是教師敘事的範圍。」上述說明揭示教師們或其他人所寫的，有關教師個人、學生、教室及學校的第一手及第二手經驗說明。Jackson（1968）的《教室中的生活》（Life in Classrooms）一書中則發現，「教師們訴說的故事和教師們的故事」在敘說中扮演著催生的角色。

敘事探究強調學習如何教學，較早被使用於說明教師的思考方式。敘事探究的運用立基在此一信念，即教師的反思過程，不只他們的行為，是研究教師思考必要的知識基礎。為體會敘事探究的價值，就必須理解敘事產生的知識與正式鉅型理論的知識本質是截然不同。鉅型正式理論所產生的知識，再現了特定的教室情境中交互作用的綜合體；而敘事的知識則試圖要在鉅型

理論的脈絡下，對可觀察的對象重新加以定義。在故事中，教師往往是分析的重要單位。

　　藉著突顯教師的角色，敘事假定教師有一套特殊的社會關係與經驗會帶進教室中。這些獨特的社會關係是知識產生的重要元素，而這些教師實踐知識的品質，也與教師的專業知識交織在一起。然而，對教師實踐知識的意義在詮釋時宜格外謹慎，因為在經驗與覺察事件時，教師通常是孤立的；教師的覺察可能受限於他們，自身經驗或偏見所致。此外，個體本身的多樣性會加強詮釋分析教師的困難度。相對地，其他人則認為教室經驗的交互作用與主動的反思是教師強而有力的指導者，它促使教師信念的發展與自我的覺知，並幫助他們獲得實踐的知識（Clandinin & Connelly, 1995）。敘事探究經由強調教師的自主實踐與反思，而認可了教師角色的重要性。

　　敘事探究的目的在於藉由製造一種教師聲音，可以填補教學上學科知識本位的鴻溝，也提供了一個理解詮釋結構的工具，使教師用以改進他們的教室實務（Cochran-Smith & Lytle, 1990）。敘事探究不僅強調教師個人對特定脈絡中教室的詮釋，也提供引發教師專業意識醒覺的途徑。此外，近來也有藉學校故事（school stories）和學校中的故事（stories of school）來探討學校改革，發現矛盾空間常存在於學校教師及校長的專業生活中，藉由敘事可以再概念化自我認同與想像其專業生活（Clandinin & Huber, 2005）。

　　敘事探究也與質性典範社群形成的社會學息息相關。英國學者 Ivor Goodson（1988）的教師生活史及學校教育課程研究的歷史性討論，將生活史的社會學導向運用在社會學、人類學及教育研究中。Goodson 把自傳視為生活史的一種形式，而課程再概念化學派將課程字源「currere」視為「持續不斷的跑」；Pinar 和 Grumet（1981）則將課程視為一種隱喻，用以表徵個人與經驗世界的對話，因此，提倡發展課程研究的自傳文本，將教師在敘事探究中的課程實踐，視為課程再概念化的歷程。Dezin（1989）則認為，詮釋學取向不以研究預設作為引導，而較注重研究對象主體意義的理解與詮釋，並將詮釋傳記分為三類：自我傳記、團體自我故事及對個人生活的理解之敘事。

　　另一支聚焦在故事上與敘事探究存在密切關係的線索是：口述歷史與民間傳說、兒童故事的訴說，以及學前和學校中語言經驗的故事使用。Dorson（1976）為口述歷史與口述文學作一區分，為一種教學的專業民族誌知識區分特質與根源區分。Dorson 為可能與課程研究有關之敘事探究，指出了相當廣泛的現象範圍，諸如：物質文化、風俗習慣、藝術、史詩、民謠、格言、情史、謎語、詩、回憶錄及神語。Dorson 指出，神話乃民間傳說與口述歷史背後的故事結構，是聯結敘說與神話理論的一種觀察方式。

　　另外，Applebee（1978）的作品則介紹了孩童的故事敘說，以及孩童希望從老師、課文和其他地方聽到的故事期待。Sutton-Smith（1986）對此文獻做出評析，區分出依賴「基模」（schema）與其他認知理論詞彙的結構取向，和詮釋學傳統的意義。而 Egan 曾提議學校課程研究主題宜以故事形式來組織。換言之：「其鼓勵我們把一課或一個活動單元看成是好的故事來述說，而不單只是看成要達到的教學目標而已。」

　　近年來，敘事探究的研究焦點已由學生學習的研究關注，轉而變成對教師個人實踐知識、學校場域及學校教師課程實踐的關注，在課程研究領域的影響也逐漸擴展，這些敘事研究結果強調，運用敘事探究來理解教師在學校改革的敘事知識與了解（Clandinin & Connelly, 1998），或學校革新中教師敘事的理解（Craig, 2001, 2004），甚至將教師敘事視為批判探究（Ritchie & Wilson, 2000），或強調教師敘事專業認同為一種教師專業的發聲（Elbal-Luwisch, 2005），也有專注在教師多元文化教學的敘事與經驗（Phillion, He, & Connelly, 2005）。

　　綜合以上的理解，敘事探究以故事本身作為研究對象，其主要目的是在理解敘說故事者在敘事的過程中，如何將經驗條理及次序化，使得生命裡的事件和行動變得更有意義。敘事探究方法論的取向是在審視敘事者的故事，並且分析故事如何組成、故事相關的語言學和文化的來源，以及故事如何能使閱聽者相信它是真實的。

肆　山中傳奇——
一所郊區小型學校課程革新的敘事

一、發光的璞玉——從山下往山上尋找學校課程傳奇

　　延續近幾年，我在後現代觀課程研究探究的旨趣，也呼應敘事探究受到後結構主義與批判理論之影響，作為課程研究者與國內這一波課程改革的決策參與者，我嘗試以進入教師實踐場域中，將學校中課程領導者與教師，在課程發展委員會、領域課程會議及教室內師生在新課程實施的交互經驗中，找到探究學校課程改革脈絡的新視窗，並探索由學校課程革新過程所交織的教師實踐敘事，這是由學校教師敘事課程實踐所形塑的故事。同時，我也企圖理解與詮釋九年一貫課程脈絡中，究竟形塑學校現場的教師、學生及社區人士，有何實踐意義與價值體驗？

　　「山上學校」位於陽明山上的北投溫泉帶，與我國科會研究第一年參與觀察的「山下國小」（化名），其位於美國學校、日僑學校，多元文化之社區學校特性，有著地緣關係。第一年與山下國小接觸時，山下國小因是大型學校，所以在九年一貫課程試辦時期，該校選擇低年級進行課程的試驗，我因負責北區試辦的輔導工作，並擔任該校試辦階段的課程輔導教授，得以有因緣進入該校與行政團隊及觀察低年級教師交換學校本位課程的做法，並試圖了解「九年一貫暫行課程綱要」實施的問題與尋求解決策略（莊明貞，2001）。初期山下國小的課程革新大多傾向於技術層面的實施，諸如：上課節數的安排、全日、半日的權衡、排課原則等。但對於九年一貫課程試辦階段的重點，例如：課程統整、主題式教學及協同教學群，卻止於議題討論面而尚未有明確的具體做法。但他們卻常常提到山上學校在做課程革新，因其有北市田園教學的歷史背景，教師有自編教材經驗，再加上師生比較低，教師較具有課程意識來從事課程創新。這點倒是在我進入山上學校後，君校

長（化名）與海主任（化名）都有的深刻體會：

> 在還沒有實施九年一貫課程前，我們的課程是放在學習單的製
> 作或是戶外的教學，所以，老師都是全體動員的，但是我們設計出
> 來的活動跟課程的結合是比較弱的，因此，我們希望能將田園的教
> 學和課程結合。基本上我們還是會談像國際交流、自主學習等等，
> 她們有什麼想法都會提出。我們學校有一個好處，學校很小，像每
> 週一、四的教師早會，就是教師討論對話的時間，有什麼問題就隨
> 時提出來。

> （海主任訪，2006/04/07）

在教師自編教材的經驗上，山上學校的起源早在辦理田園教學即開始，
教師的課程意識也逐漸形成：

> 當十年前這個學校在推動田園小學的時候，那時候的老師都已
> 經有自編教材的經驗了，經過這些田園教學的洗禮之後，累積下來
> 的能量到九年一貫，當要進行九年一貫課程、校本課程，他們已經
> 本來就在做了，所以在調整上比較快。……另外，我覺得學校的課
> 程銜接良好的原因是它的人員變動很少，這十年來學校的人員幾乎
> 沒什麼變動，比如說它的主任群都沒什麼變動。

> （君校長訪，2006/04/07）

回溯第一年的研究田野是在「大學與國民小學攜手合作深耕九年一貫課
程與教學」的脈絡中，學校所執行的行動研究主題為：「本土化與國際化學
校本位課程發展之研究」，山下國小校本課程發展的運作課程架構乃是由上
而下模式，由學校核心領導教師專業團隊規劃主題、設計，再由各年級發展
教學活動，但往往各年級的教師對學校課程的願景不甚清楚，或對學校整體
的發展欠缺理解，教學活動設計本身就無法達成課程目標。且由於低年級學
群間彼此競爭，導致學年教師負荷沉重，因此興起抗拒學校課程變革。學校
倫理生態對新進教師在推動校內課程或創意教學尤其不利，校內教學組長回

憶這種有意或無意的抵制，一段時日下來，同仁的行事漸趨保守。

> 因為我覺得團隊是未來課程發展一個蠻重要的方向。所以，我
> 說這個團體，可以算是「翩翩起舞的蝴蝶」，我不強調我個人，我
> 們是一起的。因為，我覺得有她們才有這個課程，做起來才有價
> 值。那我希望外表很漂亮，但實質上內容還是要兼顧，然後發揮它
> 的影響力。

（山下國小教學組長訪，2005/06/29）

第一年在都會大型學校的研究發現是，在課程管理上常流於技術層面與形式化，各年級教師無法與學校「大手與小手——專業夥伴」的行動研究團隊相配合，參與夥伴關係的研究團隊並無安排固定時間研討課程，研究需求與成效無法透過學校課程管理來加以整合。而在學校文化生態上，山下國小的教師們提到同儕之間對於積極投入者的排擠，常促使教師對課程的專業認同始終是趨緩（莊明貞，2007）。同時，我也觀察到，學校愈到高年級在高階學科，例如：數學與英語，其競爭愈強，因山上學校是台北市的大學區學校，山下國小學習適應不佳的學生漸漸轉學至山上學校。基於此，此學生移動現象興起我轉移陣地往山上學校做研究，去了解為何仍有高社經學區的山下國小學生轉學到大學區的小型學校去，究竟是什麼因素驅使他們轉學到偏遠的山上學校。雖然學校有校車接送山下的學生，但很多家長還是每天接送小孩上山。而研究期間，來回於山路卻不感舟車勞頓，主要是山上小型學校組織小，學校氣氛猶如家庭成員，與學校成員在溝通上相較大型學校順暢，教師對學校歸屬感也較高。而在我欲探求教師敘說是否隱含一種教學關係的隱喻時，山上學校的教務主任曾比喻自己學校為「等待發光的璞玉」。

> 我們學校通常到了下午五點半還會是燈火通明。我們老師也都
> 會自動自發幫學生留下個別輔導，其實我們學校沒有硬性規定一定
> 要老師這樣做，下課時間也會把學生叫過來練習，就算只有十分鐘
> 也可以。我們給教師的自由空間和彈性比較大。像我們小學校，組
> 織氣氛更重要，尤其是校長的領導特質，是屬於人性化的領導。

我們很重視每個老師的特質，老師都是學校一個小螺絲，學校不能
沒有你，我們會告訴教師他的重要性。學校的氣氛是，有一個老師
留下來幫學生課後輔導，其他老師也會看，也會影響其他老師的想
法。

（海主任訪，2006/05/10）

另外，我仍延續課程改革敘事探究的核心旨趣，深入課程發展的脈絡，
去傾聽實務教師的心聲，參與其課程發展，並企圖發掘教師課程實踐的問
題，共謀解決之道。從在山下國小研究中發現，教師需從行動反思中再出
發，學校課程領導者或教師若沒有歷經反省自己過往的課程實務經驗，則很
難以由上而下的政策引導教師自主課程創新，這裡是假定教師是自主的實踐
者，而不是依循領導的附庸。教師若能採取積極的觀點，反映課程發展的問
題，而學校課程領導者的角色，若能與教學現場的教師深度會談，理解教師
課程實際問題所在，給予協助並共謀解決途境，那敘事探究就是在詮釋與理
解這些現場教師課程領導與實踐反思的歷程。基於此，我在資料蒐集過程
中，儘量讓學校課程領導者反思自己的過往經驗，以海主任而言，他總是從
自己身為原住民的邊陲身分，開始反思自己從事學校課程領導的經驗：

我們原住民小時候生活是很苦的，也是弱勢族群。我記得那時
候剛上完吳鳳的課程，我們就被打，班上有三個原住民，我也搞不
清楚為什麼，只覺得老師不會教，這個我印象非常深刻。另一件事
是發生在我五年級的時候，期末成績是第三名，老師就跟我說你的
衣服那麼髒回去要洗一洗，明天校長要頒獎哷！後來我回家就洗一
洗，隔天頒獎的第三名居然不是我，我愣了一下，結果是我後面那
個客家女生是第三名。回家後我媽媽問我：「你的獎狀呢？」我就
說：「沒有了。」媽媽聽了也就無奈，也無任何作為。我們原住民
對很多事都是算了，在強勢文化的壓抑下就會變成這種情況。……
其實，老師今天要做什麼事，我們不會去問也不會去管，只要是對
學校和學生是好的，我們都不會太去過問。像校長就很信任我，也

很依賴我，所以我也覺得今天你在那個位置，你就應該要努力以
赴，而我也覺得學校除了校長以外，也要有一個靈魂人物，像我就
在學校扮演這樣的推手。

（海主任訪，2006/05/10）

　　課程研究是一種經驗的形式，敘說是呈現及了解經驗的最佳方式。在這
個敘事探究中，我透過參與觀察、訪談與文件分析等方法來蒐集敘說所需的
資料，依此澄清並反思教師課程實踐的經驗。敘事研究要能夠「化熟悉為陌
生」，雖然在之前與山上學校有片斷的互動，但都僅只於參訪的互動，或拍
攝教學紀錄片借用場地，從 2006 年 2 月後的正式進入田野，我自覺在山上
學校的研究者角色是與實踐者相互主觀的，主要是這所學校的君校長畢業於
課程與教學研究所，本身也有生命史研究經驗，曾撰寫過女校長課程領導的
敘事探究。另一位學校藝術與人文的廷老師（化名）也曾有藝術家生命史研
究專業。這樣的豐富田野，讓我得以有機會，觀照自己的課程理論化經驗，
在過去從事敘事探究的書寫過程中，深刻感受到透過書寫，行動者讓自己與
書寫的內容得以有進一步的互動，如此的互為主體經驗，讓原來的自我更貼
近真正的自我；透過書寫，個人可以回溯以往，構連過去與現在，讓我所存
有的課程理論觀點與實務者實踐知識，能有所辯證。

　　基於此，在田野中，我採取的研究者角色是較為融入其課程情境，雖然
在研究過程中，我並未實際參與其校本課程的研發，但我並不將自己抽離於
現場的課程實務。我之所以選擇以積極參與觀察進入學校主體經驗，主要想
藉在山上學校的小型學校文化，彼此互動可以很頻繁與密切。敘事探究得以
讓行動實踐者有更深層的自我生命覺察，藉生命敘說更反思自己的課程實踐
觀，因而也能更真實地立足於其所存有的教學田野當中。

二、天平兩端的擺渡——在地化與國際化課程創新

　　用「擺渡」作隱喻有兩個意涵：一是這所山上學校的課程特色是處於在

地化（傳統藍染課程）與國際化（與香港國際學校交流）的課程取向之鐘擺擺渡；其次是教師面對大學區孩子與在地學區孩子學習基本能力之不同，在對學校教師而言，課程取向是處於天平兩端中擺渡。而我一進入山上學校知識社群，一開始即表達了對教師經歷課程改革運動隱喻具有濃烈的興趣；在學校校長的介紹下，閱讀了學校從田園教學以來的校本課程文本，對學校課程發展史愈趨熟悉，就愈能協助我在更多方面將研究主題以隱喻的方式表達，並詮釋教師們經驗的田野文本。這個發展顯示，教師知識社群並不是封閉的社群──當日常的經驗確立且建立時，他們得以成長並且擴展。初期當一個局外人，山上學校教師社群相當包容我，我與研究助理可以自由穿梭觀察各年級的日常教學活動，而我從學校知識社群中，從包含對教師個別的、集體的及與我的對話經由經驗轉錄後，教師們在個別及學校課程創新的整體經驗之理解可以顯露無遺。

　　山上學校教師自編教材的課程歷史由來已久，從台北市規劃幾所郊區小學從事田園教學開始，學校教師即以藝能科為主要自編，另在舊課程時，即以美勞、健康教育、體育、音樂等科為教師自編教材。立足於過去的課程發展基礎，山上學校校本課程在高年級藝術與人文領域採融入「藍染課程」，另外，陶藝或是攝影也是校本課程內容。廷老師提到在九年一貫藝術與人文要將視覺藝術和音樂與表演藝術做統整比較難，所以他曾嘗試用「駐校藝術家」的方式，來實施九年一貫的課程統整方式：

> 　　藝術與人文這三大塊要結合在一起比較難，所以，我才會採用駐校藝術家的方式來實施九年一貫的統整方式。我一開始的想法是專業的藝術家和老師的想法不一樣，因為他們有專業的想法，而我們是在教學上的經驗，可以帶給孩子不同的東西，比較有專業的想法。駐校藝術家有三個，剛好是表演藝術、音樂和視覺，那時候我想說找出藝術的八個元素，和藝術家討論設計成課程，請他們融入到課程之中實驗看看。

> （廷老師訪，2006/03/15）

　　山上學校為增加學童跨文化的學習與提升兒童英語能力，而與香港國際學校進行交換學習。而與香港小學結緣，據我深入了解是當初在香港國際學校裡擔任中文教師的思老師（化名）擔任穿針引線的角色。她是台灣嘉義人，在嫁給英國人之後就在國際學校裡擔任教師，由於她是台灣人，長久以來她一直希望能讓學生來認識台灣，所以每一年十一月她都會安排一週的台灣文化之旅，主要以台北為主，她會設計台北市的闖關活動，讓學生分組去認識台北，還有一些社教機構的參觀，也去過台中的科博館，會安排六天五夜的活動。君校長回憶這個文化交流課程由來：

> 早期他們也曾經跟台北市慈愛國小（化名）、台北縣江水國小
> （化名）這類的大學校做交流，可是都覺得沒什麼特色，後來是透
> 過一位朋友的介紹，那位朋友認識山上學校的前任校長，便過來參
> 觀，參觀之後她很喜歡山上學校，所以，之後每年的台灣文化之旅
> 都會留半天到山上學校來參觀。他們就很喜歡我們的操場跟山，可
> 以親近大自然，因為香港就像水泥森林一樣……我接任校長後，便
> 跟她開始進行活動前的討論，希望有機會做交換學生的活動，她聽
> 了覺得很好，也願意促成這件事，後來學校開始發展藍染課程，思
> 老師也覺得只停留半天太短，無法真的體驗台灣的學校生活，覺得
> 半天的時間太短，沒有機會跟小朋友做互動，因此，決定在山上停
> 留的時間是一天，而且也確認交換學生的活動在每年的五月實施。
>
> （君校長訪，2006/05/05）

　　但無論是藍染課程與國際化文化交流課程，在與各領域的銜接上，課程實施實仍有困難，因兩校學生在語文與數學學習各有學習落差，這些科目在課程實施上無法採合班上課，需抽出來分別授課，教師實質上在對兩校學生的交流課程設計時，還是會考量因文化與跨國課程的差異。

> 這些活動如何跟領域課程銜接，並形塑成具有特色的校本課
> 程，是具有意義的，我們的老師在這方面的專業能力還沒有辦法做

得十分完備。我們唯一做得不錯的是校際交流，這是跨半年在做的課程，從五、六月開始就一直在討論課程的架構，學生也要在暑假蒐集資料和開學後進行生活教育的訓練、行前講習，到學生實際去體驗以及回來的書面、口頭報告分享等一連串的課程，這是比較完整的。但我們的困境在於這些活動如何跟領域課程銜接，並形塑成具有特色的校本課程。

（君校長訪，2006/04/07）

這種文化資本差異，不僅存在於國際學校間，也存在於校內大學區與本地小孩間。在地學區學生與大學區學生在家庭文化資本的差異，使得他們在數學、語文領域，其基本能力學習有落差而形成雙峰現象；此外，強調開放教育學習，使山上學校在地學區學生到國中後漸失去競爭力，學校課程領導者用教師始終在「教天平兩端的孩子」來形容這個文化落差現象，而學校也將此弱勢學生視為教學視導重點。

這裡的學生 70%都是大學區的學生，也就是都市學生，對這些孩子而言，他們的優勢是第一個他享有這樣的學習空間，回到家後又可以有都市的補習等文化刺激，所以，他們的家長通常都不擔心。他們比較辛苦的是在剛上國中的第一年，因為我們的學校沒有太多的考試、沒有一直複習，可是大概一年或半學期後他們就可以比較適應。剛剛談到孩子的個殊性比較大，所以，我們的老師就必須比較花心思讓學生學習，讓每個孩子在一次的課程中都能有所學習到，所以，我們比較少針對課程不斷地複習。我們學校的老師幾乎都在教天平兩端的孩子，因為像大學區在學生學習上較有一致性，像我們的英文教學就有分級，但很自然的會發現：分為在地和大學區的孩子兩組。因為我們的在地孩子沒有補習，他只有這兩堂英文課，所以我比較憂心的是在地孩子在學習上的弱勢。

（君校長訪，2006/05/05）

　　我們也發現，學校革新故事中校長的強勢領導，並不盡然可以改變教師對課程革新的認同，過去由上而下的改革，教師在能力不足下，往往對政策實施顯得無所適。過多強調華而不實的教學革新改變，反而讓教師課程活動流於「耍猴戲」之譏（Craig, 2001）。

　　　我希望在教師的專業上能再加強，我們的課程一定都是經過討論後，讓課程run幾年再慢慢發展的，比如說像藍染課程已經發展不錯了，那就在上面再做增減，然後在別的領域比如像是藝術與人文再做其他的發展。可是我自己所面臨到的困境是，我必須配合教師的專長，還有也必須做適當的抉擇。比較缺乏的是語文和數學領域專長的教師，通常在一年級新生家長座談會時，我都會向家長說明我們學校最強的領域是藝術與人文、自然與科技和健康與體育，所以這三塊就是我們校本課程的重點。像語文和數學科的學習，我們有基本的水準，但如果你要要求老師做課程的設計，他們的專業知識背景就不夠。所以，我對於學校的願景都是建立在老師的專長上，並不會把自己的專長強加教師去實踐。

　　　　　　　　　　　　　　　　　　　　　　（君校長訪，2006/04/07）

　　為激勵教師賦權增能，山上學校領導者所呈現的人性化領導取向顯然是正向，君校長除以身作則，除在研究所進修外，也一直鼓勵教師們在職進修，在我研究期間，幾位教師投考其專業領域研究所都有所斬獲。雖然，小型學校各年級導師都是由女老師擔任，除了學生在性別的認同外，同時也帶出教師專業發展在性別的差異，這個社會文化結構因素，也曾是學校課程領導者所關切，但往往無法在短期任內獲得解決。

三、後山的巨龍——國中基本學力測驗的影響

　　山上學校校本課程的實施到了六年級，已有國中基本學測對高階學科的測驗壓力，學校教師對家長在學校未來語文學科，例如：英語及數學學科基

本學測的表現也會影響其課程的實踐。而直接受影響的是排擠到彈性課程及綜合活動課程。海主任在與我對話中即提出這個潛在影響：

> 家長一定會擔心上了國中跟不上怎麼辦？有一個前題是，會把小孩子送來的，又念到高年級，家長一定都會有這樣的認知，再不然就是送去補習，不然就會把小朋友轉走。因此，在九年一貫課程裡面主要的課程，像是數學和語文時間一定是不夠的。……現在我們領域要再提升的可能有國語文、數學領域，其實一般的水平我們都可以達到，只是在創意的教學上或是專業理念的深化我們真的比較弱一點，這些領域的特色沒有彰顯。
>
> （海主任訪，2006/05/10）

有一次我在觀察藝術與人文藍染課程實施時，與義工家長對話，家長表示希望學校能像北投區某一所英語教學著名的小學，再特別加強英語教學。經由我於課後與廷老師討論此一議題，廷老師即以自身出身農村的奮鬥過程，說明他對此議題的看法：

> 我出身彰化北斗鎮，爸爸是賣菜的，媽媽是幫傭的。我小時候很喜歡拿筆到處畫，國小的時候受到老師的肯定被貼在教室後面公布欄。那時候有同學說要去學畫，可是爸爸不願意，我現在探索可能是那時候家裡的經濟狀況並不好……我對於課程會敏感的原因，是從自己的學習經驗出發。因為我以前的成績非常差，我在國中、高中的時候成績都不好。我的數學本身就很差。國中的時候我是在A段班的後面，排名也都是在中後。現在分析我當時候的成績，有的成績好到全班數一數二，那有的是爛到全班最後幾個。數學、英文最差，國語或是歷史算班上很好的……
>
> （廷老師訪，2006/03/24）

算起來，我與廷老師也是同鄉，小時候也常住在北斗外婆家，與他日常對話中有很多共同回憶。他是藝術工作者，教學活潑又勇於創新，也擅於配

合時事來進行課程。我與他會談中得知他曾於高工畢業時當過監獄管理員，與社會邊緣人相處過的經驗，讓他在教學時頗能體會文化不利學生的處境，他師院一畢業選擇往偏遠學校任教，是基於對弱勢學生的關懷，對於他時時能反思自己教師實務知識，並能敘事自己教學改變感到驚奇，就以英語教學議題，學校曾出現與家長會衝突為例：

> 第一年（1996 年）教學時家長給我的回饋，讓我改變最大。低年級有位家長告訴我小朋友回家後會把我課堂上教學的過程演示給他們看，這讓我驚覺我不能在上課的時候表現出一些負面的想法或行為。1998 年的時候，學校與家長會的衝突也影響我很大，當時家長很積極地希望學校全面實施英語教學，可是學校經費、計畫方面尚未完善，也因此少數家長對學校產生了誤解，為了這件事，學校與家長會的關係不是很好。讓我感覺，有時候家長和教師的觀點想法差異性很大，家長會去要求學校實施一些尚未可行的政策，學校則因有相關法令要遵循，希望是時機成熟、水到渠成的一種做法，家長認為為什麼其他學校可以，我們不行，但他們並沒有考量到學校實際的規模及教師的負荷力，也因此那時候我開始反思自己的教學內容及過程是否會太陳舊，或是有無符應時代的概念。……
>
> （廷老師訪，2006/05/29）

植基於後現代課程觀的視野，我對來自大學區與在地孩子的學習差異議題始終是關注的，廷老師則認為以他在視覺藝術教學的實踐，兩組群在藝術操作性方面差異性較小，但在美感經驗的表現上仍然有差別的，至於在創造力方面也無明顯差異。他認為本地的孩子雖在若干學科知能比較不足，但原創性更高，主要原因是他們沒有參加才藝班或美術班，而有些大學區的家長在乎孩子的學習，提早帶孩子去才藝班學繪畫，結果他們的畫法就會固著於學院技法，反而本地的孩子就比較沒框框。所以，本學區幾個孩子的創意表現是比較優秀的。他也嘗試過一些多元的美感經驗教學：

　　我的教學計畫的起始點通常有幾個原則：第一個是檢視他們學過的課程；第二個是我自己創新的課程，包括我想要實驗的課程內容，或是突然的idea，就是想說課要怎麼教，像上個星期教的藝術風格課程，也是我這學期突然有的idea；第三個是配合整個九年一貫的階段；最後是我們藝術發展心理學的過程，像是五、六年級是理解實際的擬寫實期，三、四年級是黨群期，一、二年級是樣式化期；除此之外還有加入校本課程的內容，像藍染是去年才有的。……我做的是激發他們的概念，可能我教你一個簡單的技法，那你要怎麼去利用這個技法發展你的概念。我曾做過「紗帽山傳奇」這個單元，可以用平面、立體、敘事等等方式去表現創意跟想法，不過我沒有做過大學區跟本學區的比較，只有同樣年級不同班級的風格比較。……

（廷老師訪，2006/03/15 & 2006/05/29）

　　對學校課程領導者而言，他們所知覺家長對於基本學測的擔心，我直覺用「後山的巨龍」來形容這個無形的影響，Craig（2004）在探究大型基本學測對學校教育人員之敘事理解，也曾隱喻為「後院的巨龍」。山上學校與山下的高社經學區（如山下國小），教師面臨不同教育期待的家長，其對課程與教學決定受到來自社區家長之影響是可以理解的。君校長曾語重心長的說出基本學測對山上國小的無形影響：

　　基本上家長是都可以接受，但他們也都會擔心學生的能力問題。像我們給家長的感覺就是給學生的課業壓力比較少、作業量比較少，所以我每次都會跟家長講我們的學習領域跟山下的都一樣，並沒有上得比較少，只是確實我們學生的個殊性差異較大，所以我們沒有辦法像山下的學校有比較多的抄抄寫寫的作業。

（君校長訪，2006/04/07）

　　而我在思考的是，中外學者所強調的教室評量革新研究，即新制評量應

已落實在九年一貫課程所強調的學習評量政策制定中，但教師所知覺的新課程實作評量難道僅是這些抄抄寫寫的工作，九年一貫課程改革喊得震耳欲聾，所強調的評量方式不就在培養帶得走的實作能力嗎？但基本學測一如後山的巨龍，掌控著教師的教學評估方式，基本學測雖是最低能力測驗，但卻不是高中入學最低門檻，要進理想高中，基本學測表現仍舊是高門檻，而它的評估方式卻仍是紙筆測驗，在山上學校教師敘事所進行的真實評量的確反映了學生日常的生活能力，例如：藝術與人文的美感經驗、自然與生活科技的野生動物標本製作、綜合活動在樹屋的合作學習情意態度等，但學生透過所謂一綱多本習得的能力，是否能在未來通過高中入學的基測嚴苛篩選制度？而能依願選擇理想高中就讀，繼續發展自己的特殊專長興趣？還是一如學校教師們所言喻，這裡可以是山上學生進入國中前「童年歲月的最美好回憶」。在研究田野資料蒐集階段中，本想繼續追蹤山上學校畢業校友在進入國中學習的經驗，想訪談於校慶當天返校的校友中有位教師口耳相傳的「昆蟲專家」，他個人曾製作蒐集過各式各樣的昆蟲標本，遺憾的是在熱鬧氣氛中，他始終無法與我駐足久談，但卻僅說在山上學校是他一生中最快樂的時光。

伍 落幕言說

本文首先從美加地區 Clandinin 和 Connelly（1995, 2000）的敘事探究切入，Connelly 是芝加哥學派 Schwab 的學生，他們是循著 Dewey 本體論的經驗哲學而發展敘事探究取向，所以，其所謂的敘事探究是理解學校脈絡的經驗。而另一支流派為根源於 Marxist 的哲學觀，在教育研究上是屬於批判理論在教育的實踐，俗稱批判教育學；它也整合了女性主義的觀點，關注在社會科學意識形態與壓迫經驗的批判敘事，例如：殖民主義、父權社會，或反同性戀壓迫經驗的批判探究（Ritchie & Wilson, 2000）；另外，則是後結構主義的流派，其知識與方法論的焦點為敘事語言學與敘事的知識結構

（Slattery, 2000）。後結構主義嘗試解構社會科學客觀實徵探究的膚淺假象，而對於人類行為指稱為經驗的再現，關注於敘事經驗語言結構的對話分析，一如批判敘事，他們也承認社會與文化影響經驗的描述與詮釋。

　　而顯然不同的方法論視角，多元化了敘事探究的歷史發展，但其對現象描述在不同流派的本體論與方法論立場顯然也是迥異的。近十年來，我的課程理論視域雖也在上述三個流派中皆曾著墨過，但實際在山下、山上學校走一回後，發現兩個不同學校結構、不同文化現象的學校脈絡中，將理解教師在學校課程實踐的經驗轉為研究文本，再詮釋與教師對話互動過程，書寫成敘事文本，在研究時間上著實是一大考驗。當然，複雜的教師生活世界要從田野資料再理解成課程文本，原本也是課程理論化的學派所強調的研究取向。基於對敘事探究知識產生的研究興趣，在田野文本轉為研究文本的過程中，我原來在批判取向敘事方法論的視野，也驅使我儘量使學校脈絡中的實踐者，過往的身分壓迫經驗得以再現，以突顯其邊陲教師身分發聲的可能性。

　　在〈山中傳奇——一所郊區小型學校教師課程革新的敘事〉這一段落中，我將敘事作為方法論，以理解教師及學校課程領導者在課程革新的脈絡中，他們的課程實踐知識、課程領導觀，其學生來源因大學區與本地區文化資本差異所顯現於課程的不同學習經驗，如何影響山上教師們的課程決定經驗，一一透過我的理解而得以重現，這顯然是植基在 Deweyan 的敘事經驗論上。國科會第一年報告雖已發表在相關研討會上（莊明貞，2007），但該篇報告卻引發了敘事研究在撰寫風格上的爭論。基於此，思考本研究後續在敘事文本風格的撰寫與發表上，是否恃不同專業期刊要求而有彈性調整，因為質性研究社群對此一探究的知識生產與發表格式，在不同期刊與不同知識社群，擁有一定的審查權力控制與規範，當然這個不同敘事風格的展現，有一個因素來自不同學群在方法論的認知有所差異，而這個議題早已浮現在層出不窮的國內教育研究領域運用敘事探究的學位論文中，這個敘事探究文本的眾聲喧譁與轉化效度議題，值得再繼續探討之。

（本文原為〈山中傳奇——一所郊區小型學校課程革新的敘事探究〉，曾發表於「課程與教學改革的理論與實務」國際學術研討會暨「第十八屆課程與教學論壇」，該會議於 2008 年 5 月 23 日由國立花蓮教育大學主辦）

參考文獻

中文部分

朱麗娟（2003）。**教師課程意識之自我探究歷程**。國立東華大學教育研究所碩士論文，未出版，花蓮縣。

江慧娟（2007）。**女巫故鄉之旅——敘事課程實踐之自我探究**。國立台北教育大學課程與教學研究所碩士論文，未出版，台北市。

何怡君（2003）。**交織一片藍天——我與一位女校長投入課程改革的生命史研究**。國立台北師範學院課程與教學研究所碩士論文，未出版，台北市。

吳秀玲（2007）。**跨越圍籬的旅程——國小女性教師性別意識覺醒與實踐之敘事探究**。國立台北教育大學課程與教學研究所碩士論文，未出版，台北市。

吳慎慎（2002）。**教師專業認同與終身學習——生命史敘說研究**。國立台灣師範大學社會教育研究所博士論文，未出版，台北市。

吳臻幸（2001）。**我的班、我的故事——國小導師形塑班風歷程的敘說性研究**。國立台北師範學院課程與教學研究所碩士論文，未出版，台北市。

李月霞（2002）。**大華春秋——一所學校生命史研究**。國立台東師範學院教育研究所碩士論文，未出版，台東市。

李玉華（2002）。**解開「生氣」的鎖鍊——一個小學女老師的探索、實踐之路**。國立新竹師範學院課程與教學碩士班碩士論文，未出版，新竹市。

阮凱利（2002）。**理論與實踐的辯證——國小教師實踐知識之敘說性研究**。國立台北師範學院課程與教學研究所碩士論文，未出版，台北市。

周梅雀（2003）。**尋找心中的那朵玫瑰花——一趟教師課程意識的敘事探究之旅**。國立台灣師範大學教育研究所博士論文，未出版，台北市。

林芳如（2005）。**用行動發聲——我的課程實踐之旅**。國立台北教育大學課程與教學研究所碩士論文，未出版，台北市。

林泰月（2003）。**蝶變——一位國小教師課程自主實踐的敘事探究**。國立台北師範學院課程與教學研究所碩士論文，未出版，台北市。

邱美菁（2001）。**七色花的故事——一個女性教師生命角色轉換之處境探究**。國立新

竹師範學院課程與教學研究所碩士論文,未出版,新竹市。

洪塘忻(2003)。**喧嘩劇場——國小女性教師聲音之敘說性研究**。國立台北師範學院
　　課程與教學研究所碩士論文,未出版,台北市。

洪夢華(2007)。**我的課程之旅——一位國小教師課程自主實踐之敘事探究**。國立台
　　北教育大學課程與教學研究所碩士論文,未出版,台北市。

范信賢(2003)。**課程改革中的教師轉變——敘事探究的取向**。國立台北教育大學國
　　民教育研究所碩士論文,未出版,台北市。

范揚焄(2002)。**一位男性國小資深教師的生命故事**。國立新竹師範學院輔導教學碩
　　士論文,未出版,新竹市。

師瓊璐(2000)。**橫越生命的長河——三位國小女性教師的生命史研究**。國立台東教
　　育大學教育研究所碩士論文,未出版,台東市。

柴成瑋(2005)。**解構第四面牆——一位國小教師邁向轉化型知識分子之敘事探究**。
　　國立台北教育大學課程與教學研究所碩士論文,未出版,台北市。

張重文(2002)。**一位不會跳舞的老師怎麼教跳舞——我的專業成長與課程發展歷程
　　探究**。國立新竹師範學院課程與教學碩士班碩士論文,未出版,新竹市。

張豐儒(2000)。**女性代課教師的生命史研究**。國立花蓮師範學院國民教育研究所碩
　　士論文,未出版,花蓮市。

莊明貞(2001)。九年一貫課程實施初步成果及問題與因應策略。**教育研究月刊,
　　85**,27-41。

莊明貞(2005)。敘事探究及其在課程研究領域之發展。**教育研究月刊,130**,
　　14-29。

莊明貞(2007,7 月)。**課程研究領域的敘事探究——一所學校課程革新的故事**。論
　　文發表於國立台北教育大學課程與教學研究所主辦之「第九屆兩岸三地課程理論」
　　研討會,台北市。

陳佑任(2001)。**他們的故事——三位國小男性教育人員的生命史研究**。國立新竹師
　　範學院課程與教學碩士班碩士論文,未出版,新竹市。

陳淑芬(2004)。**悠悠長河——一位國小教師生命教育課程實踐的生命敘說**。國立台
　　北教育大學課程與教學研究所碩士論文,未出版,台北市。

曾慶台(2002)。**面面俱到?處處保留? ——一個國小男性教師的自我敘說**。國立新
　　竹師範學院課程與教學碩士班碩士論文,未出版,新竹市。

黃燕萍（1999）。**我是誰？——一個女準教師性別主體意識的啟蒙過程**。國立新竹師
　　範學院國民教育研究所碩士論文，未出版，新竹市。

廖靜馥（2003）。**國小教師自然科實務知識在教學創新中的展現——敘事探究取向**。
　　國立台北師範學院數理教育研究所碩士論文，未出版，台北市。

齊宗豫（2001）。**男性身分、自我探索與教育實踐——一位國小準校長的成長之路**。
　　國立新竹師範學院國民教育研究所碩士論文，未出版，新竹市。

劉玲君（2004）。**我的變與辯——一位國小女性代課老師追尋教師專業認同的生命敘
　　說**。國立台北教育大學課程與教學研究所碩士論文，未出版，台北市。

劉華娟（1999）。**成為一個老師——一個生手追尋教師意涵的歷程**。國立東華大學教
　　育研究所碩士論文，未出版，花蓮縣。

蔡瑞君（2002）。**傾聽我們的聲音——三位國小教師的自我生涯歷程敘說分析**。國立
　　花蓮師範學院多元文化教育研究所碩士論文，未出版，花蓮市。

蕭又齊（2002）。**我的意識醒覺——一個國小老師敘說社會事件融入社會科課程的故
　　事**。國立台北教育大學課程與教學研究所碩士論文，未出版，台北市。

賴玫美（2005）。**互為主體的影舞者——我與一位實習老師「師徒式學習」的生命敘
　　說**。國立台北教育大學課程與教學研究所碩士論文，未出版，台北市。

謝佩珊（2003）。**回首杏壇總是情——描繪一位即將退休的國小教師生命史**。國立台
　　北師範學院教育心理與輔導研究所碩士論文，未出版，台北市。

藍富金（2003）。**落入與不昧——一位國小男老師的主體性探究**。國立新竹師範學院
　　課程與教學碩士班碩士論文，未出版，新竹市。

英文部分

Applebee, N. (1978). *The child's concept of story: Ages two to seventeen*. Chicago,
　　IL: University of Chicago Press.

Atkinson, R. (1998). *The life story interview*. Thousand Oaks, CA: Sage.

Chuang, M. J. (2007). *Cultural politics of Taiwan's curriculum reform: Seek for
　　"identity"*. Paper presented at American Association for the Advancement of
　　Curriculum Studies 2007 Invited Symposium, April 6-8, University of Illinois,
　　Chicago, IL.

Clandinin, D. J., & Connelly, F. M. (1995). *Teachers professional knowledge landscapes*. New York: Teachers College Press.

Clandinin, D. J., & Connelly, F. M. (1998). Stories to live by: Narrative understandings of school reform. *Curriculum Inquiry, 28*(2), 149-164.

Clandinin, D. J., & Connelly, F. M. (2000). *Narrative inquiry: Experience and story in qualitative research*. San Francisco, CA: Jossey-Bass.

Clandinin, D. J., & Huber, J. (2005). Interpreting school stories and stories of school: Deepening narrative understandings of school reform. *Journal of Educational Research and Development, 1*(1), 43-61.

Cochran-Smith, M., & Lytle, S. (1990). Research on teaching and teacher research: The issues that divide. *Educational Researcher, 19*(2), 2-11.

Connelly, F. M., & Clandinin, D. J. (1990). Stories of experience and narrative inquiry. *Educational Researcher, 19*(5), 2-14.

Connelly, F. M., & Clandinin, D. J. (1991). Narrative inquiry: Storied experience. In E. Short (Ed.), *Forms of curriculum inquiry*. Albany, NY: SUNY.

Craig, C. (2001). The relationship between teachers' narrative knowledge, communities of knowing, and school reform: A case of "The monkey's paw". *Curriculum Inquiry, 31*(3), 303-331.

Craig, C. J. (2004). The dragon in school backyards: The influence of mandated testing on school contexts and educators' narrative knowing. *Teachers College Record, 106*(6), 1229-1257.

Dewey, J. (1938). *Experience and education*. NY: Collier.

Dezin, N. K. (1989). *Interpretive biography*. Thousand Oaks, CA: Sage.

Dorson, R. M. (1976). *Folklore and fakelore: Essays toward a discipline of folk studies*. Cambridge, MA: Harvard University Press.

Eisner, E. W. (1988). Seeing the forest and the trees: Preparation of curriculum scholars in research universities teaching. *Education, 2*(1), 87-90.

Elbal-Luwisch, F. (2005). *Teachers' voices: Storytelling & possibility*. Greenwich, CT: Information Age.

Goodson, I. (1988). Teachers' life histories and studies of curriculum and schooling.

In I. F. Goodson (Ed.), *The making of curriculum: Collected essays*. London & Philadelphia: The Falmer Press.

Greene, M. (1994). Epistemology and educational research: The influence of recent approaches to knowledge. *Review of Research in Education, 20*, 223-264.

Hargreaves, A. (1994, April). *Dissonant voices: Teachers and the multiple realities of restructuring*. Paper presented at the Annual Meeting of the American Educational Research Association, New Orleans, LA.

Jackson, P. W. (1968). *Life in classrooms*. New York: Holt, Rinehart and Winston.

Kleine, P. F., & Greene, B. A. (1993). Story telling: A rich history and a sordid past- a response to Berliner (1992). *Educational Psychologist, 28*(2), 185-190.

Martin, J., & Sugarman, J. (1993). Beyond methodology: Two conceptions of relations between theory and research in research on teaching. *Educational Researcher, 22*(8), 17-24.

Mishler, E. G. (1995). Models of narrative analysis: A typology. *Journal of Narrative and Life History, 5*(2), 87-123.

Nespor, J., & Barylske, J. (1991). Narrative discourse and teacher knowledge. *American Educational Research Journal, 28*(4), 805-823.

Phillion, J., He, M. F., & Connelly, M. (Eds.) (2005). *Narrative & experience in multicultural education*. Thousand Oaks, CA: Sage

Pinar, W. F., & Grumet, M. (1981). Theory and practice and the reconceputalization of curriculum studies. In M. Lawn & L. Barton (Eds.), *Rethinking curriculum studies* (pp. 20-42). London: Croom Helm.

Polkinghorne, D. E. (1988). *Narrative knowing and the human sciences*. NY: State University of New York Press.

Polkinghorne, D. E. (2007). Validity issues in narrative research. *Qualitative Inquiry, 13*(4), 471-486.

Riessman, K. C. (1993). *Narrative analysis*. London: Sage.

Ritchie, J. S., & Wilson, D. E. (2000). *Teacher narrative as critical inquiry*. New York, NY: Teachers College Press.

Salomon, G. (1991). Transcending the qualitative-quantitative debate: The analytic and systematic approaches to educational research. *Educational Researcher, 20*, 10-18.

Schwab, J. J. (1978). The practical: Arts of eclectic. In I. Westbury & N. J. Wilkof (Eds.), *Science, curriculum, and liberal education: Selected essays* (pp. 322-364). Chicago, IL: University of Chicago Press.

Schwab, J. J. (1983). The practical 4: Something for curriculum professors to do. *Curriculum Inquiry, 13*(3), 239-265.

Slattery, P. (2000). Postmodernism as challenge to dominant representations of curriculum. In J. Glanz & L. H. Behar (Eds.), *Paradigm debates in curriculum and supervision: Modern and postmodern perspectives* (pp. 132-151). London: Bergin & Garvey.

Sutton-Smith, B. (1986). The development of fictional narrative performances. *Topics in Language Disorders, 7*(1), 1-10.

Wittrock, M. C. (Ed.) (1986). *Handbook of research on teaching* (3rd ed.). A project of the American Educational Research Association. NY: Macmillan.

3 虛構在敘事與教學中的力量

阮凱利

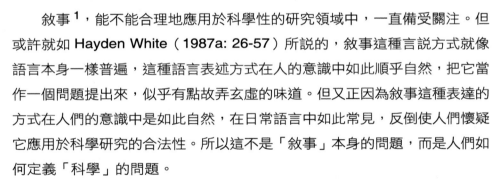

壹 敘事時代的來臨

敘事[1]，能不能合理地應用於科學性的研究領域中，一直備受關注。但或許就如 Hayden White（1987a: 26-57）所說的，敘事這種言說方式就像語言本身一樣普遍，這種語言表述方式在人的意識中如此順乎自然，把它當作一個問題提出來，似乎有點故弄玄虛的味道。但又正因為敘事這種表達的方式在人們的意識中是如此自然，在日常語言中如此常見，反倒使人們懷疑它應用於科學研究的合法性。所以這不是「敘事」本身的問題，而是人們如何定義「科學」的問題。

傳統的科學觀念並不相信人類的思考及理解，認為那是不能掌握、無法探知的黑盒子，最安全的方法就是為它找到一組光罩，讓它可以被測量、被操作，進而被看見而給予定義，並努力排除歧義與避免、減少錯誤。然而在我們的生活中，對一些真實事件的推理判斷卻總存在著不少的矛盾現象，但

---

1 對於「narrative」這個詞的譯名各有強調的論點。大陸學者陳啟能（1991）在《當代西方史學思想的困惑》一書中，將「narrative」一詞譯為「敘事」；在台灣學術界則是敘事或敘說均有人使用，到目前為止尚無一定的共識。如果我們去閱讀歷史或文學的作品，可以發現「敘事」一詞得到普遍性的認同；而運用在教育研究中，則是「敘說」與「敘事」兼行併用。本文旨在探究「narrtaive」的「說」與「事」之間的想像，既有現象亦有方法，故以「敘事」一詞譯之。

我們仍然相安無事。例如：對一個「羅生門」事件的看法、「解聘」一位教師的辯論，或「送禮」的決定等，都讓我們自然地應用敘事的形式表示自己的意見，藉以成就這些事情。對於一些在生活中應用敘事技巧，以了解自然與人類科學中的論述秩序，Bruner（1996）有極為精彩的說明：

> 「如果不說上一個故事，別人如何能了解朋友們給他一個『冷冷的』歡迎是什麼意思呢？而愛爾蘭共和軍又為什麼不在和平協議書中使用『永久』這個字眼呢？……至於我們在講一個艱難科學的原理時，都得抓住正確的敘事法才能把其中的奧祕說明白，敘事所說的『事情』比其他的說法更正確或更可接受，不僅是因為它根植於更多的實在性，而且也因為它有更好的脈絡關聯，可以讓人產生較佳的自覺性理解。」

這也讓我贊同 Kenneth Knoespel（1991）所認為的，敘事理論讓我們思考所有以故事形式呈現的論述（引自 Gough, 2004）。是以，今日所謂的科學研究已不能再忽略敘事的力量。

實際上，敘事也一直存在於文學、戲劇、音樂、治療與歷史等領域。在上古西方時期，Socrates 詰問式（或稱產婆式）的辯證就是一種敘事形式，而運用得最好的敘事則是 Freud（1995）的《解夢分析》（*The Interpretation of Dreams*），一書，其利用意識上的引導，讓人們說出早已潛存的意念。而中國敘事體的作品相當廣泛，可包含神話、史詩故事、傳記文學、歷史與音樂等，例如：在古籍《莊子秋水篇》中，莊子與惠施「安知魚樂？」的論辯，就是一段精彩的哲學敘事；詩經的〈七月〉則是描繪農家村民生活的敘事詩。而在我們的日常生活中，敘事就以「說故事」的形式培育了人類的文化，撫慰了不少孤寂或偉大的心靈，達到一種「敘事安慰」的作用；看看年幼的孩童們，在睡覺前總不免要母親或父親講個故事或允諾明天的世界等等，就能明白「敘事」的能量。

因此，敘事可以視為一種深植於人類基因中的潛質，一直未曾遠離我們的周遭，但因為受到二次大戰之後物質科學的影響，在一片要求確定、預測

與客觀的思潮中，敘事沉寂了好一陣子，現在卻因為「詮釋轉向」[2]（the interpretive turn）的改變，又再度活躍起來。

貳 隱喻的轉變——敘事

　　敘事研究的盛行意味著支配（控制）隱喻的轉變，這些改變可以被視為是意義的再現或人類過程中的詮釋，是內在（心智）與外在（交互活動合作與溝通）的一致性活動（Thomas, 1995: 2）；這種改變挑戰著早期頗具權威的行為主義或科學管理在社會科學中所做的研究與理解。在行為主義的機械式隱喻中，人們的知識成長被認為是一種不確定的訊息處理過程，最普遍的圖像就是把人類的大腦想像成一部電腦，心靈是一種軟體，而主體性的所有形式是難以理解的；這時，真理需要從客體中去發現，必得藉由重複的、有效的、可靠的公開證據去觀察及證明。這樣的推斷過程，或可使人們講述有關他們自己的行動、動機及有關的人，但不會被認為是值得信賴的證據；至少，不會與直接觀察的行為或精確的測量相對照（Bruner, 1992: 9）。長期以來，在類似這種「電腦─計算機」的圖像中，有些概念就「理所當然」地被排除了，例如：有關人類事務中的「詮釋」、「意義」、「理解」等。

　　另一個與上述不同的想法，就是認為人類是生存在文化脈絡中，沒有一種心理學可以在缺乏對個人社會環境的認識下而出現。亦即，人們是在脈絡中試著與周遭環境聯繫與溝通，他們努力的在社群、脈絡或環境裡，去理解與詮釋自己與他人的行為；這些活動與努力必然含有分享的可能性或意義的協商。這種迥異於行為主義的觀念得到不少哲學家、民族誌學者、語言學家

2　Bruner（1996: 90）指出，約從 1970 年代開始，人們對於思考有一些重要的改變，他稱之為「詮釋轉向」。起初這種轉向現身於戲劇和文學，然後在歷史、社會科學，最後在認識論中出現，而現在它也在教育中呈現。詮釋的目的是理解而非解釋；它的工具是文本分析。理解是將一些相互爭辯且無法完全證實的命題，以合於準則的方法，將組織化與絡脈化所得到的結果呈現出來。Bruner 認為，要達到這種理解，敘事是其中一個很主要的方法，人們可以經由故事而說出事物是什麼。

與社會學者的支持，例如：Lakoff 和 Johnson（1980）對人類溝通的隱喻研究、Geetrz（1973）的文化詮釋、Searle（1983）研究人類的意圖，以及 Gergen 和 Davis（1985）對於「人類是社會建構」的探討等（引自 Thomas, 1995: 3）。他們的研究焦點從訊息、數據、曲線轉移到理念、思考、感知與意義，他們挑戰了客體霸權，以一種更有機、更全面的觀點，恢復了主體在研究領域中的合法性；他們駁斥了人類研究的主要意圖是預測行為，強調人類在知識獲得與思考歷程中，具有內在與外在的一致凝聚力。

這兩種不同的思維與研究，無關昨是今非的問題，就像 Jerome Bruner（1996: 39）的主張，人類組織與管理對於世界的知識（特別是立即的、當下的經驗）有兩種方式：邏輯科學思考與敘事思考（logic-scientific thinking and narrative thinking），邏輯科學是處理物理性的「事物」，而敘事思考則是處理人與情境。這兩種思考模式都根植於人類的基因裡，它們也都在語言的本質中各有表述，也試著去組織人們的經驗並賦予意義、詮釋並解決問題。不同的是，科學思考所產生的理論是先驗的、客觀的、論證的；而敘事思考所產生的文本是與情境結合的、個殊性的、具體的，它追求一種開放與充滿情趣的哲學對話。而且敘事所蘊含的隱喻提醒我們重視人們的經驗，我們要知道人們感覺了什麼？理解了什麼？這些行為有什麼意義？在優勢的科學定律學說及標準研究方法論不足以理解個體的特殊性之情況下，卻在敘事裡，經常會有比喻、暗喻及富於表情形式的語言，表達著對個殊行動的闡釋，珍惜對多樣意義的鑑賞。以 Greene（1978）的話來說，這是另外一種「不同的呼吸」。

嚴格來說，源自於文學理論的敘事，大多是屬於一種後設的探究；然而在日常生活中，一般人對於敘事的理解，最普遍的概念就是「說故事」。Donald Polkinghorne（1988：13）在《敘事會意與人類科學》（*Narrative Knowing and the Human Science*）這本書中就表示：「我把『narrative』這個詞視為等同於『story』，它包含了製造故事的過程與結果，……故事是對一件事或一系列事件所作的描述與聯繫，可以是真，也可以是假。」在生活的經驗中，歷史家、傳記家、心理學家、旅行家等這些人，理所當然是

敘事作品的生產者；更多的時候，律師、科學家、運動評論員或是酒吧裡的人們，也是敘事者。但不管任何形式的敘事作品，都牽涉到對事件的講述與形塑，但是只有描述是不夠的，一連串的描述句子不是敘事；而它所描寫的也不僅是「東西」，而是「事件」。敘事作品基本上應有四個基本面向：時間、結構（情節）、聲音與觀點（Lamarque, 1994: 131）。首先，敘事的時間不是以時鐘或節拍器劃分，而是要讓重要事件能夠開展為主（Bruner, 1996: 133），是一種與人相關的時間，因此像植物的分類表就無法構成敘事。其次，事件必須是已形成或已發生的，並且有次序的；敘事是有結構的、是一種紀錄的聯結（如歷史的記載）。最後，每一種敘事都有說者或聽者，故事不只是存在，它是要被講述出來，而且是從某一些觀點出發的講述，在觀點中，人們可以看到過去與未來；因為這樣，敘事文本的產生就更像一個故事。現在一般人對於故事（不論真與假）都有一種期待、一種渴望，就是因為在敘事中讀到或聽到了令他們情緒起伏的時間、情節、聲音與觀點，「故事」中有著講述者的觀點，更融進了讀者、聽者的詮釋與感受，由此，故事不斷地講述，我們給了故事想像，「故事」一詞也給了我們想像。

只是，有些故事讓人聽了明白、感動、充滿意義，也有些會令人迷糊、厭煩、索然無味；又有些能讓我們歷歷在目，但也有一些讓我們覺得虛假、荒謬。是什麼樣的因素造就這些不同呢？在這兒，我想表達一個看法：那是因為敘事中存有一種關於「虛構」的隱喻，讓敘事者與聽者（讀者）產生差異互見的經驗，而對文本（故事）有不同的感受。因此，這使得我把敘事放在一種建構的、發明的與想像的——即虛構的關注點上，這個「虛構」就如同 Noel Gough（1998: 93）所形容的，是一個繞射的鏡子，可以衍生出各種變化。

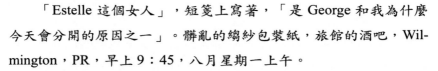

參　虛構在哪裡？

「Estelle 這個女人」，短箋上寫著，「是 George 和我為什麼今天會分開的原因之一」。髒亂的縐紗包裝紙，旅館的酒吧，Wilmington，PR，早上 9：45，八月星期一上午。

　　自從這個短箋在我的筆記本裡，它一定對我有著什麼意義吧！我對它研究了好一會兒……我為什麼寫下它呢？為了記住，當然是的。但我到底真正要記住什麼呢？它實際發生了多少？……重點是自從有了筆記本，我從來沒有（或者到現在為止）關於我做過或想過的真實記錄……我已經放棄這些無意義的記載；取代的是那些別人稱之為謊言的東西。（引自 Thomas, 1995: 1）

本質上，「敘事」是一種文本特徵，它是沒有任何價值的評論。像「文學」、「歷史」、「科學」等這類作品，是我們對某些敘事已做了分類與判斷。在敘事裡，一個句子的形式或出現一個名字，對於句子的真實價值及名字本義是沒有意義的。敘事並不關心真實或參考的問題，它可以是關於真實的事物或虛構的特質，而它所描述的內容可以是真的或是假的；因為真實（reality）是由我們內在的語言和想像（fiction）所構成的，敘事反而讓人接近真實（Diamond, 1991: 89）。因此以語義來說，「虛構」的正面涵義是建構或想像的；反面則代表造假的，與事實相違、不存在的。以對象來說，客體的虛構讓我們知道虛構與實在的不同；以描述來說，句子的真假讓我們知道什麼是虛構，什麼是真的（Lamarque, 1994: 139-140）。這些面向會交互使用，而產生各式不同的敘事文本，敘事與虛構之間的吸引力常讓它們混一起，有時談論敘事的時候，就好像在談論虛構，例如：小時候當父母告訴我們虎姑婆的故事時，心裡覺得它是假的，但是卻真的相信而乖乖睡覺；當我們長大後，聚焦在敘事的獨特文本特徵時，大都把指示性的問題擺

在一邊，而我們對虛構也有相同的態度。

　　若以字源來看，事實和虛構卻是相當接近的。事實——「fact」這個詞的拉丁文是「*factum*」，源自於「*facere*」的過去分詞，指稱真正已發生的事；而虛構—「fiction」是源自於「*fictio*」，意謂由人類所設計、製造的事物（Gough, 1998: 98）。換句話說，事實與虛構都涉及到人類的行為成就，但「虛構」有其積極的形式，是一種設計、製造的行動；而「事實」則是從已存在的事物中，承接過來的一個歷史行動。虛構可以帶領人類邁向未來，完成夢想；事實是經驗的見證，以過去照映現在的行動。

　　通常，一個敘事作品的誕生，特別是小說、傳記類，都會讓人質疑：「這是真的嗎？」有些作品甚至會註明：「本文根據真人真事，經藝術虛構而完成」或是「為尊重當事人隱私，部分情節以化名代替」。以研究的立場而言，這是一種倫理的行為；以研究的內容而言，這是一種「主角已死，文本重生」的隱喻，引領閱聽者邁向一個虛構的開始。大凡人們嘗試理解一件事的時候，不管所涉及的是悲劇、喜劇、小說、傳說或歷史，敘事結構都會將一些部分以縮減、串連、濃縮的技術提供給了虛構，使我們在閱讀的時候，可以得到與欣賞繪畫或其他藝術品中所得到的延伸效果。所以，法國哲學家 Paul Ricoeur（1991/1986: 176-177）就以「敘事」是如詩的創作，來說明敘事與虛構之間的關係。他認為，詩是一種「模仿」的行動，是一種在虛構的層次上「再創造」的行動，它聯繫了神話（*muthos*）與模仿（*mimesis*），亦即聯繫了虛構與再描述（redescription）。在這種概念基礎上，他進而區分出敘事—動作（narration-acte）與敘事—結構（récit-structure）的差別，並認為這兩者在敘事上有特殊的論述意涵，它們富有原始的非措詞力量（force illocutionnaire）與原始的指涉力量（force référentielle）。這種指涉力量就在於，當敘事動作穿越敘事結構時，敘事動作將有規則的虛構框架應用到人類行動的多元性上。在可能的敘事邏輯與行動的多元經驗之間，虛構進入了人類可能的情節與行動。在擬定這種可能性時，故事中的人物產生與詩人一樣的指涉效果，詩人模仿實在之際，也神祕地再創造實在，而敘事亦同。在模仿之外，應用到行動上，虛構也有一種屬於行動動力學的

投射作用。因為在行動之前，人們會有一種「實行的想像」——計畫著各種可能行動的假設，於是與過去的敘事作連結與切割，而朝向未來的計畫；計畫從敘事中借到了結構能力，而敘事從計畫中接收了預知的能力（Ricoeur, 1991/1986: 177），此時虛構（想像）提供了比較、衡量的中介空間，使得人們意欲進入行動的領域，而成就實踐作為。

依照 Paul Ricoeur 的想法，讓我們思考敘事具有與「詩」一樣的本質：虛構與再描述，在這兩種交互活動中，人們有可能完成了內在與外在的溝通一致性。這麼一來，敘事反應著我們的形上學，我們如何談論世界，而我們的形上學必定形塑我們對世界的看法；虛構是一個人對意義的再現與描述，是個人對事物理解的暫時性觀點。因此，我認為所有的敘事是一種建構的（making、structuring）、想像的，都帶有虛構的意味。對於這個觀點，Gough（1998: 97-98）有一段話可以作為很好的註解：

> 「……雖然在科學研究的發展上……，我們企求『真實』就是沒有被『創造、選擇、扭曲或改變的』，但重要的關鍵是：真實的存在超越文本，許多我們認為的真實是（也只能是）透過文本來理解的，例如：歷史就是以文字來了解的。何況，我們所謂的『直接』經驗多半也是經由文本表現。這個問題所呈現出來的並不是對真實的信念，而是對它再現的信心。就像 Rorty 所說的：否認『描述』真實的力量，並不是去否認真實；而『這個世界就在眼前，但描述的世界卻不是』。換言之，如果傳統上真實與虛構是對立的，亦即事實／虛構以及真實／想像是相對的，但不表示它可以區分出哪些是目前世界的文本再現，而哪些又是文本所建構的世界。……我懷疑西方科學為了追求一個『真實的故事』，而驅使敘事策略將事實和小說之間彼此區隔開來，並將一些特別的事實，如科學事實和歷史事實視同於真實——但那只是科學家和歷史家們對世界本體狀態的想像而已。」

由上面的敘述來看，真實不是被發現的，而是被建構的；事實是經驗的

見證，它的意義是人們所給予的。所以，不論是歷史學家、生物學者或科學家，他們都是以自己的專業視野在說故事的實踐者，他們的知識經驗是事實的模仿與聯繫，以 Paul Ricoeur 的觀點來說，就是一種虛構。而我們所要關注的也不再是「真實」的問題，而是我們如何建構、呈現「真實」？我們或可用許多不同的途徑通往真實，虛構即為其中的一種：

> 「虛構或一般所謂的敘事，……可視為是以選擇的方式與周遭環境積極相遇，並藉由與未能證實的過去和無法預測的未來相聯結，而擴展了真實（reality）。一種完全真實的敘事是被動的：那就像一面不失真的鏡子反照著所有的事物，……但虛構既不是反照，也不是敘事者那如同攝影機的眼睛……虛構連結著可能性……而這麼做對我們是有用的。」（引自 Gough, 2004）

肆　虛構可能是「進入某一些真實」的途徑嗎？

　　虛構既有可能是人類在描述與再現意義的構想，但人們如何能體驗它、運用它呢？我們或可提出這樣的哲學性質疑：「虛構是不是進入事實的一種途徑呢？」針對這個問題，本文將列舉兩個例子作為說明。首先，是 Neil Gough（2004）在演講中舉出的例子，現在援引部分內容申述如下。

實例Ⅰ──「大使」的真與假

　　圖 2-1 這幅畫是 Hans Holbein the Younger（1497-1543）的油畫「The Ambassadors」，它是一幅人物等身的肖像畫，站立的兩人都是法國人，左邊是二十九歲的 Jean de Dinteville，在 1533 年奉派到英國的大使；右邊是他二十五歲的朋友 Georges de Selve，他是 Lavaur 的教主，對羅馬教廷有不少的影響力，他於 1533 年的 4 或 5 月到倫敦拜訪 Jean de Dinteville。這幅畫對所呈現的人物與靜物都做了精緻的描繪，畫裡可以看到有著

圖 2-1　Hans Holbein the Younger 的油畫「The Ambassadors」（1533）
資料來源：英國倫敦國家藝廊（The National Gallery）

東方色彩的地毯、衣服（教主）和編織窗簾，桌上擺放著指南針、日晷、地
球儀、詩琴 [3]、長笛，還有一本打開的、由 Martin Luther 翻譯的「讚美詩
集」及「十誡」，這些東西似乎正反應出畫中兩人的興趣：數學、天文學與
音樂。這些人物與實品都被描繪得栩栩如生，宛若他們就置身在畫中。但這
幅畫最引人注目的是在地毯前方的那一大塊灰色陰影，它從橫過斜對角把一
幅畫切為兩部份，它是一個歪斜的圖像，是這幅畫的要素（特色）。當我們
從正面直接看它的時候，可能沒有什麼意義，但如果從特別的側面或角度來
看，就會辨認出它的輪廓，例如：從左側方斜下方或右上方，以極為貼近畫

---

3 這是指 14～18 世紀所使用的梨形撥絃樂器。

面的角度，就會看到灰色陰影是一個骷髏頭（如圖 2-2 及圖 2-3 所示），而
原來的畫作也會扭曲成斜像（如圖 2-4 所示）。

　　Holbein 為什麼要把骷髏頭放在畫中明顯的地方？這又代表了什麼意
義？引起後世很大的討論，Holbein 自己也沒有說明。有人甚至認為，這個
骷髏頭所代表的死亡、毀滅象徵，才是這幅畫真正的意義，死亡的想像改變
了人們對這幅畫的解釋。但是，Noel Gough 不同意這幅畫是否有所謂「真
正的意義」，而是當我們在試著去想像這幅畫時，不能沒有這個歪斜的圖
像。他認為，真實和想像的畫像可以視為是對相同研究資料的不同解釋；大

圖 2-2　畫面下方變形的骷髏頭

圖 2-3　從斜側面角度還原骷髏頭的原貌

圖 2-4　原來的畫作會扭曲成斜像

使的外表或物質環境的現實世界是不會改變的，但從想像中，肖像構成了不同的解釋。如果我們直視畫像，在想像中可以看到這兩個人在文藝復興時期所接受的陶冶，並指認出他們的階級與職位；另一方面，也可以看成是人文主義者對追求物質的一種精緻憎恨的表現；再另一方面，從右邊是俗世的穿著，左邊是羅馬教廷的服飾，桌上陳列的書是宗教知識的象徵，這也代表著是資本主義與宗教結為一體的象徵；或者圖上看到的都已死亡、毀滅，不復存在。

由於骷髏頭的隱藏，只有從特定的角度才能看清，隱喻了世事不能只看表面，要從不同的角度才能看清事物的真象。當觀眾從正面欣賞作品時，被畫面的精緻與逼真所感動，認為表現的是現實景象，而下方的骷髏頭只是一個模糊不清的幻影；可是當我們貼近骷髏頭的角度看清它的形狀時，骷髏頭成為現實，而原先華麗逼真的場景反而變成了虛幻。到底何者是真實，何者是虛幻呢？這也似乎告訴我們：人們總是迷失於事物的表象，把虛幻當作真實，把真實當作虛幻。

如果以 Rob Walker 的話來說，歪斜骷髏頭的「虛構」提供了一個進入「大使」這幅畫最真實的途徑，它吸引、提供觀看者一個少許扭曲、歪斜的肖像，以特別的角度對這幅畫進行交互文本的閱讀，不只是我們眼見為憑的「真」，更是一種「我們能夠比作者理解他自己理解得更好」（引自何衛平，2002：36）的事實意義的真。這樣一來，當 Holbein 的畫成為一個虛構時，或許它的錯誤比真實解釋的錯誤更少。

當然，Holbein 可能有他自己的意圖，自己看畫的方式，觀看者大可自由的從其他的位置與其他文本關係做更深入的解釋。但若沒有那個骷髏頭的虛構隱喻，我們可能體會不到這幅畫的延伸意義，而真理可能就在其中。

實例 II —— 三國演義的真與假

中國小說裡膾炙人口的《三國演義》，是描寫東漢末年魏、蜀、吳三國征伐天下的故事，那是一個戰端四起、民生混亂的時代，也是一個群雄起義、機鋒交遇的時代。在羅貫中的筆下，孔明、周瑜、劉備、關羽等這些人

物是真實的存在過，他們的爭戰與成敗也確實發生的，甚至他們行徑的特徵在羅貫中的策略與計謀中更顯得真實，但這是一本小説，我們在閱讀的時候把它看成是「虛構」的，這代表了什麼意義？

對於作者而言，那是距離他一千年之遙的時代，他並未參與其中。他試著把當時那些令人費解的戰亂、錯誤的判斷、失敗的或荒唐的事件做描述，他靠著書籍的記載，街語巷談中的軼事傳説，或找尋與事件有關的人，這當中許多人或事都已被遺忘了或混亂了，而作者就把這些零碎的記憶，一片片的補綴、串連起來，完成了一部敘事的小説，但我們卻説它是虛構的。這樣的歷程告訴我們，「當你試著從見證者的敘述重新建構事件時，每一個視野都只是某人的故事，而那所有的故事都混合著真實與謊言」（引自趙德明譯，1997/1986）。

對羅貫中而言，他或許不是要寫一部歷史或傳記，而只是一種虛構、一本小説。而這個文本在那個時期是一個非常自由的歷史形式，羅貫中自己的視野與離他千年之久的時空交織在一起，敘事裡的時間與外在的時間變成不可分解的，敘事的現在（present）讓作者去檢視敘事中的人物，參與他們當下的經驗，進行一場千年的對話。歲月可能從扭曲的記憶裡分離了事實，但事實只是與報告文本交織在一起而變得模糊吧！在敘事中，「我」—羅貫中消失了，或可成為其中的人物之一。這時敘事的時間架構是在一個更寬廣的「實在」（real）時間裡，孔明等人的實在過去（歷史）被間接地喚起、照映與解釋，它們也構成了那個殘暴、爭奪、算計的歷史一部分。

《三國演義》顯現出複雜的形式特徵——時間、結構、聲音和視野，不斷地穿梭在歷史與虛構的歧義中，它運用了文學形式上的巧計（artific）與虛構，給了我們一個清楚的焦點，對於動盪、權謀的洞悉不僅進入了現代國家中的社會／政治，也進入了我們對改革的敏感度。它是作者虛構的，但卻有值得相信的真實印象（truth-effect）；它不是真正的歷史記載，但我們在其中學到的歷史經驗與教訓，卻遠多於正史《三國志》的記載，因為虛構的是細節，真實的卻是事物的本身。羅貫中的想像與虛構，在我們的理解中成了真實，我們相信的可能就是他超跨真實的虛構。這個虛構在詮釋的循環

中，融合了你一我的視野，產生了 Hans-Georg Gadamer（1900-2002）所謂的「效果歷史」；這個虛構連結了我們的直覺，讓我們看到了不可見的部分，思想因而向前延伸了、湧現了，這就是虛構的絕對實在性。

伍 虛構的交互主體——談客體，其實是主體

現在，如果把羅貫中換成你或我的其中一人，能不能創造出相同的文本呢？我想答案應該是「不」，原因很簡單，因為我們都不是羅貫中，我們沒有羅貫中的視野。所以，歷史哲學家 Roland Barthes 在他 1967 年所發表的〈歷史的話語〉[4]一文中就指出，為什麼擁有同樣資料的兩個歷史學家可能撰寫出不同結論的文章呢？這種差異只能來自於歷史學家本身，歷史學家自己的意識為他們提供了與眾不同的想像力，它在組織資料中發揮了作用，寫出來的文本也就隱藏著歷史學家們試圖表達的東西。在 Barthes 的眼中，這種事實應該受到質疑，因為他認為，語言介入才使得事實存在，而一旦語言介入，事實就不再是某一種「實在」的複製品了，因為超脫於語言的歷史「實在」，是不可能以歷史話語的形式表現出來。Barthes 將事實與實在的分離弱化了事實的可證實性，正是通過這個方式，事實與虛構之間的距離縮短了（陳新，1999：19）。在 Barthes 的想法中，歷史意義不是來自歷史事件的自我解釋，而是來自於史學家的意識型態與據此安排的敘述結構，因此他說：「歷史的話語，不按內容只按結構來看，本質上是意識型態的產物，或者更精準些，是想像的產物，……正因為如此，歷史『事實』這個概念在各個時代中都是可疑的」（李幼蒸譯，1984/1967：93）。而我們對於歷史，一直都有著「正史」與「稗官野史」的區別稱呼，這也正意謂著歷史身分的不可靠性。

---

4 本文首次發表於《社會科學資訊》（第四卷）（*Social Science Information*, Vol. VI）一書中，本文引用之相關資料亦參考由李幼蒸翻譯，收錄於張文杰（1984/1967）編譯的《歷史的話語——現代西方歷史哲學譯文集》一書。

　　相同的觀點也出現在 Hayden White 的著作中，White（1987b: 86）認為，要表述歷史就不得不進行敘述，而進行敘述的歷史學家在敘述之前已存有的意識型態也隨之進入歷史敘述文本。文本的構成並不取決於所謂的事實，而是取決於虛構，一種在眾多方面與文學虛構相同的語言虛構。依White 的看法，一個敘事者是根據自己的意識，將一些他認為可以編為故事的歷史材料，依照他所設想的模式組織起來，然後交給讀者，讀者將這個故事與自己意識中的認知（故事）加以對照、比較，當讀者確認了新故事的意義時，他就理解了故事，也理解了歷史，所以歷史可以視為是一種暫時的故事。如此一來，人們能夠逐漸明白歷史敘事中存在的意識型態，某種歷史敘事結構本身受認識主體的偏好、興趣、利益和創造力的影響，人們不再認為它是歷史表現的唯一性結構。如果通過這種結構表現的歷史敘事仍然被稱為歷史，那麼這樣的歷史也只能是多種可能歷史中的一種。所以《三國志》與《三國演義》都是歷史中的多種面貌，它們的差異在於「虛構」的意識型態不同。

　　Michel De Certeau（1986）也曾經肯定地提到，虛構的運用在於增進我們對「理解」性質的了解：

　　　　「虛構激發意義的層次：它敘述一件事是為了要說出其他的事情，它以一種語言的方式來描述自己，它不斷地從那些無法被限定或被檢視的語言中去獲取意義……它是『隱喻』：巧妙地移動到其它的領域中。處理虛構的問題時，知識是不可靠的（insecure）：因此，它在分析上的努力，就是還原或轉譯小說難以捉摸的語言，成為穩定的與容易的結合之要素。」（引自 Schaafsma, 1998: 272）

　　法國學者 Foucault（1980: 193）在談到他自己的作品時，也這麼說過：

　　　　「我全然地意識到，除了虛構以外我不曾寫過什麼東西。但我也不是說這些虛構是遠離真實的。在我看來，虛構可能存在著真實

的功能；一個虛構的論述包含著真實的效果……」

　　Foucault 的這一小段話意味著「我說」不再屬於由「我思」所建構，它完全是虛構的，因為它既無涉主體也非關客體。如果在這種狀況下還有所謂的「我在」，那麼僅存的是一種「語言的赤裸經驗」（引自洪維信譯，2003/1994：81）。在敘事中，人們運用語言去建構自己的認同，但有時似乎是徘徊在一個極大的不確定空間中。就像 Foucault 的書寫一樣，在書寫主體不斷消失的一個空間裡，我們閱讀及思考我們所了解的，進而閱讀在與他人的差異性上，並混淆我們一種混合的認同概念（Schaafsma, 1988: 272）。經由書寫的行動，我們可能變成了某人，但卻不再是自己。因為語言一旦介入「事實」，就不存在著「實在」，這時語言既不再是主體藉以附著的形式，也不再指向外在於自身的客體，語言在這單一行動裡裸露出來，成為最赤裸的空間，擺脫主體與客體，呈現其初始的狀態。人們在這種原生狀態中去理解、詮釋，建構意義。已寫下的敘事成為一種持續中的「虛構」，等待讀者以自己的視野去詮釋、去協商、去思考自己與事件之間的內在關係。此時，虛構可能是在文本與讀者之間，也可能來自於文字本身，它的威力不是明晰的可見性，反倒是不可見的不可見性，而這正是虛構的力量（楊凱麟，2004：37）。

　　那麼是不是可以說，敘事都是一種虛構──是由人們設計出來的，是經驗的見證詞呢？（Gough, 1998: 98）一個敘事要具有生產力、說服性或教育性，「事實」並非必要的，何況事實又常常不足。以歷史為例來說，事件的真實性與事件的相關程度，就不如與文本關係來得密切──描繪事件（一個虛構）產生了詮釋。這也就是為什麼我們有時在講一個故事時，就好像在講一件虛構的事，或像撒一個謊。

陸　虛構在教育敘事的可能性

　　如果進一步推敲，歷史或文學中所討論的敘事與教育所討論的敘事，兩者在涵義上是不太一樣的，例如：敘事研究有利於強調歷史學中的時間與動態因素，不再追求客觀主義者所宣稱的純客觀性，並更進一步轉向了對本體論的關注。但由於人們普遍上仍然認為歷史作品的敘事是一種調查或知識，而非一種藝術形式上的創造，所以重視的是偏向「事」而非「敘」（陳新，1999：15）。人們在閱讀、討論一部歷史作品時，幾乎是對「事」（文本）的詮釋，有時作者的「敘」並不讓人注意，或者在循環詮釋中淡去或被遺忘，或有時只是作為吸引讀者進入的一個機會，更遑論是否在意其中的真假了。但教育的敘事可就不同了。

　　因為教育是一種化育的事業，是一種成人之美的工作，教育的敘事生產不僅是「事」的本身，更重視「敘」的關注，因為「事」反應著「敘」對世界的視野，而「敘」也形塑了對「事」的詮釋。因此教育裡的敘事更重視「誰在說話」、「為什麼說」這樣的情景，強調「說話」的權力、位置，重視的是說者與聽者之間的互動，以及敘事文本產生的知識影響或轉變；亦即敘事關心其中的行事者，甚於事件的真實。因此教育裡的敘事有一種從客觀知識偏向敘述行為的強力趨勢，所以敘事在教育裡是一種「能動性」的方法。文學的敘事是一種技巧，歷史的敘事是一種必要的途徑；而在教育領域中，它既是方法也是結果（現象），教育把敘事的動態與靜態做了連結。但不可否認的，最大的缺陷仍在於敘事者研究敘事邏輯時，總是想發現事件之間的內在邏輯，而很少考慮到敘事者本身的思維邏輯與所謂的事件內在邏輯之間的關係（陳新，1999：15）。在教育研究中，總是習慣把「真誠度」、「可信度」及「真實的」等這樣的名詞放在敘事中，無法去探索敘事中一些不在場或隱藏的知識，或許我們的心智仍然努力地想捕捉已逃脫或已堵塞的真實吧！

　　教育裡的敘事應是一種創作或建構，是發生於體驗真實之後產生的新意義，是對真實的再詮釋，就如 Richard Rorty（1982: 132）所言：「真實是『建構』的，而不是發現的，我們所談論的真實應與我們所說的想像之間做個連結，……真實是一個句子再重述。」學者 Lamarque（1994: 134-150）也指出，為了不讓虛構天馬行空，他區分了三種不同的虛構以限制敘事中虛構化的意向，分別是「邏輯的虛構」（logical）：即哲學所追求的本體論虛構；「認識的虛構」（epistemological）：即文學領域中重視的義詞上的虛構；「創造相信的虛構」（make-believe）：即是一種教育的敘事。「創造相信的虛構」是邀請讀者對命題內容給予初始性的關心和內在連結，事件與客體在敘事句子中有他們自己存在的描述話語，敘事的形式特徵會影響「創造相信」反應的內容與性質。敘事者以他的視野講述、描繪事件，以他暫時的知識去理解、詮釋事件；在和參與者協商意義之前，敘事者會先行建構一個可信的前理解──包含著經驗的見證與未證實的知識，這即是一種虛構──創造相信，例如：在歡迎會上，朋友看了他「輕輕的」一眼是什麼意思？這都需要講個故事才能讓人明白。而故事則需要觀念來談人的遭遇，要一些假定來談論主角們是否相互了解，也要一些預定的想法來表示規範的標準（Bruner, 1996: 130）。這都是一種「創造相信的虛構」。

　　當聽者接受到敘事文本時，當然不是立刻就會相信敘事中所表達的觀點，因此 Lamarque 主張，虛構是一種對個別反應的邀請，而虛構這個創造的命題，就是邀請讀者玩一種遊戲，遊戲中並不是命題 [5]（或句子）使人「相信」，而是看法、態度。萬一敘事的「創造相信」看法裡沒有客體對象，沒有經驗的轉化與暗默知識（tacit knowledge）的轉移，就會令人與文本保持距離，這時就像是作者的信念受到阻礙或暫停（suspena），由此就產生了形式、本質與文化上的變化，而帶來本體多元的可能性。一個故事或一個敘事作品是否引人入勝、產生共鳴，也在這時候形成了。而且，虛構的邀請是由脈絡決定的，對讀者來說，虛構給了他們一種相信的感覺，從命題

---

5 命題或可只能決定自己的真實價值與符號意義。

的內容中採取一種遠距的學習（Lamarque, 1994: 147），以保持著對想像的敏感性。也因為如此，當我們想要再概念化或再建構我們的事務時，虛構可以幫助我們超越真實再現的夢想，超越我們經由敘說結構所表達的真實。教育敘事的真即是建立在對虛構的超越。

柒 敘事／虛構作為課程與教學的轉化過程

在實際的教室學習活動中，許多老師也經常為學生說上幾個故事或援引古人的生活事件，作為開拓學童視野的方式。就如同 1996 年 Bruner 在《教育的文化》（*The Culture of Education*）這本書中指出：人們如何在世界上生活得有道理、有感覺，如何建立分享意義、信念與價值，在於人們如何在共有的文化敘說與符號基礎上，建構關於自我實踐、真實與權力等概念。在他的觀點中，即使是一些偉大的科學理論，基本上也是以故事（story-like）來說明的，它們依賴著隱喻、詮釋架構和認識論假設傳遞知識與文化。所以，學校必須培育這種敘事能力，因為它不是與生俱來的。然而，學校長期以來都忽略了一些與敘事相關的學科——如歌曲、戲劇、故事等，它們都被當成了休閒活動，屬於一種「裝飾性」的課程。為了創造出孩子的敘事感性，Bruner（1996: 41）認為要有兩個共通條件。首先，孩子必須認識、感覺到其所屬文化之中的神話、歷史、民間傳說、通俗故事等；其次，則是透過虛構故事的方式激勵人們的想像力。人們應用想像力創造了一個自己在世界中的位置，建立了一套家庭、配偶、職業與朋友的脈絡。對於人們來說，從一個脈絡到另外一個脈絡，所經歷的就是一場文化虛構故事或「準虛構故事」的想像力挑戰，使他們被帶向一個由可能性所構成的世界，這就好像一種文化移植。我們的學生到學校後，教師的課程與教學對學生而言就如同是一種「準虛構」，其中的習慣、品味、價值與意義等，都是一種自我與他我的創造，是一種自主與他律的拔河，更是一種差異中的對話。此時，教與學的重點是打破個人的疆界，解構自我，進而與他者統整（Hwu, 1998:

26），使學生朝向未知的明日邁進。教學與課程穿過虛構，經由概念學習到組織整體事件；敘事的任務是在連接、統合上述這些不同的事物，敘事也是一座橋樑，是一個通道，穿過「你與我」，讓師生開始對話，透露一些被隱藏的東西，而超越過去。在這種情境中，「變化不定」是必須的也是重要的。課程與教學的最終目的，不是要傳達知識給學習者，也不是要幫助學習者建構他們自己的知識，而是要很努力地喚醒學生的自我天性，原始的事實，陶冶智慧，幫助他們超越對這個世界的扭曲理解與偏見。教師不必再成為命令、方案與承諾的支持者，而是要去驅散那些確定自明的事物、打亂固有的習氣、離散那些相似性與公認的事物，去製造不熟悉的相似與相似的陌生感，這便是一種敘事教學的政略，要把人們過度關注「自然獨立於這裡」的焦點轉移到「尋找」自然；而此時，課程是一種超越的願景，能給予學生驚奇、夢想與希望。

更何況，目前的學校生活與學生日常生活是有些差距的，孩子們為了適應學校的生活，就需要一種想像、一種嘗試，願意去相信不熟悉的事物；孩子必須感覺到在世界就好像在自己家中，以及知道如何把自身放進自我描述與共有文化的故事裡（特別是現代的移民者）。說到底——這即是一種虛構力量的轉化，這是一種創造教育學，但創造不一定是生產，而是轉化。

正好像在今日的世界裡，以往機器（人）是科幻小說的虛構，但現在它卻真實的應用在生化醫療、電子儀器等方面，例如：電子義肢、人工關節、角膜及人造皮膚等，這些就是真實的技術分享了想像的力量（Gough, 1998: 115），而轉化為現實事物。在網路空間中，不需要面對面的協商，只通過螢幕前的打字、操控與虛擬迴路傳遞，即創造出資訊傳輸、網路交易、科幻小說、部落格（blog）等，以回應未必在眼前或在手邊的真實。認識成為一種想像與創造，知識的分享與流傳成了一種「相信」的行動。敘事的虛構，讓教育人員懂得尊重各種可能性，保持一種「可能性」、「弔詭性」（paradox）的思考，不會一味地都將任何事情化約成「技術解決」的模式，腦海中只存在「不是一，就是二」的想法。「虛構」使人學會「這樣或那樣」的思考，成就一個更具有真實動能的力量，也蘊育了多元的教學方法。

捌 結論——虛構的真實力量

　　人們在將精神合法化實現的時候，就已認識到「虛構」是作為一種實現的可能性；虛構不僅反映真實，更能創造、轉化真實。這個真實儘管在形式上呈現的是精神的面相，但其強大的內在力量卻能夠改變我們的物質現實，去思考不可思考之物；它不是對真實的模仿和臣服，而是超越與提升。「虛構」讓我們思考是否有必要因為客觀真理而限制自己？或錯過發明自己的方式？誠如 Llosa（引自趙德明譯，1997/1986）所說：「由於有了虛構，我們才更是人，才是一些別的什麼東西，而又沒失去自我。我們溶化在虛構裡，使自己增殖，享受著比我們眼下更多的生活。」由此，虛構的可能性也得到了更多的關照。

（本文曾發表於 2006 年 6 月 3 日「第十四屆課程與教學論壇暨課程與教學研究的多元取向研討會」，國立台北教育大學課程與教學研究所主辦）

參考文獻

中文部分

何衛平（2002）。**高達美**。台北市：揚智。

李幼蒸（譯）（1984）。歷史的話語。載於 R. Barthes（1967）著，張文杰（編
譯），歷史的話語──**現代西方歷史哲學譯文集**（Social science information, Vol.
VI）。中國桂林：廣西師範大學出版社。

洪維信（譯）（2003）。M. Foucault（1994）著。**外邊思維**（La pensee du
dehors）。台北市：行人。．

張文杰（編譯）（1984）。R. Barthes（1967）著。**歷史的話語**──黑)現代西方歷史
哲學譯文集（Social science information, Vol. VI）。中國桂林：廣西師範大學出
版社。

陳　新（1999）。論二十世紀西方歷史敘述研究的兩個階段。**思與言，37**（1），
1-28。

陳啟能（1991）。**當代西方史學思想的困惑**。中國北京：中國社會科學出版社。

楊凱麟（2004）。自我的去作品化──主體性與問題化場域的傅柯難題。**中山人文學
報，18**，29-47。

趙德明（譯）（1997）。M. V. Llosa（1986）著。**謊言中的真實**（La verdad de las
mentiras）。中國雲南：雲南人民出版社。

英文部分

Bruner, J. (1992). *Acts of meaning*. Cambridge, MA: Harvard University Press.

Bruner, J. (1996). *The culture of education*. London: Harvard University Press.

Diamond, C. T. P. (1991). *Teacher education as transformation*. Buckingham, UK:
Open University Press.

Foucault, M. (1980). *Power/knowledge: Selected interviews and other writings by
Michel Foucault, 1972-1977* (C. Gordon, Ed. & Trans.). New York: Pantheon.

Freud, S. (1995). *The interpretation of dreams* (Trans. from The German and edited by James Strachey). New York: Basic Books.

Gough, N. (1998). Reflection and diffraction: Functions of fiction in curriculum Inquiry. In F. W. Pinar (Ed.), *Curriculum toward new identities* (pp. 93-128). New York: Garland Publishing.

Gough, N. (2004, December 14). *Narrative and educational inquiry.* 發表於國立台北教育大學課程與教學研究所主辦之「與研究生對話」講座。

Greene, M. (1978). *Landscapes of learning.* New York: Teachers College Press.

Hwu, W.-S. (1998). Curriculum, transcendence, and Zan/Taoism: Critical ontology of the self. In F. W. Pinar (Ed.), *Curriculum toward new identities* (pp. 21-40). New York: Garland Publishing.

Lamarque, P. (1994). Narrative and invention: The limits of fictionality. In C. Nash (Ed.), *Narrative in culture: The uses of storytelling in the sciences, philosophy, and literature* (pp.131-153). London: Routledge.

Polkinghorne, D. E. (1988). *Narrative knowing and human science.* New York: State University of New York Press.Ricoeur, P. (1991). *From text to action* (K. Blamey & J. B. Thompson, Trans.). Evanston, IL: Northwestern University Press. (Original work published 1986)

Rorty, R. (1982). *Consequences of pragmatism.* Brighton: The Harvester Press.

Schaafsma, D. (1998). Performing the self: Constructing written and curricular fictions. In T. S. Popkewitz & M. Brennan (Eds.), *Foucault's challenge: Discourse, knowledge, and power in education* (pp. 255-277). New York: Teachers College Press.

Thomas, D. (1995). Treasonable or trustworthy text: Reflections on teacher narrative studies. In D. Thomas (Ed.), *Teachers' stories* (pp. 1-23). Buckingham, UK: Open University Press.

White, H. (1987a). The historical text as literary artifact. In *Tropics of discourse: Essays in cultural criticism* (p. 86). Baltimore & London: The Johns Hopkins University Press.

White, H. (1987b). *The content of the form: Narrative discourse and historical representation* (pp. 26-57). Baltimore & London: The Johns Hopkins University Press.

「張力時刻」——

課程敘事探究的另一扇窗

吳臻幸

壹　問題意識的開始

　　十年前，教改之初，我的生命行腳來到了因緣際會的交叉口，遇見懂我的老師、遇見眾聲喧譁的質性研究、遇見認真看待每個生命經驗的敘說探究。我發現，我遇見了我自己。碩士論文〈我的班、我的故事——國小導師形塑班風歷程的敘事探究〉，雖是探究一個國小班級的班風現象，然而我才是貫穿一切的角色。研究問題是屬於我的未盡事物，找答案是屬於我的追尋。當時的探究，我看見自己與故事的主人翁，如何用自己的生命面對教育改革的衝擊。

　　十年之間，十年教改如火如荼的進行，而檢討聲亦此起彼落。在這個新舊交替、到處充斥著對立價值觀的時代裡，學校課程改革同時面臨傳統與現代、本土與國際、單一與多元等衝擊，學校中的成員也隨之承受身分認同危機。轉型、變革，最重要的關鍵是「人」，人的深層意義架構及信仰必須改變，才可能產生真正的轉化行動。怎麼樣的探究方式能夠揭開隱藏在個體內心、社會結構與文化脈絡中的衝突？深植於心靈深處的思想、信仰，如何能被覺知、動搖與重構？個體的主體性展現於何處？或問，如何展現？紮根於生活世界、重視人與人之間交感互動的敘事探究，或許能對以上問題提供一些解答，因此在國內激發出一波波熱潮，其中尤其聚焦在教師的意識覺醒為

甚，此類敘事探究的場景，以短鏡頭的課堂特寫為主，以學校、社會、文化等脈絡背景為輔，架構出由特定教師擔任主角的課程革新故事。

十年之間，我從當年在大型學校裡教師兼組長的身分，轉為在小型學校教師兼主任的角色。因為主任職位使我對學校運作有了統觀；因為小型學校的關係，我感受到每個學校成員在學校課程革新中的重要性。我跳脫教室或學年層級，改以教師所經歷之學校課程革新經驗作為理解的焦點，重新思考「課程實踐」：課程即經驗，課程實踐的性質是脈絡的、歷史的、辯證的；課程實踐的經驗文本是不斷被詮釋、建構、解構與重構的；課程實踐的知識是地方性的、置身在地的、動態平衡的。此時的課程，與學校中所有課程實踐者的生命經驗，產生了更複雜的交互作用。

因為每個人的生活經驗都具有歷史延展性，不僅豐富多元且變動不居，也將與環境整體互動共構，讓革新歷程容易發生衝突事件，使平靜的校園揚起喧囂，讓校園中沉默的成員開始有了對話的機會，而每位老師都需找到方法，來因應個人觀點、群體共識與公眾責任間的兩難困境。那麼，是什麼讓老師們從「一人一把號、各吹各的調」，轉而共塑學校課程革新呢？他們為什麼而說？說出什麼故事？這些故事對自己的生命、對學校的課程造成哪些變化？這樣的關心，隨著我擔任主任的角色，而不斷的徘徊在心中，迄今已經邁入第八年。課程改革、課程領導有相當多類似主題之相關理論與文獻，傳統鉅觀的研究從科學行政管理觀點描述了現況，也推敲出成敗的可能原因，更建議其解決之道，但老師們又是如何說出自己的學校課程革新經驗的呢？我在修習博士班的課程時，發現國外有相關文獻，這無疑是一大鼓舞。這些文獻驅使我對調敘事探究的鏡頭——改以長鏡頭為主，短鏡頭為輔，以教師覺察到之學校課程革新中的「張力時刻」，作為召喚故事的中介，藉以理解不同個體所帶來的課程軌跡，在學校場域中交會的經驗。這時學校課程實踐成了生命交會與身體力行之後浮現的結果，更需要以「可能性的、創造性的、希望的、感性的語言」來解讀、重構，以產生不斷轉型及變革的動力。

　　為了建立敘事探究方法上的嚴謹性，我針對「張力時刻」[1]（tension moment）進行方法論上的探討，包括：意涵、面對層面、轉化契機、說與重說。在進行討論之前必須先提及的是，張力時刻經常交疊或相互關聯，為了便於討論與清楚說明，因此劃分為不同類別或階段。另外，也引用與本文主旨密切相關的三篇國外實徵研究為例供參，期待未來國內能有學者投入，以對本土學校課程革新之經驗有更整全的理解，並與本土敘事探究的方法論進行對話。這樣的探究模式觸及學校成員賴以維生[2]之生命故事間的碰撞與挑戰，因此在倫理議題將更為吃重，而其效度的建立也需再被思考，此處因篇幅限制不做討論，但肯定是我必須再深究的議題。

貳　敘事張力時刻的意涵

　　敘事探究是經驗研究的一種方式，理論基礎在哲學方面主要有經驗哲學、現象學、詮釋學、批判理論；心理學方面主要有：精神分析、認知心裡學，新崛起的文化心理學；社會學方面主要有符號互動論、知識社會學、後結構主義、女性主義等；此外還有文化人類學、後現代文學等論述（Behar-Horenstein, 1998; Bruner, 1996; Clandinin & Connelly, 2000）。在敘事探究裡，看見生命經驗的第一扇窗口、打開話匣子的第一個問題，經常是隱喻、意象、陳述、某些不可言喻的東西、實務的規則或原則、某些習慣、習性、節奏、週期及儀式等（郭玉霞，1996；陳國泰，2000；黃美瑛，1995；Clandinin & Connelly, 2000; Elbazs, 1983; Jarvis, 1999）。從這個窗口望去，其共同特質為歷經時空脈絡，層層堆疊而形成習而不察、隱藏結構之意識形態。它們因為熟悉帶來安全感，使人們願意趨近探望並了解清

1　此名詞受到 Clandinin 和 Huber（2005）、Huber、Huber 和 Clandinin（2004），以及 Huber、Murphy 和 Clandinin（2003）等三篇文章的啟示。

2　賴以維生的故事，意指發生在生活中，實際影響到個體決定下一步行動的那些故事化的經驗。賴以維生的故事是流動的、進化的，來自於深刻的經驗（Huber et al., 2003）。

楚。當然，也不乏在深入理解之後，才赫然發現其中隱藏著令人不堪回首的往事，或叫人扼腕的權力糾葛。透過敘事探究可以還原生活經驗，呈顯出其中意義相互架構的環節或彰顯出內隱知識，使當事人得以對經驗進行覺察、澄清、省思、重新建構，或將其理論化為個人實務理論。

然而，敘事探究另一個更為積極正向的意義，是在說與重說生命故事時，激發出生命產生轉變的契機與內在力量。而其中岐義所形成之矛盾與衝突感，正是反省進而突破的沃土。本文所欲探討的敘事張力時刻，即是當主體的生命經驗與外在故事碰撞時，產生疑惑甚至抗拒的那個當下，這正是敘事探究的另一扇窗。從這個窗口望去，其風光混沌模糊且充滿不確定，保護自我的本能讓人退避三舍或粉飾太平。但若只看見難題即望而卻步，或許將會與自己更寬廣的人生失之交臂。

張力時刻在敘事探究中具有怎樣的意涵？我援引 John Dewey 及 Jerome S. Bruner 的論述，並以 Huber 等人（2004）在敘事探究中的應用結果為基礎提出兩點：首先，其表示出經驗連續性及交互作用性受阻；其次，表示了抗拒的故事隱含生命契機，以利掌握並於探究時抓住那寶貴的一刻。

一、經驗連續性及交互作用性受阻

敘事探究中張力時刻的意涵，與經驗的特質密切相關。Dewey（1938）指出，經驗具有連續性，可以衍生出其他經驗，或產生更進一步的經驗。各種經驗會產生交互作用，個人的經驗更與社會環境脈絡及當下的情境關係密切，進而形塑了我們的內、外在生活。因此我們必須養成能力並運用不同形式，盡可能感知與表達各種經驗（Eisner, 1985）。而經驗的再體驗，同樣具有連續性與交互作用性。Edmund Husserl 指出，「當下的體驗」是承接著過去的經驗與未來想像的現象，其具有歷史性、脈絡性及自我傾向，因為其不斷流動的特性而稱之為「意識流」。意識流中一切的體驗都是「自我的體驗」，從自我出發、具有自我行為的特徵，在虛構的想像中，追隨其所想像的世界中所發生的事情，這種帶有意向性的反思，是內在體驗

的一種，具有「意識變樣」的特性，這也說明了對經驗的反思，不僅是現象的一環，回憶的同時就在提取過去所體驗的經驗，也進行著再次體驗與反思（李幼蒸譯，2002）。Husserl說明了經驗的體驗同樣具有連續性，自我就在過去、現在、未來的三維中不斷被改變與充實。Lincoln（1992）就指出，現象學者一直都強調探究與生活經驗相關聯的重要性，且必須建立在與社會結構性經驗的相互辯證上。因此需要理論論者、實踐者以及民族誌者來研究，以揭露更深一層的社會結構，以及內在生命和外在生活世界之間更巨大的連結。探究經驗必須追本溯源，也必須了解其未來轉向何方。而每一次對經驗的體驗，就再一次豐富經驗，也豐富自我。

接著要問的是，為什麼某些經驗被忽視，而某些經驗我卻將之視為做人處事、賴以維生的重要依據呢？為何其成為不容挑戰或難以改變的生命故事，以致於發生經驗無法連續或停止交互作用的張力時刻呢？Bruner（1996）指出，我們是透過我們自己的敘事法，建構出我們存在於世界的一個版本，而文化透過它自己的敘事法，為它的成員提供身分認同（identity）和能動性（agency）的種種模型。人類本能的建構出一套概念系統，將自己和世界交會時所執行的種種「紀錄」組織起來，而這套紀錄能關聯於過去，也就是所謂的「自傳式記憶」，也能夠外推到未來，形成了既有歷史性也有可能性的自我；當這些關聯無法被整合、串連起來時，矛盾便會產生。張力時刻即來自於當下經驗、回憶經驗的再體驗、對未來想像以及整個省思歷程，發生無法連續或停止交互作用的情況。

二、抗拒的故事隱含生命契機

這些被迫中斷的生命故事，隱藏怎樣的意義？Bruner（1985）又指出，矛盾在敘事中有重要意義，在矛盾中蘊含未知，是危機卻也是轉機。Eisner（1985）也指出，矛盾能引發個人對既定隱喻或意象的覺察，有助於擴展意識覺醒。也就是矛盾所形成的張力時刻底下是相互抗拒的生命故事，挑戰或鬆動了既有緊密關聯的情節，是停下來深思或重構的契機。

在學校的課程研究場域裡，Huber 等人（2004）即以敘事理解的觀點，看待經驗相互衝突時的張力時刻，並發展出「敘事連貫性」（narrative coherence）的概念，增添了敘事探究所蘊含之轉化潛質。其理由是個體生存的意義，建立在生命故事的連貫性之上，因此個體對相異之情節可能產生本能抗拒，也可能加以調整而產生新的敘事知識、脈絡與認同。因此張力時刻中的抗拒故事，蘊含著既有敘事產生不同連貫的可能。他們藉以理解到學校中的兒童、教師及研究者本身，因為各自賴以維生的故事有著多樣的文化及歷史，也預先有了自己的故事腳本等待演出，因此在教、學及研究互動之下，不同故事腳本相互碰撞，呈顯出差異所在，造成彼此的故事中斷而構成張力時刻。為了讓敘事連貫性延續下去，所涉及的個體必須面對張力時刻，使相異的故事有機會交會關聯，以產生出新的故事線，重新說出並活出新的故事。當然並不是每個張力時刻都能被突破，這也正是真實的人生。

敘事探究關心的焦點為人，關注的是經驗及生活的本質，重視身為人的主體價值及意義，尤其是自我認同與文化認同；重視人如何能夠在結構中轉化、實踐，展現出能動性。其所追尋的「真」，是基於相互主體性、多元現實下的一種變動不居、辯證關係的心理現實和意義，其所建立的知識是主體內在建構的、變動的，而各種經驗是知識建構的主要來源。因為認定經驗的連續性及互動性本質，以及將敘事認知形式列為優先思考模式，因此將生命經驗故事化，在故事腳本的過去、現在與未來情節線中，個體體驗經驗、意識覺醒、詮釋循環，進而反省重構，產生質變，同時蘊含著動力並朝向希望。Huebner（1985）指出，要以內省形式為生活注入新理解和新希望，敘說人性的掙扎、衝突、寬恕與愛。學校中的成員各自帶著自己的文化脈絡背景相遇在校園中，革新歷程使得交會更加緊密而頻繁，如何真誠勇敢的面對張力時刻，給自己深刻反省與跨越突破，同時也造就學校課程革新的機會呢？

參 面對張力時刻

在教育研究中，敘事探究逐漸受到重視，並蔚為質性研究典範強有力的取向之一（莊明貞，2005；歐用生，2006）。Connelly 和 Clandinin（1991）認為，敘事探究正是趨近人類生活真象的方法之一。也有許多學者同意，以個人建構的敘事（narrative）或建構故事的過程（narrative inquiry）做為研究題材，除了可獲得最真實的生命之外（高敬文，1996），其反省性、行動研究的潛質，更足以使參與研究者在研究過程中獲得成長與轉變（莊明貞，2005；黃月美，2005）。這些文獻指出，「說故事」是人類的天性，然而如何引發人們說故事的動機，把經驗加以故事化都需要引導。敘事探究者必須是個能聚焦於探究主題的稱職誘發者，找到適當的切入點，進而逐步深入，以達成理解之目的。

學校課程革新經驗更加錯綜複雜，要全然面對或逐一釐清所發生的張力時刻很不容易。初步可先從文化差異與社會結構兩大層面，來了解經驗可能發生的相異之處。

一、呈顯文化差異

文化差異是經驗被中斷的原因之一，也是造成張力時刻的原因之一。以個人為出發點延伸到文化層面來說，Giroux（1992）指出，自我是由於差異和依賴差異而構成，而且是矛盾的。要挑戰差異的再現與維持，必須要深知個體、知識與權力的三角關係，並了解民主政治的可能性所在。他並提出以下幾點方向：承認自我是多重的，不是統一的；承認差異是相互聯繫的，而不是內在固有的；承認整體性和普遍性是意志和創造力的行動，而不是被動的發現。因此，要將文化視為多重和異質邊界的場所，不同的歷史、經驗和聲音，都在權力關係之中。Pierre Bourdieu 則以社會學的實踐理論為基

礎，提出不同的文化間，必會有互動模式的差異存在，而社會結構和認知結構之間有關聯性並相互強化，兩者相合則理解、認同達成，不合則衝突與矛盾應運而生（Bourdieu & Wacquant Loic, 1992）。彼此差異所造成的認知衝突與激盪，迫使個體走出自己的界線，在容許歧義及批判的過程中，漸次螺旋式的進入共同話題核心，形成更大的理解空間，創生出自己意想不到的思維組合（Bourdieu & Wacquant Loic, 1992; Bruner, 1996; Doll, 1993; Freire, 1998）。文化差異不是結束而是開始，

由上可知，張力時刻的產生，一部分是來自於文化差異所造成的，必須對生活中所存在之多元文化有正確覺察，才得以有恰當的敘事理解。

二、看見社會結構

社會結構從何而來？當然，文化與社會結構之間的關聯是密不可分的。Stuart Hall 和陳光興（唐維敏編譯，1998）指出，文化是深刻且主觀的個人經驗，通常細密的潛藏在日常生活中且難以覺察，結構則是我們生活經驗的結果，較為具體且系統化，兩者同樣顯現主流勢力具有壓倒性的影響力，甚至壓迫弱勢的一方的政治權力運作。在社會結構方面，Lincoln（1992）更進一步指出，社會存在著許多對女性不利的結構，必須要抗拒社會對女性期待的角色、行為、情感和經驗；抗拒是一種個人內在意識覺醒的形式，表示社會可認同的和個人的內在經驗不符。Lincoln 則統整分析了人文科學研究典範中的政治分析家，認為如 Michael Apple 以霸權、再製與符應理論、抗拒理論的觀點來分析社會結構，帶動了關於馬克思論者、批判主義論者在政治與經濟方面的論辯；另外，有些學者則關注文化建構、意識形態、批判理論、抗拒與邊緣化等問題；還有提出「受壓迫者的教育」之 Paulo Freire、關切學校改革成效的 Henry Giroux。這些政治分析論者，特別強調批判理論能夠彰顯人類追求並創造知識的興趣與角色，他們對課程理論最重要的貢獻，在於說明關於課程的相關論證無法自政治與社會的意識形態的種種結構中抽離。他們揭露出潛在課程，並尋求協助邊緣化族群發聲的機會，呈

現課程、學校教育中的權力關係。他們認為，關於人類自由的核心問題，在於意識形態的概念，以及其中所隱藏的階級和權力之中。他們呼籲人們，除了要看清及超越社會情境與既定認知的限制之外，還要幫助人們看見改變的可能，進而使人們可以自我解放。這也正是理解課程為不同文本，甚至為多重文本的，以複雜對話來創生課程論述的重要性所在（Pinar, Reynolds, Slattery, & Taubman, 1995）。Slattery（2000）更直接指出，將種族、性別及族群議題融入課程理解是很重要的，而這些議題最終都將焦點放在關係中的自我，以及後現代社會文化情境的自傳表達之上。解放必須要先能夠在差異中看見造成停滯的邊界，在看見結構的同時發現限制與解放所在。

　　以上說明了面對張力時刻，可能存在的文化差異與既有社會結構時，這一刻就不僅僅是個人當下五味雜陳的複雜感受，而是攸關他者且必須深入探討的課題。

肆 轉化——成為新故事的轉捩點

　　一旦個體能公開討論進行思辯，或以平等對話的表達方式探討其內在衝突，傳說與敘事就能喚起集體記憶。透過敘事的解釋，能解釋得更多，所表達的語詞或文本，也會比字面上更為開放寬廣（Bruner, 1985）。此時，敘事探究使張力時刻成了生命因邂逅而擴展廣度與深度的契機，學校課程革新經驗有機會得到更寬闊的理解。要如何進一步轉化張力時刻為正向轉捩點呢？如何以日常語言做哲學思索，找到不證自明的意識形態與結構，並進而重構呢？這正是敘事探究的潛在意圖，從張力時刻切入更宣告了自我挑戰的決心。後現代文化的崛起，來自於關注大眾的現實生活，其相對應的是「另類哲學」，不用應然與實然地來聯繫思想和現實間的差距，而是正視兩者的斷裂，以一種「如其所是的敘事」，在實際參與的共鳴中揭露其面貌（蔡錚雲，1990）。敘事探究以故事化的方式實踐這個另類哲學，透過日常語言及文字書寫，在發現深層意義架構及邏輯演化的同時，使得僵固結構有鬆動

的機會，讓對立與斷裂有了接合的可能。

　　以下要處理的是如何引發對張力時刻的覺察，提升為對生命經驗具有積極力量的問題意識。當感到弔詭與懷疑時，都值得停下腳步，再次認真思索，檢查其中不一致或連續性所在。讓我們從跨越故事的差異與邊緣開始，朝向想像與希望的說與重說故事，進而尋找流動的認同並建立知識脈絡性吧！

一、跨越差異與邊緣

　　一個事件遭到爭議，表示群體間的立場不同，也就是邊界之所在。當邊界造成時，邊界上的個體將感受到差異，也將面對感情衝突及認同危機。上述已經討論到張力之下，差異與結構的可能來源，接著該如何跨越呢？Giroux（1992）認為，要試著改變其中的權力關係，理解他者的邊緣經驗，進而改寫文化敘事。Slattery（2000）也提出以解構的方式閱讀文本與資料，是揭開內在矛盾與權力關係的策略之一。Huber 等人（2003）的研究，即以敘事探究的方式看見故事的差異與邊緣，他們從田野札記中挑選出孩子及教師研究者賴以維生的故事之間張力所在。這些故事埋置在學校形形色色的故事中，他們來回穿梭在故事所涉及的脈絡中，當主角們因為不同故事相互撞擊而產生緊張及抗拒時，他們製造機會讓大家說出自己心中的故事腳本進而相互對話，因此跨越了一部分的差異並磋商出新故事，甚至有了新的生活方式，在教室中產生多樣化的新課程。而在 Clandinin 和 Huber（2005）對學校課程革新的探究裡，則更擴展範圍指出，要特別注意學校故事（school stories）的中斷性是瞬時漸進並且總是不斷運行的，其中存在著許多矛盾空間，這些空間正是教師及校長再次想像其專業生活的可能性所在。

　　以上論述說明了在生活世界中，矛盾、衝突、差異無所不在，有些我們感知了，有些則隱藏在我們習以為常的例行事務中，等著我們去發現。無論是否覺知，重要的是要站在邊緣看見差異，才能體驗經驗並交感互動。

二、朝向想像與希望的說與重說故事

　　看見差異，表示我們有共同點，同時也擁有各自的主體性。Stuart Hall 和陳光興（唐維敏編譯，1998）皆指出，「語言是個體思維外化的重要載體，也是個體身體力行實踐的一種方式」。自我也藉由聲音表達並彰顯了主體性，更製造出與他人溝通的機會。說生命故事與重說生命故事，好比說自己與重構自己。藉由語言散布思想，藉由語言的自我暗示加深信仰，藉由語言交互溝通達成共識。經由敘說與對話，個體開始創造意義（Lincoln, 1992）。然而，相異的聲音或語言，必須盡可能有平等的權力，以在表達自己與傾聽他者之間取得平衡。因而，敘事探究必須是開放的，意義不能被一次固定，且要批判主流敘事和霸權論述。

　　「邊界教育學」為弱勢族群發聲而提出「差異政略」、後現代課程學者在渾沌複雜中建構積極包容的論述、女性主義課程學者關注性別／知識／權力的交錯關係，企圖消除系統性壓迫等理論，都是可讓敘事探究在轉化課程實踐的張力時刻時，找到更具想像力與希望的語言來解放與重構經驗與意義的視角。

三、尋找流動的認同並建立知識的脈絡性

　　在鬆動了邊界，朝向更多想像與希望的說與重說故事之時，需覺知每個人都需擁有自我，也必須有社會性的我。在不斷的敘說對話中，人與人的差異有了交集，人們在交集中找到隸屬感與安全感，邁向不同的認同之路。面對著變化多端的生活狀況，必須調整自我與知識。Bruner（1996）以「生物性的限制—文化建構—置身在地的實踐」，總結他所倡議的「文化心理學」：說明置身在地的經驗，如何孕生出比理論更具適應性與創發性的實踐知識；闡述這些實踐知識如何統合知識主體和主體所在的文化與社會脈絡，而具有實質上的意義。文化認同也不是固定的，而是一直處於混合的狀態中

（唐維敏編譯，1998）。如此說來，沒有任何單一固定的理論或學科，能夠適應瞬息萬變的真實生活世界。知識、訊息及理論都需要不斷被「在地脈絡化」，使其能適合此時、此刻、此人；Clandinin 和 Huber（2005）以敘事理解探討學校改革時，即發現類似現象。他們發現改革凸顯了個體經驗的多樣性，建立出矛盾空間。與許多傳統鉅型敘事觀點截然不同的是，他們一改對抗拒的負面思考，指出矛盾與抗拒打斷了既定的故事流程，使其產生流動性，學校參與者因此有機會一起重新想像他們的專業生活，擴大共同即興創作故事的空間，為不同故事創造新的連結，並且關注脈絡和交會的人，開展並形塑出新的課程，展現出 Dewey 所指出的「矛盾的教育性」。Bruner 呼籲，教育系統必須使人在文化中成長，在該文化中尋得一套認同，否則將會在追尋意義的途中迷路或跌倒。人類只能在敘事的模式中建構認同，並在文化中找到它的位置，他呼籲學校必須栽植這種模式並好好培育它。學校課程革新經驗的敘事理解，就是最好的土壤。

正視差異與權力關係，主動積極的開啟多元論述空間，透過符號如語言、文字的互動，產生敘說與對話，再現並交換情感、權力、知識，在自我不斷反省及彼此互為主體的詮釋循環與理解中，將位於同一時空脈絡中，各個不同文化差異主體所帶來之疏離與斷裂危機化為轉機，磋商出特屬於同一社群之共識及新的現實及意義。這個社群因具有民主開放而獨特的意義網絡，而處於張力與動態平衡的循環狀態當中（Freire, 1998; Pinar, 1998），個體得以在面對渾沌的世界時，建立流動性認同及知識脈絡性，對社群也將因而有更堅強的凝聚力。

當然，上述所談的都僅止於理想的理論論述，而下一段對張力時刻賦予意義，且加以理論化之具體操作解析，實際上也絕非紙上談兵般的線性規律與輕鬆自在；但誠如 Huebner（1985）指出，追求知的形式與方法有許多，各種知的形式都充滿著希望。當騷動不安、片段理念、不成形的想法或模糊的感知出現時，我們的內心本能會質疑自己、會因為混亂不安而感到困擾，這乃期待不同未來必經的過程。而這才是真真實實追求真知、獲得真知的過程。

伍　說與重說新故事

　　敘說是心靈再現、覺知、反省與重構的工具。Bruner（1996）曾提及，假若我們要把敘事變成心靈的意義生成工具，那麼我們就需要為此而做些事——閱讀它、創作它、分析它、討論它、理解它的技藝、感覺它的用法等等。

　　敘事探究需要深入理解參與者的意義架構。所有的參與者對於某一個故事、空間或名詞，可能有不同的故事與不同的理解。如果不能深入使其說出此間所發生的故事，就很難揭開深藏在內心的故事腳本。敘事探究的方向——個人與社會（互動），過去、現在和未來（連續性）和地點（情境），給了敘說分析面向，同時也可作為說與重說故事所觸及面向的參考。Huber等人（2003）指出，敘事理解的關鍵，在於找出個體賴以維生的故事，注意歷史性、暫時性、脈絡性及關聯性。透過生命故事的分析，理解個別差異處境所造成的知情意行的不同。以下分五個部分，說明如何在敘事探究歷程中，從張力時刻切入進行說與重說新故事：一、找出敘事連貫性所在或者呈顯出敘事交疊處，以凸顯張力時刻的敘事意涵；二、激發問題意識並產生意識覺醒，讓敘事探究得以更深入；三、在公私領域之間促成解放，擴展個人與社會的連結；四、重構並重說新故事，使經驗不僅被賦予意義且進一步理論化；五、提供三個國外實例簡介，供進一步研讀參考。

一、找出敘事連貫性、呈顯敘事交疊處

　　為了釐清不同故事的連貫性所在，Huber 等人（2004）提出敘事交疊（narrative interlappings）的概念，以探討在學校情境中所產生的張力時刻，了解在知識、脈絡與認同相互聯繫之下的抗拒故事。抗拒是緊張的一部分，創造出不同的故事視野。他們發現到張力時刻中的故事之間相互交疊，

進而回溯相關的田野筆記，重新思索並整合，指出其中隱藏的意涵是：抗拒與矛盾是為了想要活出另一個故事，重說出另一個故事。在學校視野中，多樣化的故事相互撞擊時，以敘事方式理解抗拒故事，能更有意義的深化學習。因此敘事交疊處，是理解故事的好地方。

透過找出敘事連貫性中的情節線，發現不同敘事的交疊處，而將意識形態、被結構化的語言，重新放回最原初的脈絡情境中，重新闡述、從「心」理解，使之具歷史性並具體化，新故事線將會變得更清楚，舊故事線則會以新方式被對待。Huber 等人（2004）提醒我們，要注意故事相互撞擊時，對彼此所造成的迴響。生活中的故事是不斷交互影響變化，當張力時刻展開時，是無法預測當下會發生怎樣的故事，更無法加以塑造的。唯有回頭檢視時，才會赫然理解到那些迴響所造成的轉移與改變。

二、激發問題意識、意識覺醒

張力時刻讓我們進而檢視其中的故事連貫性與交疊處，在敘說故事的過程中，再現當時來不及看清楚的經驗。但看清楚了，不一定察覺問題所在。要進一步進行批判與解放，還需要有相當的問題意識。Giroux（1992）指出，所有論述都是片面的，我們必須要對科學、文化和社會的文本，都進行批判性解讀，以揪出深植於生活世界中，對個體潛移默化，進行無形控制機制的各種思想、觀念或習俗，這對生活世界的掌握與了解格外重要。真正的解放與轉化，必須從根源開始，也就是必須從日常生活經驗的覺察開始。在這個階段，我們不能夠忽略自己特有的觀點及詮釋，也不要忽略了行動中所「潛藏的、權力的、政治的意圖」所造成的影響力。

三、連結公私領域促成解放

透過敘說的完整還原生活經驗及反思作用，個體主體性貫穿過去、現在與未來，填補文化、社會、經濟、政治與個人生活經驗之間的斷裂，使之連

結並保持關係。此外，被抽象化、概念化的知識，與具體被實踐的知識保持相互辯證的關係，隨著生活經驗不斷重新建構。Pinar（2004）指出，若要同時尋找個體及社會性、存有、歷史與可能性，自傳是一種調和的方式，同時致力於政治與思想的變革，這不只是學術領域上的革新，同時對所有參與課程者都將造成激底解放與重構。他強調變革需從自我開始，指出從自傳回憶裡，發現種族、階級與性別議題的交叉點，重新思考自我及整個社會體制、政治文化的合理性與合法性，進而產生改變的契機。其重要性不在於累積課程相關知識，而在於私領域及公領域兩者上的變革。他的論述使得課程在經驗方面的探究，有了多向度的發展。同樣的，Bruner（1996）也指出，敘事建構和敘事理解的技能，對於建構我們自身的生命史，以及在我們所可能遭遇的世界中，為自己建構一個「位置」，有同等重要性。

敘事探究歷程以敘說，讓個體內、個體間、客體與環境全面連結。在分享與對話中，創造和諧的溝通言談情境，搭起相互交融與了解的鷹架；在相互理解、支持中，產生歸屬與認同之下促成解放。

四、重構、重說並活出新故事

解放之後需要更廣闊而精緻的重構，藉由不同故事之間的交互作用，與相關政策及理論進行辯證，在失衡、平衡的歷程裡達到理論化。

重構與重說故事而不是提出一套模式的理由，在於我們是以敘事的方式，再現我們的生活經驗。Bruner（1996）指出，敘事的能力能使個體定義自己在世界中的位置，發現自我的創生性，敘事是一種思維模式，是意義生成及承載的工具。我們若承認符號承載著人們無形的知識、情感與權力，在特定場域中彼此交流，從而在符號系統中建構出世界，那麼它不只反應了社會關係，還有助於建構自我與社會之間的關係（Bourdieu & Wacquant Loic, 1992）。而重說的故事還必須被活出來才算數。Pinar（2004）就說明了自傳探究可以轉化為革命行動，他認為要從自我的內在著手而追求理解開始，理解生命本身及其如何被疊蓋於社會、政治與文化之中。他提出了四

個來回檢視與重構生命經驗的步驟 [3]，這些步驟也有助於發現敘事交疊所在，從而抽絲剝繭並重新編織新的生命故事。而他所提出的複雜對話，也是促使經驗不斷交會、關聯的可行方式之一（Pinar, 2005）。由上述可知，透過敘說來捕捉思慮，透過語言、文字走入思考的後設層面，可對稍縱即逝的經驗，進行「停」、「看」、「聽」的檢視。而這樣的檢視，若能加入不同生命經驗文本之間的對話，讓不同故事腳本進行碰撞，使外來敘事與內在敘事產生交互作用及互動，這時因衝突、矛盾而產生的張力時刻，在歧異中就會激盪、創造出新的論述空間。讓敘事探究重視局內與局外觀點的差異，兼容「視角」、「論述」、「脈絡」，更能結合實務的生命力與理論的堅實內涵，使其造成內在生命重構，進而於專業精進產生質變，有能力形構出自己的一套實踐理論。

◎ 五、三個國外實徵探究實例

目前我國課程與教學研究運用敘事探究的論文不少，也可發現不乏本文所指出之敘事探究的張力時刻，但並沒有學者對教師的學校課程革新整體經驗，從張力時刻切入進行敘事探究。以下三個例子：Clandinin 和 Huber（2005）、Huber 等人（2004）以及 Huber 等人（2003）等三篇小論文，雖主題不同，但都是以學校為研究場域，從不同生命故事相互碰撞所造成的緊張、矛盾與抗拒切入。從研究者與參與研究者共同探究的歷程，可清楚看見對「張力時刻」深入敘事理解，會分別對個人、課程與學校改革產生重要且具突破性的影響。這似乎更能突顯出敘事探究的特質：重視主體性與能動

---

3 四個步驟為：回歸的步驟（the regressive step）：回憶及描述過去，分析其與現在情況的心理關係；前進的步驟（the progressive step）：描述個人藉由探詢過去、未來與現在的關係，描繪出對未來的想望；分析的步驟（the analythetical step）：在文化及政治的脈絡關係中，分析個人對自我及教育的了解；綜合的步驟（the synthetical step）：在進行前述三個步驟之後，會產生高度個人化及獨特的學習，即為綜合的步驟。這四個步驟描述了教育經驗自傳研究的時間性及反思性運動，並指出知者與被知者之間的認知關係方式（Pinar, 2004）。

性的價值及意義；彰顯自我認同與文化認同並存的必要；在整個探究過程呈顯出轉化、實踐。

Clandinin 和 Huber（2005）對學校改革進行敘事理解，更將其做了再概念化的闡釋；他們認為改革即為參與者聽別人的故事、說自己的故事，並設法了解其中關聯，藉此獲得之整體敘說。Huber 等人（2004）則針對學生、教師及研究者在學校進行探究時，所發生的張力時刻進行敘事理解，從而發現敘事連貫性及敘事交疊兩個概念，可用來理解個人生命故事的故事線；亦發現多樣故事的交互連結、影響之處，有助於三種不同角色跨越差異，建構與重說新故事。而 Huber 等人（2003）的研究，除了運用敘事連貫性與敘事交疊處，來理解校園中的張力時刻，更進一步看見藉以形塑與制訂出多樣性課程的方法，首先是設法營造多樣化空間，對不同個體採用相對應之經驗故事，以理解其中所造成的衝突。其次，探討個體如何為了延續敘事的連貫性而改變腳本。最後，個體間又如何彼此磋商，在所謂的文化與社會學的想像之下，產生新的腳本，演出新的經驗故事，因而生成多樣化的課程。他們在這樣的探究中，看見了課程涉及廣大的知識論、社會、文化與政治脈絡；發現了教師故事、教師的故事、學校故事及學校的故事，相互交會形塑著課程的制訂，因而提出了要對多樣化經驗所造成的張力與衝突，有更積極的看法與作法，因為其中蘊含著豐富的學習空間。

上述文獻提醒了我，學校課程革新歷程牽動著相當微妙而複雜的生命經驗，其中，學校環境脈絡與參與者，都帶著敘事歷史影響著彼此。而真正的革新，是個體在矛盾與難題中，努力跨越差異所造成其認知與生活上的改變而活出來的。且這樣的變化會持續不斷的進行著，隨著所召喚出的故事，有相異的加入方式或共舞模式，將產生新的驚爆點，顯現出風姿萬種的學校課程革新風光。採敘事探究方式理解教師的學校課程革新經驗，將為學校課程革新的相關理論帶來不同視野，尤其是重視參與者及其社群之間的聲音和意義，以及與外在故事脈絡的關聯性，使得課程改革在學校裡及教師的心中長出根來，匯為其生命軌跡——currere 的一部分。

陸 結語

　　生命腳本在下一篇中將召喚出怎樣的故事，也許是不可預料的。十年前身為國小教師兼組長、就讀課程與教學研究所碩士班的我，如今已是個有九年主任資歷的博士候選人。大時代持續變動，課程改革亦未停歇，各種課程再概念化論述與不同探究方式紛紛出爐，其目的莫過於讓課程在學校中「活著」。

　　革新必然存在難題，難題正是充滿轉化契機的張力時刻。我期待自己勇敢面對我所身處的學校課程革新、正發生著的難題，並傾聽每個被召喚出來的故事。或許就在往內心溯源並柔軟面對不同的生命樣態時，我們將學會更坦然的看待不同故事所產生的張力，以解放和希望的語言覺察彼此的生命如何經歷歲月洗禮？如何受到文化、社會、經濟、政治等層層網絡的影響？在重新說出「我」、「汝」的故事及「與我們有關的」故事時，豐富了「我」、「汝」的課程經驗，活出了「我們的課程」。我們共同經歷的學校課程革新經驗，將烙印著我們各自的生命痕跡，也將成為我們生命的重要部分。

　　這似乎是個險象環生但可能轉化為處處驚喜的探究方式。發現新大陸的哥倫布說過一句名言：「人生最大的冒險，就是不去冒險！」我決定啟航，您呢？

 參考文獻

中文部分

李幼蒸（譯）（2002）。E. Husserl 著。**純粹現象學通論**（Ideen zu einer reinen）。
　　香港：商務印書館。

唐維敏（編譯）（1998）。Stuart Hall、陳光興著。**文化研究──霍爾訪談錄**
　　（Cultural studies: Dialogues with Stuart Hall）。台北市：元尊

高敬文（1996）。**質性研究方法論**。台北市：師大書苑。

莊明貞（2005）。敘事探究與課程實踐。**教育研究月刊，130**，14-29。

郭玉霞（1996）。**教師實務知識**。高雄市：復文。

陳國泰（2000）。**國小初任教師實際知識的發展之研究**。國立高雄師範大學教育研究
　　所博士論文，未出版，高雄市。

黃月美（2005）。敘說研究──一種理解課程與教學的新途徑。**教育研究月刊，130**，
　　30-44。

黃美瑛（1995）。**意象──幼兒教師實務知識之研究**。國立屏東師範學院幼兒教育學
　　系（未出版）。

歐用生（2006）。**課程理論與實踐**。台北市：學富文化。

蔡錚雲（1990）。**另類哲學──現代社會的後現代文化**。台北市：台灣書店。

英文部分

Behar-Horenstein, L. S. (1998). Narrative research: Understanding teaching and
　　teacher thinking. In A. Ornstein & L. Behar-Horenstein (1999)(Eds.),
　　Contemporary issues in curriculum (pp. 90-102). Boston, MA: Allyn & Bacon.

Bourdieu, P., & Wacquant Loic, J. D. (1992). *An invitation to reflexive sociology.*
　　Chicago, IL: The University of Chicago Press.

Bruner, J. (1985). Narrative and paradigmatic modes of thought. In *Learning and
　　teaching the way of knowing* (pp. 97-115). Chicago, IL: The University of Chicago
　　Press.

Bruner, J. (1996). *The culture of education*. Boston, MA: Harvard University Press.

Clandinin, D. J., & Connelly, F. M. (2000). *Narrative inquiry: Experience and storied in qualitative research*. San Francisco, CA: Jossey-Bass.

Clandinin, D. J., & Huber, J. (2005). Interrupting school stories and stories of school: Deeping narrative understandings of school reform. 教育研究與發展期刊，**1**(1)，43-62.

Connelly, F. M., & Clandinin D. J. (1991). Narrative inquiry: Storied experience. In E. Short (Ed.), *Form of curriculum inquiry* (pp. 121-153). New York: State University of New York.

Dewey, J. (1938). *Experience and education*. New York: Collier Books.

Doll, W. E. (1993). *A post-modern perspective on curriculum*. London: Teachers College Press.

Eisner, E. (1985). Aesthetic modes of knowing. In *Learning and teaching the way of knowing* (pp. 23-36). Chicago, IL: The University of Chicago Press.

Elbazs, F. (1983). *Teacher thinking: A study of practical knowledge*. London: Croom Helm.

Freire, P. (1998). *Teachers as cultural workers-letters to those who dear teach*. CO: Westview Press.

Giroux, H. A. (1992). *Border crossings: Cultural workers and the politics of education*. New York: Routledge.

Huber, J., Murphy, M. S., Clandinin D. J. (2003). Creating communities of cultural imagination: Negotiating a curriculum of diversity. *Curriculum Inquiry, 33*(4), 343-366.

Huber, M., Huber, J., & Clandinin, D. J. (2004). Moments of tension: Resistance as expressions of narrative coherence in stories to live by. *Reflective Practice, 5*(2), 181-198.

Huebner, D. E. (1985). Spirituality and knowing. In *Learning and teaching the way of knowing* (pp. 159-173). Chicago, IL: The University of Chicago Press.

Jarvis, P. (1999). *The practitioner-researcher: Developing theory from practice*. San Francisco, CA: Jossey-Bass.

Lincoln, Y. S. (1992). Curriculum studies and the traditions of inquiry: The humanistic tradition. In *Handbook of curriculum* (pp. 79-97). New York: Macmillan.

Pinar, W. F. (2005). Complicated conversation: Occasions for "intellectual breakthrough" In the internationization of curriculum studies. *Journal of curriculum studies, 1*(1), 1-26.

Pinar, W. F. (2004). *What is curriculum theory?* NJ: Lawrence Erlbaum Associates.

Pinar, W. F. (Ed.)(1998).*Curriculum toward new identities*. London: Garland.

Pinar, W. F., Reynolds, W. M., Slattery, P., & Taubman, P. M. (1995). *Understanding curriculum: An introduction to the study of historical and contemporary curriculum discourses*. New York: Peter Lang.

Slattery, P. (2000). Postmodernism as challenge to dominant representations of curriculum. In J. Glanz & L. H. Behar (Eds.), *Paradigm debates in curriculum and supervision: Modern and postmodern perspectives* (pp. 132-151). London: Bergin & Garvey.

解構或囚泳？——
反思一位國小教師邁向轉化型知識份子之敘事探究

柴成瑋

我們總以預先定義和既定的方式來看待世界，建構心靈，用習慣包裹住每件事，周而復始的依循前者，吞沒了所有可能性的提示。當我們開始將既定的事物視為偶然，我們才有機會去假定不同的生活方式和價值觀，並加以選擇⋯⋯事物能否顯示其本質，取決於不同的詮釋，並採用各種不熟悉的觀點來檢視，當舞台裝置崩塌了，所有的例行事物將變得可質疑，困乏也將沾染了驚奇的色彩。

$\sim$Greene（1995）

 壹 轉化課程的第四面牆？

不理會求救的呼喊，昧著良心置若無聞的人，永遠聽不到情人溫柔的聲音，清晨的鳥鳴，聽不到祈禱的鐘聲響起，以及採葡萄者疲倦而快樂的嘆息聲。

$\sim$Brecht（1996）

Brecht 認為，在傳統劇場中，除了舞台上不斷更迭的背景幕和兩側的景片外，觀眾其實是傳統方形劇場的第四面牆，他們靜默的接受舞台上所發生的一切，在移情作用的牽引下，逐漸失去了自我。

一、劇場的說書人

　　2003 年初秋，踩著迤迤長風走進國北師院課研所，展開我對另一個身分的探究旅程。兩年多在暮色中舟車疾行，雖不確定自己是否在學術上有所精進、焠煉？但確信和十多年的教學記憶有更多對話的空間。完成碩士論文後，心中有一絲說不出的悵然，起初以為是不捨「學生」身分再次從指尖流逝，可是在台灣師大教育系博士班接續修讀「教育學方法論」和「質的研究方法論專題」後，我開始體悟到，那份惆悵應來自於自己太過執著於史詩劇場意圖營造的疏離與歷史性，以為自己適切扮演了劇場說書人陳述歷史記憶的角色，殊不知零碎而不熟悉的情節，已侷限讀者和研究文本之間產生轉化效度的可能性。因為，一首詩的生命不是作者一個人所能維持，也要讀者的協助，當讀者的想像與情感能生生不息時（朱光潛，2003），詩的生命才能停駐在彼此的心中。重新省視敘事的方法前，我也希望邀請讀者重回故事的脈絡，貼近記憶的長河，使敘事文本能獲致更多對話的面向和可能性。

首部曲：堆積記憶

　　師資培育多元化不僅改變了學校生態，也重寫了我的生命。退伍後旋即考取國北師院國小師資班，隔年又順利通過教師甄試，還來不及理解「教師」的身分，便逕自襲上了專業外衣。第一次站上講台時，雖然不太確定老師該做哪些事？但是從小學到大學十六年的學生生活，我相信自己能稱職的扮演好教室劇場裡「說書人」的角色。第一所學校四年的初任教師生涯雖已協助我逐步釐清一位教師該做的事，但那幅教師圖像仍受制於標準化成就測驗、政治操控下不容挑戰的意識形態，以及主流社會所形塑的真理。

　　調任到親親國小（化名）的前幾年，彷彿走進教師的天堂，因為，它像大學一樣可以自由進出，迎面而來的常不知是同事、家長、危險份子或學生（但這也讓我得以恣意擴大教學空間）。師生和同儕之間的疏離，雖使個人保有私密的空間，但不同主體也在彼此之間築起了一堵無法穿透的高牆。除

了例行性的招呼，多數教師的對話僅止於生活瑣事，正因為教師不習慣覺察自己在學校和教室劇場裡的演出，所以聽不見自己的聲音，更遑論學生。各項測驗和升學成績似乎是教師們對其專業認同的憑據，亦是評估其「自我工作滿意度」的唯一酬賞，許多老師（包括我在內）習慣把來自於家長或行政的酬庸視為理所當然，機械化的處理學校的例行公事使我們幾乎無暇慎思「我是誰？」、「什麼是課程？」、「這麼做好嗎？對學生有利嗎？」。雖然，每個老師都認真的投入教學，努力形塑學生的學習和生活，卻也因此將制式化的課程規範視為理所當然，因而逐漸腐蝕了自己對不公義的感知能力。

二部曲：看見「我」和「教師」

　　2000 年，在因緣巧合下到日本的小學參訪，我開始隱約意識到學校不應是一種既定的組織或形式，霸權意識的突破端視領導者意志的堅毅與否，身為教師的我，亦須深切省思自己在教室裡刻劃了多少齊一的規準。隔年適逢國內九年一貫課程大刀闊斧的推行，而我也在倉皇中接任教務工作，為了符應政策的革新，我幾乎無暇讓老師重新定義自己的專業身分、解構生活世界的藩籬，便拉著他們去探看所謂專業自主的新生活，過於躁進的結果不但使彼此滿布傷痕，既有的生活邊界非但解構不成，反而強化了防衛計較的門牆。雖然校長和許多教師都肯定「閱讀學習」、「教師讀書會」、「親子共學」和「課程評鑑」等活動的推行，教師編撰課程計畫的能力亦有所提升，但是當老師們參與校群課程計畫審查獲致其他學校教師推崇的同時，對我或學校集權式的課程領導也隱忍了更多怨懟。因為，教師無法從中確定自己對課程脈絡的關心，感覺不到想為自己發聲的悸動，外加式的意識醒覺只強化了教師和行政之間的對立與衝突。

　　　你擔任教務以後，開始帶給行政和教師很大的衝擊，因為你經常從學生的觀點來反問行政和老師，我們開始去反省自己決定的每一件事是為了滿足自我的利益，還是希望建立屬於教育的價值，這

些事我們不是沒有想過，只是很容易就被環境同化了。

（井主任訪談／柴成瑋，2005：100）

進入課研所進修，使自己覺知教師須邁向合作的社群生活，才能拆解堆疊在身上工具理性的框架，課程設計與實踐須納入更多美感經驗，才能發現並穿透政治、社會文化的不公義。當我以教務主任的身分協助推動課程改革政策時，更應體會教師心中的不安，才能協助他們走出沉默文化的枯井，在眾聲喧譁的後現代世界找到各自的出口。

三部曲：執子之手

「教師讀書會」是一段值得回味的旅程，雖然從頭到尾都只是個八人的小團體，可是，每週一放學後的教務處一直都飄散著咖啡的氤氳和鹹酥雞的香氣，還有讀書會夥伴們迴盪在落日餘暉中的狂肆笑聲。多數職場教師很難從真實的生活中抽離，因為，老師們並不知道自己一直生活在固定的框架裡，但只要有人觸動他們願意改變的絲弦，讓他們在故事裡感動，從敘說中找到自己，即使工作再忙他們也願意跟著走。

2002 年 4 月從《勇士爸爸去搶孤》一書開始，讀書會的夥伴和二十組家庭踏上連續十一週「親子共學」的旅程。每週四當天際垂下黑幕，夥伴們的心卻比白天上課時揪得更緊，為了讓家長和孩子對文本有不同的體會，不論是粉墨登場或團隊競賽，老師們都勇於卸下傳統教師的面具，從他們敘說故事的雙瞳裡，我彷彿看見自己的教學，發現自己對生活的侷限與偏見。這一段共學的旅程，讓我從教室劇場裡唯一的 Thespis（第一位西方劇場的演員），得以執起不同社群成員的雙手開始探索自我的生活世界，也讓我開始反省「一個老師該如何教書」！教室和學校似乎成為一個解放可能性的場所，因為，我們發現到在標準化課程與教材中體會不到的樂趣。

四部曲：學習辯證

老師在研習時都會和其他學校的主任比較，你的把關比較嚴，

別的學校都可以輕鬆的過關，可是你會一直問大家「課程為什麼要這樣設計？為什麼這個單元可以統整那麼多不同的學科？」他們都覺得你很可怕，而且有些人認為你一直站在行政的觀點壓著大家一起走，雖然他們都知道你身兼導師和教務主任很辛苦！

（德方老師訪談／柴成瑋，2005：146）

大家原來處在非常安樂什麼都不用做的狀況下，突然被要求要加足馬力全力往前衝，這中間缺乏了緩衝，再加上校長剛來的時候要求非常多，許多反對的聲浪自然就會出現。更嚴重的是因為你自己會帶頭做，所以別人會覺得主任都做了我們能不做嗎？不管他們喜歡或不喜歡都得去做，這就會帶給別人很大的壓力。

（燕玲老師訪談／柴成瑋，2005：149）

即使老師們「能」撰寫課程計畫，並不表示他們認同自己是「課程發展的專業人員」，績效壓力被解決後，課程計畫未必會被實踐。當然，這不表示老師只是單純的應付，因為「什麼是最重要的事？」本來就沒有標準答案。從「課程計畫」、「親親變了嗎」、「同儕課程領導」和「親親國小的評鑑」四個不同的場景，我希望引領自己和參與敘事的夥伴們一起重新省思我和親親這些年來的改變，及其所代表的意涵為何！因為，在近十年來課程政策的執行過程中，不同層級的課程參與者和決策者對賦權增能（empowerment）的認知不同，使得政策與實踐彷彿是兩列沒有軌道的疾行列車，身為列車服務員的我們，要選擇棄車逃逸還是茫然跟隨？在邁向「目的」的過程中須學習分享、聆聽彼此的聲音，開拓自己的視野，才能為彼此找到重新出發的契機。生命的再現與辯證並不是情感的抒發或凝望，記錄並思考辯證的過程，才能探究課程實施歷程中，所有的決定和不同主體的交互關係。

二、教室劇場

由 B. Brecht 所倡導的史詩劇場（Epic Theater），希望透過陌生的故

事情節，跳躍式的戲劇發展，促使觀眾和劇場保持適度的疏離感，察覺自己心裡的聲音，以增益其自我意識的醒覺，重新審視被我們視之為理所當然的正義及公理，而不要成為傳統劇場的「第四面牆」，落入相信、認同的陷阱。史詩劇場刻意製造情緒和思維的斷裂，這對於習慣被劇場催眠的觀眾而言，造成若干不適應與非議，但是不同場域的觀眾若能提升自我的後設認知能力，從移情作用的氤氳中適度抽離，應能沉澱記憶中的應然，重新忖度並定義生活世界的真理、正義與公理。

學校教室和傳統方形劇場的結構極為相似，教師如同首位西方劇場演員 Thespis 一般，獨自在教室裡戴上不同的面具，頌讚不同的文本。教師不僅獨享學生觀眾的目光，其所受到的崇敬更遠超乎 Thespis 之上，因為，她（他）有「權」要求觀眾專心看戲。在教室巡行的教師或許不清楚文化霸權或再製的意涵，卻都戴著面具認真執行社會所賦予的使命，完成劇場合夥人的期待。為了稱職的傳遞知識和社會價值，老師們幾乎無暇思考，自己是否有權或有能可以支撐他者的心靈大廈！坐在教室裡的學生在無從選擇的情境下走入與真實生活疏離的世界，但是當多數學生無法像《伊底帕斯王》的先知 Teiresias 一樣，能輕易參透艱澀的神喻時，只好選擇自我放逐。教室裡師生的意識覺醒，端視教師能否覺知自己一直都坐在生活的門檻上，進而更真實的看見自己，並積極解構自己和學生心中一座又一座的高牆。

學校的課程設計和實施總蘊含不同的認知形式（modes of knowing）和假設，換言之，課程傳遞「知識」的方式涉及對「他者」心靈的覺知，不可能是價值中立的資訊引導和啟發，而是一種生命靈魂的呼喚。學校的課程實踐應提供所有參與其中的利害關係人更多的機會去對話和辯證，使參與者在互為主體的基礎上，共同創造有關世界和自我發展的所有可能性。雖然，在與人相遇時，人都受制於自我理解使其視域帶有偏見（Gadamer, 1975），但藉由敘事所形塑之互為主體的對話，透過集體的反思與協商，敘事的參與者將逐步促成彼此的視域融合。人必須是有意識的存有主體，才能以客觀的疏離狀態反思自身的處境，並依據實際狀況展開行動（Freire, 1970）。教室劇場的複雜性就如同社會和學習系統一般，經常要依靠特定

的論述和結果來監督、慎思，統籌者必須檢視每一篇故事裡的「我」──一個教師的聲音（柴成瑋，2005），才能在一個更寬廣的知識架構下，協助學生和自己開拓生命的無限可能。為了反思和探究教師的課程意識，我曾以敘事的方法論探究本土課程改革對學校生態所造成的衝擊，以及國小教師邁向轉化型知識份子的可能與限制。因為，教師的意識醒悟，是他能否實踐教育正義的發軔，如果教師選擇逃避善良的誘惑，選擇輕忽正義公理，不願傾聽學生的低語，那麼他的心將不再有悸動。學校為學生規劃一系列精進的課程，但有多少孩子在追求精進的路上認識並找到自己？教師在課程實踐的歷程中，是幫助自己和學生傾聽心裡的聲音，參與民主社會的論述？還是使所有人的聲音趨向齊一，不明就裡的臣服與認同他者為自己設定的生活？教師若不能勇於驅動意念前行，讓所有被主流社會操弄、客體化的意識從劇場的美感距離中覺醒，教師將無法為自己和學生建構轉化課程實踐的平台，成為走進教室劇場參與課程發展和實踐的主體，而只能成為儲存記憶的第四面牆。

三、選擇敘事

> 你在自己和真正的感覺之間穿上了一套隱形的盔甲，這套盔甲存在已久，以致於有了形貌，變成了顯而易見和恆久的裝備……我們設下障礙來保護所謂的自我，然後有一天，我們就給關在這些障礙裡面，無法掙脫……人要在了解以後，才能真正看到一點東西。
>
> （R. Fisher, 引自王石珍譯，2000）

因為這件盔甲，武士再也感受不到吻的暖意，飄散在空氣中的花香，也聽不到涓滴溪流所演奏的天籟之音。但，更令人憂心的恐怕是對這所有「感受不到」的無動於衷。傳統的教師角色就像武士身上那款閃閃發光的盔甲一般，太多的例行公事使教師不習慣去深究他們所處的位置以及與周遭人的關係，他們漸漸遺忘了屬於自己的故事，而概括承受社會所期待的「角色」。

教師對身分認同的無動於衷，是遺忘了最初的夢想？還是害怕面對真實的生活世界，而不願卸下承膺社會使命的盔甲！所有角色是被公共論述所建構的，是各種社群或文化規約所形塑的產物，但集體意識的論述常忽視了其中不同主體的殊異性，所以教師在執行工作的歷程中，漸漸成為一個失去專業身分的客體。

敘說過去的故事不但能喚醒心中沉睡已久的精靈，重新的檢視和對話亦將使我們在時間的長河裡重新認識自己，再次詮釋、理解並建構「我是誰？」生命經驗的重組使參與敘事者展開一段共同探究的旅程，使不同主體的意識形態開始成為一種意義互享互動的符號系統。因為敘事探究是一種協助人們了解生活經驗並再造經驗的方式，所以近年來課程與教學研究社群（特別是實務工作者）紛紛嘗試以敘事再現經驗文本（朱麗娟，2004；何粵東，2002；吳秀玲，2006；吳慎慎，2003；吳臻幸，2001；阮凱利，2001；周梅雀，2004；林泰月，2004；范信賢，2003；柴成瑋，2005；曾慶台，2002；劉玲君，2004；蕭又齊，2003；賴玫美，2005）。敘事探究不但提供教師發聲的機會，使他們更貼近內心的真實，敘事所產生的教師專業發展和實踐知識，也讓教師回首反思整個教學脈絡，而開啟新的生命扉頁。敘事探究對生命脈絡的回溯，並不是顧影自憐或懊悔喪志，而在幫助我們尋獲重新做決定的動力。師生的聲音被聽到、被記錄使用，是提供教師反思的重要依據（Giroux, 1991），探究的旅程不只是生命經驗的回顧，當教師重新環視教室劇場後應思索：如何掌握批判性對話的時機（timing）？並邀請學生一起書寫教室劇場的劇本，讓教師在敘事過程中理解並轉化自我的課程意識。教師在課程的開展歷程中已將一套特殊的社會關係和經驗帶進教室，這些獨特的社會關係也成為其生產知識的重要元素（Behar-Horenstein, 1999）。教師的敘事文本欲探究的「故事」和「事件」，應是學校或教室劇場所經驗的真實生活，這些事件不是轉瞬即逝、淡無痕跡，不是無足輕重、可有可無的，它將長期影響學生、教師以及課程與教學。敘事就像是故事的翅膀，乘風飛翔時你將會發現一些，原來自己曾經擁有但卻已失落的經驗，進而醒悟到原來這些東西對我是如此重要，原來心裡的我一直惦記著這

樣的事。敘事探究亦是一個探究發現的旅程，它不僅提供教師反思自己生命歷程的文本，共同參與者亦將隨之被觸動，而喚醒其生命中沉睡已久的精靈。

　　許多學者曾由不同的面向論述基層教師在面對課程改革時，是否有能力重新定義、設計課程並質疑學校課程中的合法性知識，甚或是覺知推動課程改革背後複雜的政治社會脈絡（李奉儒，2003；周淑卿，2002，2004；姜添輝，2002；莊明貞，2001；甄曉蘭，2004；歐用生，2003；簡良平，2004）。多數教師或許怯於改變既有的習慣，但並非不願意配合政策的革新，只是深受科層體制的約制不知該如何處理突如其來的權力，來不及轉化專業人員所需的高度個別自主性以致缺乏自信，才會在改革的腳步上蹉跎遲疑或心生抗拒。教師若欲成為課程的轉化者，他必須是樂於敘說、樂於對話的人，因為意義需透過對話才能重新建構。如果教師可以從理論的辯證過程中重新認識自己，發現自己的專業能力和責任，將可以幫助自己跨越生命的邊界，而獲得賦權增能的機會。

　　生命本身即是以敘事的方式存在，故事會映現出我們和他者以及生活世界的關係（Sharkey, 2004）。發展教師敘事的目的在協助教師傾聽自己內心的聲音，感受自我的主觀世界，體驗生命的律動，以探究教師的行為意義。透過敘事，參與者得以理解我們的故事是如何相互連結（interconnected），參與敘事後，所有參與敘事的主體都已成為探究過程的一部分，敘事者的經驗和言說（speech）都已鑲嵌在探究的歷程中，是一個鮮活的，敘說與再敘說的過程；參與敘事的同時，研究者也持續和自我以及他者深刻的對話。因此，敘事是一種邀請的參與，意義的溪流將自然的流淌在人我之間（柴成瑋，2005），使研究者得以重回經驗脈絡，成為詮釋生命經驗的主體，回溯並建構自己對生活世界的信念。透過經驗故事的分享，對話者得以探看人我意識的深層意涵，萌生新的理解和共識。若課程改革的決策者希望教師能覺知改革的意涵，協調改革過程中不同利害關係人的權力關係，發展教師的敘事探究無論對於教師本人、學生或是對於社會來說都是具有深遠意義的。

貳 走出圍城？

　　當前學校老師接觸到的許多有關課程發展、實踐的主流教學方式，都是經過政治洗滌，並且是文化上無菌的教學方案，它們教導學生進行片斷的思考，那些零碎、片斷的知識是孤立於日常經驗的步調之外。

～McLaren（1989: 347）

　　敘事的喜悅與揭露總是相互交雜，敘事使探究者重新檢視自己的生命經驗，不是自憐或自怨的回憶，而是透過不同的理論平台細細品味每一吋生命經驗的美好與缺憾。但回顧生命經驗的抽絲剝繭，也讓探究者赤裸裸的省思那些被刻意忽略的記憶，以及在回溯故事的旅途中，敘事者是否稍作停留懸置自己的偏執？是否真誠關注所有參與者的差異？文本的參與者是否了解敘事的意圖？抑或是在敘事的歷程中被覺醒？重組生命經驗的歷程，或許可將其視為「世界所即興創作的一首歌」（Improvising a song of the world）（Glesne, 1999），藉此深化敘事探究所蘊含的互助合作之特性，賦予所有參與者相同的權力來建構故事和經驗，進而使共同參與探究的每一種聲音都被聽見。

一、「我」的困境

　　巴爾幹半島的新興民族國家，為了爭取獨立因而烽煙不斷時，聯合國曾派遣大量的維和部隊駐紮，但是當任務結束後有不少人卻罹患憂鬱症。他們每天眼睜睜看著當地政府為了鞏固自己的利益而殘殺無辜，卻不能介入，因為，他們是維和部隊，只能管政治與軍事問題，而不能涉入該國內政。他們沒有辦法抹去這些畫面，只能強迫自己去接受眼前這些不斷重複播放的景象；他們最痛恨的不是維和部隊不准他們介入的命令，而是自己居然會遵守

命令而不介入。雖然我希望從史詩劇場出發，解構教室裡的第四面牆，藉由敘事震碎傳統教師的既定角色，透過差異政治辨識出所有「不同」的意義是如何被生產與建構。可是，當所有的田野文本被轉譯成對白和一幕幕舞台場景後，扮演不同角色的我該客觀再現故事之原貌，還是批判的涉入？「我」是否仍被囚禁在第四面牆背後的黑幕中？

敘事的過程總有許多不同的「我」在字裡行間來回的游移漂浮，在探索邁向轉化型知識份子的敘事裡，我是重寫這一段生活經驗的人，一個從專業劇場走入學校劇場的說書人，一個師資多元化門禁開啟後尋找自我專業認同的教師，一個渴望轉化生活文本、跨越邊界、解構教室劇場的知識份子，試圖提供閱聽者實現其轉化社會正義的能動者。作為轉化型知識份子的倡議者，我希望透過敘事探究的歷程使自己發現繼續前行的方向，但我並不想改變或形塑生活經驗的原貌，因為在面對生命回溯的歷程時，「我」不僅是故事的軸線，也是研究者、觀察者，應深化反思批判的人，所以在完成資料的蒐集和訪談後，對資料的詮釋及轉化很難不受「我」的主體意識操控，因為生活在故事裡的我，只是一個「人」而已。雖然在不同的故事切片裡，一再提醒自己須細心分辨和釐清，那個「我」究竟是誰的聲音？是故事主體者？協同參與者？還是一個純粹擔任報導者的說書人。

教師以自己的生活世界做為敘事場域，因其具有回溯、前瞻、分析、綜合的獨特意義情境（Pinar, 1975, 2004），可強化主體生命經驗被珍視的目的，擴大過去與未來生命交織的可能性；可是，敘事者很難將人的關係和專業關係加以區分，我們常忽略了故事是被誰說出來的，當敘事者以「我」做為陳述的主詞時，不同的「我」已在不同的事件、角色關係和關懷視野之間交互穿梭。當不同的「我」無法清楚覺察自己在不同場域脈絡和複雜關係中的處境，不同主體所使用的話語對意義組裝的影響，將無法妥善處理敘事人稱的界定、研究者的現身程度和事件選擇等議題。進而使敘事者與過去的故事過度疏離或表現出極度主觀情緒的投射，以致於無法適當的釐清、建構現象背後的意涵。當敘事者無法清楚掌握與呈現不同「我」的身分，對話（對白）和反省性思考的交錯鋪陳，將無法使過去、現在和未來被暫時置入括

弧，閱聽者亦將受困於跳躍性思考的困頓窘境，無從理解「作者」對事件的反思和疑惑，敘事探究的旅程就無法獲得更多自由去解構不同的記憶和生活情節，以發現特別的意象和真實性。

二、倫理的掙扎

　　敘事的文本是由人的相互關係所建立起來的，因此在現場文本的整理、分析和轉譯的過程中，都將觸及所有參與者身分和資料保密的問題。不論在敘事探究的任何階段，倫理的議題在整個敘事的過程中都必須被討論；如果敘事探究的目的之一，是「成為他者的心靈夥伴」（Greene, 1991: xi），倫理的議題就永遠都不會遠離研究的核心（Clandinin & Connelly, 2000）。作為研究者和報導者，我必須不斷和敘事的參與者協商故事的整體性，小心建構屬於「我們」的研究文本，因為敘事探究是一場價值與權力的爭鬥。在研究倫理的辯證中總是反覆思索著，學術價值和自我價值該如何協商？保護誰重要？由誰判斷是非對錯？我們該如何說服自己：「研究者不應有情感的指涉，我們只是忠實的呈現問題，轉化資料並提供建言。」只是誰應該為了你認為重要的東西（如學術、研究、尊嚴、正義……）而被犧牲？當你認為達成研究目的很重要的時候，我們選擇放棄或妥協了什麼？如果質性研究是參與生活世界意義發展的媒介，我們真的有能力去協調出符合正義、公理的結果嗎？

　　敘事的開展是將人的經驗組織成有意義的事件，透過直接觀察和詮釋，敘事所創造的文本會浮現在個別的故事中（Polkinghorne, 1988）。因此，研究倫理常常必須處理研究者本身的角色定位與研究參與者之間的互動關係，因為研究者無法從和研究參與者的互動關係以及資料的蒐集中分離。當我開始將田野文本轉譯為研究文本時，如何使真實再現，使研究參與者的權益都能獲得公平的對待，一直是我在處理倫理議題時最大的掙扎與挑戰。教師與外在聲音的互動、協商，將使其對生活世界的定義有所改變，因此，在建構敘事的同時我須不斷的自問：我這麼做對嗎？抑或是，我只是利用他們

來成就和說服自己？雖然在撰寫研究文本時，所有出現在故事裡的人都已匿名，以達成最基本的保護措施，但如果把可能會令人困窘的資料完全自田野文本中抽離，我的研究文本還可以稱之為探究嗎？如何讓參與觀察和訪談的資料說話，進而建構出「屬於真實」的故事，分析並詮釋那些可能危及我們之間情誼的訊息，一直都是我所面臨的最大困境。敘事研究者必須和研究夥伴建立一種開放協商的合作關係，在訪談前雖已徵得受訪者的意願才進行錄音的工作，轉譯的資料也經過相關報導者再三確認後才書寫成研究文本。但是，每一篇被說出來的故事和文本所引發的意念，卻是專屬於我的意義。

三、真實性和效度

實證主義者認為，科學知識最終一定將藉由無法駁倒的資料，轉化為邏輯的系統。但知識和真理都是相對的，它是由特定的時空脈絡所形塑，一如生活世界一般，是一個不斷被建構和修正的歷程，當我們能將既定的事物視為偶然的，我們才有機會去假定不同的生活方式和價值觀，並加以選擇。

（一）敘事的效度

Maxwell（1992）認為，效度是一種目的而不是一種成品；Ellis 和 Bochner（2000）則以為，效度應取決於研究文本所構築的經驗是否能讓閱聽者感覺到鮮活，增進閱聽者與他者的溝通，轉化所有參與者的生活意識。質性研究對效度的評估不宜用任何事物來證明，也不能被視為理所當然，而應是相對的，需要由研究的目的與情境的關係來確認，無法用任何獨立於情境之外的方法或結論確認。特別是有關學校或教室的敘事文本不會單獨存在，老師與學習者不僅是說故事的人，也是經驗文本的作者，和共同參與者及其所建構之故事中的演員（Connelly & Clandinin, 1990; Craig & Olson, 2002），因此，研究者必須依據結論與真實世界的關係來評估研究文本的效度。在撰寫敘事文本的過程中，研究者必須一再詰問自己：被我選擇的文字是出自於自己的判斷？還是如實描述故事發生的場景，以及在其中活動的

人？如此才能邀請閱聽者去尋找相似的記憶，活化感動的氛圍，進而提升所謂的「真實性」。雖然學者對敘事探究的效度均曾提出不同的評估規準（Atkinson, 1998; Riessman, 1993），但敘事是一種直觀的認定，教師的敘事探究是對其工作與生活經驗的再建構，參與者已各自依據其心中的肖像鋪陳過去的經驗，任何研究者都無法提供符合社會價值的檢覈標準（柴成瑋，2005）。當我以讀者的身分重新閱讀自己的論文時，亦不禁質疑：如何證明這樣的結論是有效的？其他人為什麼要相信我的故事陳詞？質性研究應注意與看重：研究者的觀點是如何影響研究的過程與結論，才能在研究中，清楚而且誠實的說明自己可能的偏見，以及如何克服這些偏見。敘事探究對我而言，是對自己進行更深一層的省思。自大應是自己最大的敵人，只有不斷的反省，才有可能發現自己的盲點和不足，才能看見自己的平凡和可能性。敘事探究是研究者和敘說者（narrator）持續對話的結果，是「說者」和「聽者」共同檢視彼此知識、價值和信念的動態產物，而在互為主體的探究過程中，「說話者」和「傾聽者」必須不斷互換角色，分析才有可能持續的進行。

實踐取向的課程研究企圖尋找一種「解放的社會科學」，不只是去了解社會權力與資源是如何分配的，它同時也要能協助人們去改變那些不公平的分配。因此研究者須秉持著建立一個公正社會的立場，一種對承諾全心投入的姿態。所以，Lather（1986）認為，質性研究的過程應是一「探究的民主化過程」（a democratized process of inquiry），這個民主化過程包括了：協商、互動和賦權增能。如果一個轉化型知識份子希望透過敘事探究轉化教師和決策者的視野，使這樣的熱情不致淪為烏托邦的吶喊、怨懟，敘事者除了須具備敏銳的覺知和批判辯證的陳詞之外，更需深刻的自我反思，建立與被研究者之間的互惠關係，才能一再檢視那些被視為理所當然或習焉不察的假設。

（二）主觀的真實

人的經驗故事會隨著意識而變遷，當研究者盡力檢視研究場域中所有人

的想法，他將會發現許多不同的真相，而逐步建立起屬於脈絡的主觀真實。當我們在研究歷程中希望開創另一種選擇時，最大的阻礙便是這個世界已經設定好的，或是我們自己已經規範好的真理以及規準。敘說的真實是建立在其所提供的解釋有多少是一致的，它的真實性隨時會受到挑戰，而且它的真實性往往依不同的讀者而有不同的面貌，呈現出多樣的面貌。

　　Gough（2008）認為，所有的敘事陳述往往是虛構之事，是由人創造出來的；作者和說故事的人為了證明他們的權威性，使故事有說服力或教育性，「事實」便非絕對必要而且通常不足的。當教師以敘事探究來釐清自己過去所蘊積的能量與包袱時，也必然會在真實與虛構之間遊走。敘說自己的故事雖不同於杜撰想像的文本，卻也只能呈現出部分的、有選擇性的、不完全的真實，因為不同的閱聽者在閱讀故事時，也會因其不同的目的而進行「選擇性的閱讀」。敘事關切情境脈絡中主體意向的闡明，並彰顯其價值附載的歷程（Bruner, 1985），當我再次回溯過往的經驗時，會不自覺投射出不同的視野，是虛構的故事也好，批判性的也好，當我在敘說邁向轉化型知識份子的文本時，被刻劃出的真實是當下被我認為有助於轉化生命潛能的實體。Riessman（1993）認為，不論以任何形式「再現」過去的經驗都是有限的描繪，因為我們無時不在解釋和創造文本，敘事探究的意義是流動的和具有脈絡性的，而非放諸四海皆準的。敘事探究應注意與看重的是，研究者的觀點如何影響研究的過程與結論，才能在研究中清楚而且誠實的說明自己可能的偏見，進而克服這些偏見。如果我沒有沉浸在敘事互為主體的喜悅中，缺少了對真實脈絡的理解和分析，任何的效度規準都將無法接近真實。

　　當演員在陳述台詞時，必然會將劇本故事的原味加以轉化後再呈現，也就是說，被我鋪陳出來的生活故事必然是一種經驗的再現與再詮釋，所以在故事的敘說裡沒有客觀的真實，詮釋便已是一種虛構經驗的再現。可是這是否意謂研究再也不必去顧及真實？敘事探究不必顧及科學的檢證程序嗎？我敘說了自己的故事，若未深刻探究、反思生活脈絡，或許會淪為偏狹主觀的真實。

參 現場文本的再現？

> 在討論中人們總是固守自己的立場，希望在討論中勝出；而對
> 話追求的則是雙贏的結局，希望在平等的對話過程中，因相互合作
> 而共同受益，透過對話人們不再固執己見，可實現意義的分享而形
> 成新的文化。
>
> ～Bohm（1996）

一、田野經驗的反思

　　敘事是一段探究的旅程，研究者常希望藉由訪談，打開參與者的生活視
窗，讓生活經驗中所有被壓抑、被邊緣化的故事重新建構出新的權力關係，
希望提供參與者能自由而安全的發聲空間，以盡力還原事件的真相。在撰寫
論文的訪談過程中，當我發現語料的內容讓我覺得被威脅時，為了保護自己
不被過度的揭露，我常會打斷受訪者的談話，告訴他們：「我那時候會這麼
做是因為……」；當受訪者無法提供我想要得到的答案時，我會一再的誘導
他們：「你誤會我的意思了，我想要問的是……」；雖說敘事的文本應是一
種相互協商的結果，是一個共同建構和再現生命經驗的歷程，然而選擇性的
陳述卻是質性研究者在進行訪談時難以突破的侷限。在訪談過程中我不曾問
受訪者：「你們認為什麼是轉化型知識份子？」、「你們認為我像嗎？」不
過當共同參與敘事的夥伴反問我：「你到底要研究什麼？」我卻張口結舌不
知該如何回答，只好說：「我想把自己這幾年的生活整理一下。」但這對敘
事同儕的倫理關照似有欺瞞之嫌！因為和受訪者之間的朋友關係，常使我忽
略了在訪談時必須扮演「轉化者」的角色，所以在整理逐字稿時，常發現自
己不時打斷受訪者的思緒、搶話或企圖引導受訪者正確回應我的問題。雖一
再提醒自己不要落入「目的性」的泥淖，可是局內人和報導者的角色，對我而

言不僅是一種考驗也是一種限制，因為不論是訪談或建構現場文本，我一直都置身其中，我常無意識的游移在不同的時空，不知道是否該走進去打開那扇門，還是站在原地讓過去的經驗靜靜的流洩。

　　敘事探究者在蒐集文本資料時，多以口述歷史、訪談、日誌、札記等方式來記錄故事所需的材料，不過將田野文本轉變為研究文本時，應該可以用更多元的方式來呈現。選擇不同的再現形式有助於閱聽者形塑其自身的洞察力，並注意到事件背後的複雜性（Eisner, 1997）。除了傳統的文學寫作方式之外，戲劇、詩集、短篇小說，甚至是非口語形式的照片、舞蹈和繪畫等，都可以成為經驗再現的方式，質性研究者應該努力開拓再現的藝術（Glesne, 1999）。用戲劇形式來呈現文本資料是因為對話與訪談就是一種戲劇文本，即便研究者已預先準備好腳本，但下一刻的「真實」卻一直是我們無法掌握的驚奇，所以研究者可以將訪談和觀察的結果轉譯成對白和一幕幕舞台的場景。曾以戲劇的方式來再現研究資料，在觀察和訪談不同的參與者後，Mienczakowski創造出民族誌戲劇，藉由讓演員在不同類型的劇場空間裡表演，以開啟公眾的聲音和教育的潛能。透過戲劇文本的形式，讀者可能會自其中發現更多深刻的意涵和經驗，因為戲劇會提供閱聽者一種特別的意象和真實性，使所有的參與者能了解自身的經驗並塑造經驗意義，無形中將使研究文本的說服力及辨證性漸次提升。

　　為了立意取樣，我以自己的學校做為研究場域，但對環境太過熟悉而使自己失去了戒心，我未能細查田野中各種環境變項之間的微妙關係，只在意不同主體之間的互動，渴望發現他們是如何共創這一齣戲。多數時間我已經認定老師和學生之間的交談不是「對話」，而是「問、答」，因此我所有的目的就是要發現證據，找到我想要的答案，形塑早已被我擬訂的真相（truth）；我似乎證明了什麼，但是我從觀察中學到了哪些？因為我也是每一齣戲裡的演員，雖然試著讓自己不要因移情作用而神入其中，但是當我真正覺醒時，往往已經在撰寫中間文本了！在蒐集現場文本之初，我不擔心戲劇性會掩蓋了真實，以為只要適時加入史實劇場的疏離效果，理論便可以成為引導閱聽者抽離自我意識的說書人。但卻因敏捷性不足，而使自己身陷在理論

的框架裡，使得研究文本敘事有餘、探究不足。

二、資料蒐集的合法性

　　建構並整理生命經驗，是所有從事敘事探究者的核心工作之一，為了能厚實的重新建構生命意義，使之成為行動的基礎，並再現經驗和生命故事，我所引用的資料來源包括：反思札記、尚未展開研究之前的個人札記、決定研究目的後的田野札記、訪談逐字稿、各項會議紀錄、學生成長檔案等。但我的主觀意識常不自覺主導訪談的進行，某些情境的對話已成為既定的戲碼和預先撰寫好的台詞，我所獲得的語料似乎不需要再進一步編碼、轉譯和分析。如果我沒有從反省性出發深刻檢視自己的位置，體悟敘事過程中多重故事、多重自我和多重聽眾對詮釋敘事的重要性（Lincoln, 1997），訪談將無法協助我超越自己的偏見。若以合法性的觀點重新審視這些文件，我可能難逃倫理的譴責！課程的設計、實施和師生互動，是我意欲檢視自己並定義轉化型知識份子的重要來源，許多文件資料都是由已經畢業的同學提供，雖然引用時已先取得他們的首肯，可是學生的成長檔案已是一種選擇性的敘事佐證，是否能還原故事的真相？我的詮釋和同學們的原意是否相符？原始文件經由翻拍而成為我的研究文本，在未經充分授權之下，合法嗎？這個部分的檢證工作，我並沒有深入的追蹤，或邀請他們成為敘事的共同探究者。為了再現過去的經驗，我以自己的定義而合法獲得了一筆龐大的資料，可是再現的歷程卻可能是恣意的非法濫用。

　　「解構第四面牆」不只是一段故事，有更多時候必須去反思探究所謂的真相為何？因此在蒐集和詮釋文件的過程中，我曾一再追問自己：我該如何還原這些聲音，使它們不致成為權力的複製！在邁向轉化型知識份子的旅程中，除了批判的語言之外，我又建構了多少可能的語言？除了個人的札記和訪談逐字稿之外，所有文件和圖像的取得都應有其合法的程序和檢證過程，使文件的辯證和證成更具信實度。可是，當我借用學校各項會議紀錄以鋪陳和辯證故事時，如果我沒有具備行政人員的身分，我可以順利取得這些不應

被揭露或公開的資料嗎？我得到脈絡中所有成員的同意了嗎？這應該是另一種權力的再現吧！

肆　探究我成為「我」的旅程？

> 教師必須更批判的理解他們所知道的以及他們如何知道，使他們能進入不同的社群，並對學校的角色再概念……課程必須合適的剪裁，以符合學生已有的聲音，進而使其能將自己的聲音擴展至另一片銀河。
>
> ～Giroux（1992）

在進行碩士論文口試時，兩位口試委員都曾問到：「你把自己定位在哪兒？經歷了許多不同的角色之後你覺醒了什麼？」雖然我答覆他們，面對生命回溯的歷程，「我」不僅是故事的軸線，也是研究者、觀察者和反思批判的人，所以在完成資料的蒐集和訪談後，對資料的詮釋及轉化很難不受「我」的主體意識操控，因為生活在故事裡的我只是一個「人」而已。可是這樣的我，這樣的敘事，能表現出資料和故事的多元意涵嗎？抑或只是用不得已而為之來欺騙自己，對讀者設下一個狀似完美的圈套而已。

一、研究者的意向

我的口試委員認為：「轉化型知識份子」的圖像和「耶穌」的圖像非常相似，他們都代表了一種不計報酬的犧牲奉獻，可是耶穌的圖像在現實生活中容易使生命遭遇無法承受的挫折，甚至是一種斷裂（柴成瑋，2005）；換言之，操作「轉化型知識份子」這個語彙並不難，但是要實踐並不容易，他極可能是存在於特定條件下的過程，是一種唯心論的論述傾向。Denzin（1989）對傳記研究的陳述或許值得參照，傳記的方法是對生活文件的蒐

集和有計畫的使用，以描繪出刻劃生命的轉折點。雖然敘事探究並非傳記研究，但我仍以為這兩種研究都只能呈現出部分的、有選擇性的、不完全的真實，因為不同的閱聽者在閱讀故事時，也會因其不同的目的而進行「選擇性的閱讀」。敘事探究應是研究者和所有參與對象共同建構生命經驗的歷程，可是，部分參與者往往卻只是看似客觀訊息的提供者，一個被操縱的客體？雖然參與敘事的夥伴並不希望他們成為故事的主角，或是謙虛的表示生命經驗不夠充實，或是覺得自己準備的還不夠，自信不足，而只希望協助我再現經驗，做一個客觀的分享者。但這的確有違敘事探究是一種合作的探究，當他們無私的協助我再現生命經驗的同時，我其實也成了一個剝削者，而並未站在互惠的立場，協助他們去探看自己的生活經驗，誠如 Wolcott（1992）所言，我批判了自己在不同生活片段中所扮演的角色，卻未針對自己的研究者角色進行批判。我和參與者之間的關係取決於信任、關心與合作，在經驗再現的過程中，如何讓共同探究者都能和資料對話，進而建構出「屬於真實」的故事，分析並詮釋那些可能危及我們之間情誼的訊息，應是我所害怕或不願正面回應的困境！

在敘事的文本中，語言不只是描述事件的工具，語言本身也是事件的一部分，並能形成事件的意義。儘管在資料管理和分析的過程中，研究者會不斷提醒自己應該要維持開闊的胸襟，以重回故事的脈絡找出片段的真相。可是田野文本和訪談的語料在經由研究者的詮釋與解讀之後，究竟是讓讀者能更貼近、理解被研究者的經驗世界，抑或是使讀者落入研究者刻意營造的主觀意識之中？資料的歸類和選擇已是一場權力的爭奪！部分敘事探究者（特別是自我敘說）在撰寫研究文本之前，通常都會在心中先設定一個讀者或聽者的形象；他們會假定自己在跟一位聽眾分享自己所經驗的一切，即便他們並未真實的參與其中。所以，質性研究總是存在著一股「事實」與「個人解讀」的張力在相互拉扯，或者我們可以說，研究者是以主觀的文字去掌控客觀的事實。因為當研究者在進行資料的分類和分析時，他不只是在傳遞客觀的事實、事件，所有的語言同時也是「對陳述者而言的事實」，是經由協商而付梓的主觀事實、概念、感受和經驗。

在我的研究文本中，我一直假定教師早已習慣去合理化自己的一切作為，他們無法參透生活世界裡的文化霸權，所以即便是深度的訪談或參與觀察，都難以有效的使其覺知：長期壓迫或宰制他們的集體生活意識。在訪談的過程中，我曾和受訪者爭辯：如果教育是一份有價值的公共事業，是教師受同儕愛戴重要？還是覺察到自己的社會責任和道德良知，使學生有機會去辯證「公民」和「民主公民」的不同，去批判我們的生活世界？為了凸顯教師對自己賴以維生的「習性」以及對「安逸」的期待，在資料的揀擇上，總會刻意的朝著這份既定的目標前進。所以在無形中，我也成了宰制和操縱巨型故事結構的共犯。雖然語料經由共同研究者的檢核，但這終究是我的研究文本，我的詮釋和分析。如果質性研究的結果是一個協商的歷程，折衝商議的機制不該僅止於訪談或觀察，資料的分析管理需要更多批判的參與者加以檢視，因為詮釋即是一種意識的再現。我們常設下障礙來保護所謂的自我，但卻只是習慣性的把自己關在這些障礙裡面，無法掙脫。

教育研究的困境之一在於，愈是符應嚴格的格式、愈是遵從單一科學標準的研究，愈是無法與人的生活經驗相連接，也就無法激起讀者的共鳴。科學的寫作講求精確、簡明與客觀的陳述，一目瞭然的題義與統一的格式。換言之，符合科學標準的學術論文必須言簡意賅，讓讀者迅速明瞭研究者所欲闡述的真相為何，有效的掌握文本脈絡並領悟其中的意涵，以最小篇幅讓讀者以最少的時間完成閱讀。如果我們只能用描述性的詞彙（即便是以附加括弧的方式補充説明事件發生時的細節），只能遵從所謂慣例的、有組織性的形式來串接我們曾經歷的真實，讀者或許只能走入我們所構築的真實或是瀏覽了一篇客觀的報導，而且這樣的寫作規準也將和質性研究互為主體、增進理解的根本立場相背離。當初選擇用戲劇的形式來寫作，是因為對話與訪談本身就是一種戲劇文本，訪談和參與觀察的過程都不是一幕靜止的畫面，透過戲劇文本的形式，讀者可能會自其中發現更多深刻的意涵和經驗，因為戲劇會提供閱聽者一種特別的意象和真實性，使所有的參與者能了解自身經驗並塑造經驗意義。

戲劇的敘事文本是我希望突破既定格式的一種嘗試，或許在讀者的閱讀

過程中，這樣的敘寫方式造成難以融入脈絡的疏離，而無法激盪出其內心的共鳴，但質性研究者在詮釋資料時，為何不能試著成為一個試著突破既定格式窠臼，熱衷創作的藝術家？Geertz（1986）認為，不管在田野中或者已經結束田野工作，撰寫都位居中心位置而非邊陲或隱藏的面向，撰寫不能被矮化成為方法。寫作的過程彷彿是一場政治的鬥爭，你必須仔細的斟酌每一筆資料、遣辭用字，不論是書寫別人的生活或是再現自己的經驗，研究者都很難從複雜的社會脈絡中抽離出來，而不沾染絲毫主觀的筆觸。如果質性研究的書寫式作者個人意圖的敘說，那麼，無論是條列式的說明、敘述性的闡述或是兩者兼具，作者的主體性都將清楚的現身。在多數時候，作者只是一個脆弱的靈魂，一個人；他只能依據自己的經驗、理論基礎和經過整理轉譯的資料，去表達和詮釋他們所發現的一切。如果敘事探究的目的是希望讓讀者聽到更多元而真實的聲音，讓參與者都能以最舒適的方式來說他們的故事，使每個人的故事都能公平的取得權威與效力，敘事探究的寫作便應該呈現多元的創作方式，以匯聚出共識性的結構和取向，而不應只有定於一尊的規約，作者才能將資料轉化成有用的結果，以揭露特定脈絡中的真相。

二、誰是第四面牆？被解構了嗎？

我一直以為，如果觀眾是劇場裡的第四面牆，那麼學生便是教室裡的第四面牆，而且這應該是在課程與教學場域裡對「第四面牆」唯一的定義，即便在論文計畫結束後，我的認知都不曾改變。但是敘事探究讓我停下腳步，試著去建立一種觀看自己以及我與學校裡所有主體關係的方式，在深度訪談和採集現場文本後，我終於覺知，所有的主體都可能成為學校劇場裡的第四面牆。當親親國小的行政人員在教師朝會上口沫橫飛的報告著，可能會成為影響學校課程因素的政策或規約時，不論老師們是在靜靜的批閱作業或溫馨的閒話家常，偌大的辦公室只有少數人會主動參與前方的對話。當教師無法認同課程改革的理念或質疑教師的專業身分，認為自己無法實踐課程改革時，他們或許會出現許多抗拒的行為，但那並不是經由反省後所轉化的行

動，而是反射性的拒絕。當我未能覺察每個老師在理解新的課程概念時需要不同的時間，而逕自滔滔不絕的展開批判實踐或拒絕接受老師對抗的理由，我在親親的老師面前也是靜默的第四面牆，因為我們無法開啟邂逅式的對話。我想解構第四面牆應該等同於課程改革工程中，解放相互對立的意識形態，是一個意識醒覺並能為彼此打開另一扇窗的動態歷程。

學校必須成為民主的公共領域，不論遭逢任何困境，我們都應該積極搭建讓所有主體都能發聲的平台，使自由的意識免於受壓迫而獲得解放。或許部分教師認為把孩子照顧好就夠了，他們並不想積極回應改革政策的要求。可是我認為相較於過去，這是已是一大躍進，至少老師們願意傾聽孩子們「善良的呼喚」，並且多數人也都願意以不同的方式來跟學生展開對話。所以第四面牆被解構了嗎？何必用單一的標準來論斷，至少教師主體之間已不再是單向的回聲！對一個希望邁向轉化型知識份子的教師而言，意識形態和政治的覺醒都只是觸動生命轉化的起點，教師即便積極解構了教室劇場裡的第四面牆，也只是個孤芳自賞的批判型知識份子。唯有當我們願意去挑戰所有被默許的限制、規範和權力時，才能進一步去擁抱豐沛的實踐。或許課程改革是一個讓人無法掌控的鐘擺，歷史的記憶和封閉的學校文化更容易增加教師的不安與惴慄，可是推諉塞責和選擇沉默，都將會讓我們遺忘了對教育的夢想，放掉了我們曾擁在懷中的承諾和責任。

敘事探究之後，我更深刻感受到——課程必須藉由不斷的理解和參與，才能使其在不同的時空裡散發出合適的光與熱，任何一種改革都無法用數據或單薄的文本來宣稱自己的成效，「心念」的轉變和解構，才能讓劇場裡的說書人和觀眾互為劇場的主體，任何人若是被要求驟然崩解其防衛已久的高牆，他必然會悄然再構築另一道防衛的機制。如果邁向轉化型知識份子是我前行的方向，我必須協助學校和教室劇場裡的第四面牆去傾聽自己的聲音，與人分享並品味自己所有的悲喜。參與敘事的夥伴並不希望成為故事的主角，並不是他們習慣安於現狀，或是生命經驗不夠充實，只不過覺得自己準備的還不夠，或是自信不足，因而只希望協助我再現經驗，做一個客觀的分享者，並藉以共構下一段美好的旅程，但這也是敘事探究旅程的一大缺憾。

人往往因為太過熟悉而失去了知覺，因為太過熟悉而放棄思辯！我並不想過度擁抱後現代主義，揚棄現代主義觀點的課程概念，只希望已經習慣現代規約的我們，都能在記憶的河畔稍事停留，讓所有置身在學校劇場裡的人都能覺知，如果放棄了反省與批判，我們都將成為劇場裡的第四面牆。一旦陷入複雜的工具性操作迷思中，我們很容易忘記曾經擁有的課程憧憬。

伍　實踐視域交融的敘事

> 對一個覺知者而言，他所完成的工作就像一位藝術家一般，當他太過懶散或是對常規沒有知覺時，他無法呈現藝術作品，他的鑑賞也將只能遵從規範或受制於規範而生成的片段學習。
>
> ～Dewey（1959）

社會化的過程並不代表人必須放棄主體性，因此，即使 Dewey 不曾質疑誰的知識（whose knowledge）？但是他亦鼓勵教師必須不斷超越，因為，知識的組織本身不是目的，而是一種手段，透過這樣的手段，使他們得以理解並理性的聯結各種社會關係（Dewey, 1938）。史詩劇場的倡議者認為，傳統劇場只會呈現固定的焦點，觀眾只能被迫在黑暗中全然接受映入眼簾的一切，成為劇場中靜默的第四面牆，因而使劇場已經完全失去作用。而自從蒙太奇的美學形式崛起後，透過圖像的相互碰撞，使觀賞者不自覺的去省思自我的主體性，詰問自己該如何參與眼前的敘事結構；它同時也鼓舞劇場工作者，解構並重建史詩劇場所企圖提供的批判辯證的氛圍。知識的合理性與有效性必須回溯到生活世界中去驗證，當我們將課程視為生活經驗時，它迫使我們去探求：什麼東西值得了解？什麼東西我們會賦予價值？我們要如何來過我們的生活？什麼是短暫的？什麼是永恆的？我們想要創造什麼樣的世界？當一個人希望他的故事被傾聽時，他必須考慮自己該說些什麼，並知道如何說；因為敘事的關鍵不是敘事者，而是敘事本身。當教師願意嘗試

以敘事的方式，去建構自己在課程改革中的身分時，教師將不再是被改革操弄的對象，也不再依靠別人的思想而生活。

生命中最大的智慧在於認識自己，此亦為學校教育最重要的課題，然而在理性主義知識觀的引導下，學校課程常漠視來自不同文化脈絡所顯現的差異經驗和知識，教師習慣在社會和歷史決定的權力關係中工作和陳述意見。敘說過去的故事，會幫助我們在現在和未來的世界裡重新認識自己，因此，建構並整理我們的經驗，是所有從事敘事探究者的核心工作之一，因為敘事探究強調的是個體如何在其所屬的環境脈絡中，重新建構生命意義，經由故事將使經驗更有意義，而成為行動的基礎。敘事是反思生活中不斷流瀉的故事，在探究的過程中帶出人性的覺醒，敏覺人的獨特性，進而使每個生命故事都能被完整的看見、被聆聽；從自己的生活和別人的共同生活中加以選擇，使人們能呼喚、吟唱，並運用想像力去敲擊自己的勇氣，進而達成轉化生命的理想（Greene, 1995: 198），協助參與者成為不斷與自然和社會環境相互作用的能動者。因為敘事，讓我們得以去探詢潛藏在別人心中的經驗，並帶出累積在我們身上的知識，彼此交流而激盪出更豐富的生命意涵。當我們在說故事的時候，總會被潛伏在我們心中難以修正的意識所影響，所以必須藉由共同參與故事的夥伴撫平我震盪起伏的情緒與謬思，以便透過故事創造出真正屬於生命的美好。一幅畫的表面是畫家的創作結晶，但背面卻是由閱覽者自行建構的。選擇敘事，是為了鋪陳一種能讓閱聽者感同身受的筆觸。敘事探究者必須在聆聽與敘說的歷程中重新認識自己、解放自己；當敘事的參與者不願意走進研究者的意圖中產生視域交融，敘事所能探究的將只是一面單面鏡！

參考文獻

中文部分

王石珍（譯）（2000）。R. Fisher 著。**為自己出征**（The knight in rusty armer）。台北市：方智。

朱光潛（2003）。**談美**。台中市：晨星。

朱麗娟（2004）。**教師課程意識之自我探究歷程**。國立東華大學教育研究所碩士論文，未出版，花蓮縣。

何粵東（2002）。**眾聲喧嘩與獨白──敘說學校生活故事**。國立屏東師範學院國民教育研究所碩士論文，未出版，屏東市。

吳秀玲（2006）。**跨越圍籬的旅程──一位國小女性教師性別意識覺醒與實踐之敘事探究**。國立台北教育大學課程與教學研究所碩士論文，未出版，台北市。

吳慎慎（2003）。**教師專業認同與終身學習──生命史敘說研究**。國立台灣師範大學社會教育研究所博士論文，未出版，台北市。

吳臻幸（2001）。**我的班、我的故事──國小導師形塑班風歷程的敘說性研究**。國立台北師範學院課程與教學研究所碩士論文，未出版，台北市。

李奉儒（2003）。從教育改革的批判談教師作為實踐教育正義的能動者。**台灣教育社會學研究，3**（2），113-150。

阮凱利（2001）。**理論與實踐的辯證──國小教師實踐知識之敘說性研究**。國立台北師範學院課程與教學研究所碩士論文，未出版，台北市。

周梅雀（2004）。**尋找心中的那朵玫瑰花──一趟教師課程意識的敘事探究之旅**。國立台灣師範大學教育學系博士論文，未出版，台北市。

周淑卿（2002）。**課程政策與教育革新**。台北市：師大書苑。

周淑卿（2004）。學校教師文化的「再造」與課程改革的「績效」──對教師協同合作現象的分析。載於中華民國課程與教學學會（主編），**新世紀教育工程──九年一貫課程再造**（頁 141-162）。台北市：揚智文化。

林泰月（2004）。**蝶變──一位國小教師課程自主實踐的敘事探究**。國立台北師範學院課程與教學研究所碩士論文，未出版，台北市。

姜添輝（2002）。九年一貫課程政策影響教師專業自主權之研究。**教育研究集刊，48**

（2），157-198。

范信賢（2003）。**課程改革中的教師轉變──敘事探究的取向**。國立台北師範學院課

程與教學研究所博士論文，未出版，台北市。

柴成瑋（2005）。**解構第四面牆──一位國小教師邁向轉化型知識份子之敘事探究**。

國立台北教育大學課程與教學研究所碩士論文，未出版，台北市。

莊明貞（2001）。當前課程重建的可性──一個批判教育學的觀點。**國立台北師範學**

院學報，14，141-162。

曾慶台（2002）。**面面俱到？處處保留？──一個國小男性教師的自我敘說**。國立新

竹師範學院課程與教學碩士班碩士論文，未出版，新竹市。

甄曉蘭（2004）。**課程理論與實務──解構與重建**。台北市：高等教育

劉玲君（2004）。**我的變與辯──一位國小女性代課老師追尋教師專業認同的生命敘**

說。國立台北教育大學課程與教學研究所碩士論文，未出版，台北市。

歐用生（2003）。**課程典範再建構**。高雄市：麗文。

蕭又齊（2003）。**我的意識覺醒──一個國小老師敘說社會事件融入社會科課程的故**

事。國立台北師範學院課程與教學研究所碩士論文，未出版，台北市。

賴玫美（2005）。**互為主體的影舞者──我與一位實習老師「師徒式學習」的生命敘**

說。國立台北教育大學課程與教學研究所碩士論文，未出版，台北市。

簡良平（2004）。不同課程取向中教師課程實踐角色的探討。載於中華民國教材研究

發展學會（主編），**課程與教學研究之發展與前瞻**（頁 177-200）。台北市：高

等教育。

英文部分

Atkinson, R. (1998). *The life story interview*. Thousand Oaks, CA: Sage.

Behar-Horenstein, L. S. (1999). Narrative research, teaching, and teacher thinking. In

H. C. Waxman & H. Walberg (Eds.), *New directions for research on teaching* (pp.

229-248). Berkeley, CA: McCutchan.

Bohm, D. (1996). *On dialogue*. London: Routledge.

Brecht, B. (1996). *The Caucasian Chalk Circle*. Heinemann Plays.

Bruner, J. (1985). Narrative and paradigmatic modes of thought. In E. W. Eisner (Ed.), *Learning and teaching the ways of knowing: Eighty-fourth yearbook of the NSSE* (pp. 97-115). Chicago, IL: University of Chicago Press.

Clandinin, D. J., & Connelly, F. M. (2000). *Narrative inquiry: Experience and story in qualitative research.* San Francisco, CA: Jossey-Bass.

Connelly, F. M., & Clandinin, D. J. (1990). Stories of experience and narrative inquiry. *Educational Researcher, 19*(5), 2-14.

Craig, C. J., & Olson, M. (2002). The development of teachers' narrative authority in knowledge communities: A narrative approach to teacher learning. In N. Lyons & V. K. Laboskey (Eds.), *Narrative inquiry practice: Advancing the knowledge of teaching* (pp. 115-129). New York: Teachers College Press.

Denzin, N. K. (1989). Interpretive interactionism. In E. W. Eisner (Ed.) (1997), The promise and perils of alternative forms of data representation. *Educational Researcher, 26*(6), 4-10.

Dewey, J. (1938). *Experience and education.* New York: Macmillan.

Dewey, J. (1959). *Dictionary of education.* New York: Philosophical Library.

Eisner, E. W. (1997). The promise and perils of alternative forms of data representation. *Educational Researcher, 26*(6), 4-10.

Ellis, C., & Bochner, A. (2000). Autoethnography, personal narrative, reflexivity: Researcher as subject. In N. Denzin & Y. Lincoln (Eds.), *The handbook of qualitative research* (2nd ed.) (pp. 733-768). Newbury Park, CA: Sage.

Freire, P. (1970). *Pedagogy of the oppressed.* New York: Continuum.

Gadamer, H. G. (1975). *Truth and method.* New York: Continuum.

Giroux, H. (1991). Postmodernism as border pedagogy: Redifining the boundaries of race and ethnicity. In H. Giroux (Ed.), *Postmodernism, feminism and cultural politics: Redrawing educational boundaries* (pp. 217-256). New York: SUNY.

Giroux, H. A. (1992). *Border crossings: Cultural workers and the politics of education.* NY & London: Routledge.

Glesne, C. (1999). *Becoming qualitative researchers.* New York: Longman.

Gough, N. (2008). Narrative experiments and imaginative inquiry. *South African*

Journal of Education, 28, 355-349.

Greene, M. (1991). The literacy debate and the public school: Going beyond the functional. *Educational Horizons, 69*(3), 129-164.

Greene, M. (1995). *Releasing the imagination: Essays on education, the arts and social change.* San Francisco, CA: Jossey-Bass.

Greetz, C. (1986). The uses of diversity. In S. McMurrin (Ed.), *The Tanner lectures on human values* (pp. 253-275). Cambridge: Cambridge University Press.

Lather, P. (1986). Research as praxis. *Harvard Educational Review, 56*(3), 257-277.

Lincoln, Y. S. (1997). Self, subject, audience, text: Living at the edge. In W. G. Tierney & Y. S. Lincoln (Eds.), *Representation and the text: Reframing the narrative voice* (pp. 37-56). New York: SUNY.

Maxwell, J. (1992). Understanding and validity in qualitative research. *Harvard Educational Review, 62*(3), 279-300.

McLaren, P. (1989). *Life in schools: An introduction to critical pedagogy in the foundation of education.* New York: Longman.

Pinar, W. (1975). Currere: Toward reconceptualization. In W. Pinar (Ed.), *Curriculum theorizing* (pp. 396-414). Berkeley: McCuuutchan.

Pinar, W. (2004). *What is curriculum theory?* Mahwah, NJ: Lawrence Erlbaum Associates.

Polkinghorne, D. (1988). *Narrative knowing and the human sciences.* Albany, NY: State University of New York Press.

Riessman, C. K. (1993). *Narrative analysis.* Newbury Park, CA: Sage.

Sharkey, J. (2004). Lives stories don't tell: Exploring the untold in autobiographies. *Curriculum Inquiry, 34*(4), 495-512.

Wolcott, H. F. (1992). Posturing in qualitative inquiry. In M. D. Lecompte, W. L. Millroy & J. Preissle (Eds.), *The handbook of qualitative research in education.* Orlando, FL: Academic Press.

6 回顧與眺望——
重說社會事件融入社會科課程的故事

蕭又齊

壹　為什麼重說

～回顧讓人慈悲　重說教我們勇往～

英國某個火車站入口處，曾有個這樣的標語：「你確定這趟旅程是必要的嗎？」這個富有哲學味道的警語，貼心地提醒人們，每個行動之前或許都應該先問自己——我真的需要這樣做嗎？當大方向確立了，其他的決定才有了歸依，否則一切的行動都將徒勞。話雖如此，但我總覺得人生的旅程，其實沒有哪一段是白走的，沒有哪一首歌、哪一段舞、哪一齣戲是不必要的，而係端視你是否懂得感恩、珍惜，端賴你是否有品味與回顧的能力。

～回顧像一片霽月柔光　讓人看到黑暗中的希望～

記得曾讀過一個作家這麼寫著：「在這單調平淡的生存中，總可以找出些生動的生活片段；即使是最平凡、最滯悶的，也得以在偉大的戲劇中占有一席之地。」每個人的過往，雖然未必都可以成為一部可歌可泣、傳世不朽的史詩巨著，但是只要能被細膩的描寫、真心的敘說，都可以是一本感動人心的小品文、發人深省的佳作。而故事重說，是帶著新的視角、新的經歷、新的體悟重新回到現場，去探索當時曾經走過卻被遺漏的足跡，去發現當時曾經掌握卻不懂得珍視的細節。我將故事重說命名為敘事探究的霽月柔光，

是因為回顧一段生命故事，就像重走一趟險峻的路，有時是洶湧的濁浪波濤，有時是顛躓的峭壁懸崖，讓人臨淵履薄；重溫一段舊夢，就像聽一闋懷念的老歌，有記憶有淚光。有如霽月般，在風雨過後，烏雲的間隙中綻露了清朗月光，那月光傳遞著溫柔和深情的關懷與夢想。

～回到從前　讓我更清楚現在～

〈我的意識醒覺──一位國小老師敘說社會事件融入社會科課程的故事〉（蕭又齊，2003）是我的碩士論文名稱，這本論文完成於 2003 年的 6 月，但要談論它，得從 1999 年的夏天說起。那年，我從一個基層的老師開始到國立台北師範學院（國立台北教育大學的前身）課程與教學研究所就讀，2001 年我開始進行論文撰寫，投入了很多的時間、心力與感情在我的課程行動研究。二年後我完成論文，結束了四年的研究所生涯。這一篇論文描寫了我在河畔國小（化名）和四位協作的夥伴老師（小怡老師、柯老師、季老師、鄒老師），以及三個班的高年級小孩，進行社會事件融入社會科課程行動研究的故事。2008 年，距離我當初開始進入田野研究的時光已經六年多，由於我在台北市立教育大學博士班重新修讀質性研究方法論，令我想起這一段生命中重要的過往與記憶。

六年的時光，不論在人生體悟、教育現場的經驗、課程與教學專業領域的成長，或者在質性研究方法論的視野上，我想都有了一些不同。透過這些不同，來回顧曾經用心走過的那段路，通過故事重說，找尋生命更深的啟悟與感動；通過洄游與逆流，發現生命主體性的證據；通過教育現場的故事重說，探尋真相深處可能潛藏著更真的真相，找尋細節周圍所隱匿的更細的細節。我想對自己、對敘事探究或許都是一件有意義的事吧！

貳　故事再現之前

～過去不曾真正過去～

　　船舶建造的目的並不是為了停靠港灣，而是寄望能夠揚帆啟航，奔赴汪洋大海。但是每一次的回岸停泊時，總是帶來許多異地的文物風情和瑰麗曼妙的故事。凡走過必留下痕跡，凡哭過必留下記憶。我們每個人有時就像汪洋中的船隻，要經歷碧海藍天或怒潮濁濤、要順流而下或破浪乘風、要毅然起錨或當下憑岸駐留，然後才能為自己留下歷史記憶，然後才更清楚自己的方向。故事重說，讓我們有機會檢視自己的每一個腳步、每個起心動念。

　　在重說故事之前，我想先簡單的摘述原來故事的情節，除了讓閱讀者能有所對比參照，也是讓我自己再一次的用文字書寫的方式重溫那一段歷程。這裡我立即面臨到的一個問題是，「摘要」其實已帶有重說的味道，畢竟這份摘要是用現在的眼光去揀選擇取。但我試著儘量不放入目前的想法觀點，試著尊重原味，用當時的思維視角來摘述這一段過往。

　　在我的論文原本的「摘要」裡是這樣記錄的：

　　　　本研究係呈現一位國小老師以敘說性探究的方法，透過社會事件融入社會科教學的實踐與反思，透過研究者在課前的準備、教學的進程和課後的檢視中，不斷的與社會事件、文化脈絡和自我的意識形態進行似柔實強、似辯若忘的對話和碰撞，敘說著研究者在這綿密的交織、探索的歷程中，尋找著轉化社會、批判解放的意識醒覺足跡的故事。

　　這篇故事是我從一位國小現場老師，和三個班的學生分二年所進行的課程行動研究，我藉著課程的進行和當時（2001～2003 年）社會上、生活周遭中所發生的事件，試著融合和交會，希望能為學生開啟新的一扇窗。

　　在故事中，研究者融入了戰爭、政治、失業、經濟、情慾、生

死、環保、主權、全球化、SARS等議題，在這研究中研究者敘說
著自己在田野中所面臨的迷惑、困頓、激盪、衝突、開悟與醒覺等
歷程；分享著研究者與學生建構社會議題，融入教與學的討論經
驗；探討著社會事件在教學上之運用及所遭遇的困難和因應策略，
經過了二年的實踐，研究者從實務中逐漸掌握了一些可茲運用的教
學流程和經驗。

在這些事件中，我面臨了許多的考驗與掙扎，孩子們和我一起經歷那過
程中的摸索和嘗試，甚至我遇到了瓶頸，幾乎挫折到想完全放棄。當然裡面
也有許多新的啟發和成長，就在那顛簸起伏中，我試著走了出來。

本研究係基於社會事件的豐沛多元、鮮活即時、唾手可得、發
人深省、引人注目及其核心問題常與課程目標息息相關等特性來將
它融入到社會科課程。在這媒體無所不在、社會事件每天透過街談
巷議、口耳相傳與我們的理智和靈魂錯身相遇的時刻，研究者認
為，身為老師，如果不能和學生們共同來深思爬梳這些亂象背後所
隱含的意識形態、權力壓迫或文化宰制；如果不能正面迎戰、冷靜
面對這些強勢訊息的混淆與干擾；如果不能積極引導他們來認識這
些似是而非、莫衷一是，卻又無所不在、無孔不入的價值錯落和意
識再製，我們將要如何期待他們成為具有批判反省、獨立思考的新
世紀公民呢？

基於社會事件的特性，我積極融入，但是在融入中所引發的問題，一波
又一波的迎面而來，我知道我要培養孩子明辨是非、積極勇往、有為有守的
現代公民，但是社會事件卻往往是反面教材，我們不斷在那些黑暗苦澀中找
尋養分，如何可得呢？連老師自己都面臨著徬徨無措的窘境，但是研究中仍
滋長了我一些新的能量，所以我繼續往前行。

透過反省與實踐，本研究得到了一些實務上的經驗與發現，也
獲得了意識醒覺上的體悟和信念。在社會事件的選取上，必須注意

社會事件與課程的關係，並考慮到社會事件本身的衝突性與延展
性；在社會事件的融入中，教學者要注意到自己的信仰與立場及學
生的理解與自主；常用的教學步驟包括：課程掌握、事件聚焦、課
前作業、形塑問思與討論的氣氛、課後檢討與反思等流程；常用的
教學策略包括：媒體運用、活動表演、交叉辯論、專案報告、不斷
引用、持續關切等方法；融入的模式至少有三種：主題式、補充式
和雙軌式。經常遭遇的困難是時間的控制、目標的掌握、氛圍的維
繫以及立場和價值信念的追尋。

二年下來的教學方式和技巧，其實有許多的體會和成長，尤其對於題材
的選擇和教學步驟的安排以及各種教學策略的運用，都有了更明晰的掌握，
也對教學的整體認知有著更穩健的認識。

在意識醒覺的歷程中，研究者藉由對社會事件的探索、解讀和
對話，讓批判意識萌芽、讓反思不斷進行，經由意識醒覺而達到轉
化與實踐。研究者體會到意識醒覺不僅是一種洞悉權力關係、一種
對文化脈絡與意識形態的覺察，更是一種自我當下的真誠叩問、勇
敢的自我解放；意識醒覺呈現於每一次遭逢社會事件時的真誠面對
與虛心反省；意識醒覺是透過批判意識，在文化脈絡裡，不斷的從
今日的我回顧過去的我、眺望未來的我，在這來來回回的過程中，
去找尋真我的存在邏輯。意識醒覺存在於每一個當下的醒悟與實踐
中，只能被經歷，無法被持有，是內在的運作，是心靈的跳躍與轉
折，無法從外顯來觀察。

意識醒覺是這個行動研究的重點，我和學生透過社會事件和課程的交互
進行中，不斷面對的就是一種反省與思辨，希望能透過更深刻的敏覺和分
析，找到事情更真的實相、發現問題背後更重要的影響，所以在那些過程
中，來來回回的審視和討論，我們都在潛移默化中覺醒和成長。

研究者認為意識醒覺的歷程，就是良知與慾望的對話，就是批

判解放與既得利益的拉鋸，就是創意活力與社會習染的拔河。意識醒覺即真誠生命的發現。研究者的意識醒覺呈現於本研究的字裡行間、存活於研究者真實生活的舉手投足裡。本研究是一趟發現迷失、找尋自我的旅程，「真誠」是我的地圖、「反省」是我的指南針、「意識醒覺」既是起點也是終點，更是陪我跋山涉水、帶給我光明溫暖與當頭棒喝的良師益友。

從某個角度來看，我的論文摘要似乎有點冗長，它帶有比較多的省思、檢視與探究的味道，對於整體論文的意涵有著較多的著墨，不過對故事情節的描述卻太過簡略，但因它畢竟是我論文的「摘要」，所以我仍將它呈現。

底下我仍繼續用部分的篇幅，重點地寫出我這一段課程行動研究的主要情節。我的故事分為：**「起、承、轉、合」**四章。這四章分別代表我在進行社會事件融入社會科教學中的心境及方法上的改變。

起與**承**是第一年（90 學年度）的摸索階段，分別各以三個社會事件融入教學為例，直接以單一具體的社會事件為上課主軸，與學生做探索和分享。**轉**與**合**則是第二年（91 學年度）的教學方式，是修正與再出發的階段，不再以具體、單一的社會事件為基調，改以課程目標為主，社會事件為輔的融入方式。

一、第一章「起」

此章代表我對社會事件融入教學模式的開啟，這當中有許多的碰撞失落、意外驚喜。三個故事分別是「九一一不是從空而降」、「失業率竄升」和「立委選舉」，從國際而國內，這個過程錯誤最多，體會也最深。

對九一一事件本身，我的體會是「勝利者一無所獲」。美國的軍事外交，讓他們付出了慘重的代價，口服心不服的壓迫，終究會招致反彈。而恐怖分子固然也有其無奈之處，但是採用暴力的手段仍應受嚴厲譴責。

在失業議題上，我覺得失業者承載了太多社會不義、體制不公、政策無

理、景氣不佳、時勢無情等原罪，而飽受人性尊嚴的踐踏和家庭幸福破碎的壓迫。當全球化的洶湧巨浪一波波襲向台灣，當資本家們不斷到各地尋找更便宜的人力，昨天還穩定的工作環境，今天可能就被另一個地區更便宜的人力或土地所取代。隨著科技、通訊、交通的便利，地域觀念澈底消失，工作地、工作者隨時可以被更替。因此，你似乎隨時都必須擔心自己將成為過去式，變成公司不被需要的人。在這個全球化的大架構下，資金、機器設備、工作機會快速流動，一旦你的移動速度跟不上這個節奏時，你就有可能變成「有工作能力，但沒有工作」的失業者。

在立委選舉事件上，我覺得政治議題的探究、選舉問題的探討其實是比較危險的，一方面是因為政治是容易有偏見的，政治的迷思常不是一般人所能跳脫，包括我自己。選舉問題亦是十分繁複曲折、盤根錯節，常常是環環相扣、互為因果，並不是輕易可以從表面來獲取簡單而絕對的立論或觀點。但是我們並不能因此就避免它、不去討論它。不關心政治，本身也是一種政治態度。你不管政治，政治卻一定會來管你。

二、第二章「承」

此章代表我對這個課程與教學的方案，已進入了較熟稔與掌握的階段，三個代表故事分別是「電玩小子曾政承的竄出」、「璩美鳳光碟風波」、「校內老師自殺風暴」。從情慾、隱私到生死的切身問題。在這個歷程中，師生的互動更熱絡，批判思考的教學效果也較明顯。

社會上每天上演著情侶為情而兵戎相見、夫妻為愛而反目成仇，中學生沉迷於搖頭店和飆車、小學生流連於網咖和電玩。

當璩美鳳的光碟與黃顯洲的 3P 性派對新聞燒遍各電視台時，台灣的天空彷彿籠罩在一片黃雲底下。

當曾政承——一個功課不佳、只念完國中就著迷於電玩的十七歲少年——竟然得到了世界電玩冠軍，揚眉吐氣為國爭光，連教育部長都公開稱讚表揚。這時，是否讓所有的學生都陷入困惑——什麼是對？什麼是非？

當一個平日非常嚴謹、認真、熱愛生命、常鼓勵學生要實踐自我、創造人生意義的老師，竟然自殺了，這對學生的內在信念和價值信仰，是否也會產生什麼樣的衝擊？

信仰、價值、立場與情感等內在衝突，一直是教育現場及師生互動中非常重要卻也非常棘手的課題，在這裡面常常可以清楚的看到自己的態度、氣質和人格樣貌，在這當中總會不斷地碰觸到對方的生命經驗和文化背景所烙印的紋路情調，這些風風雨雨是值得我們不斷地去深思，以及認真地去面對的生命學分。

◎◎ 三、第三章「轉」

此章代表我對整套課程與教學模式的深層反省，和自我的調整與突破。不再以具體的社會事件為上課主體，改以原課程內容、教學目標為主體，將社會事件隱然地融入。這樣的調整有主客觀因素使然，但確實是本研究的重要發展。

在這一個階段，我的課程與教學有了幾項重大的轉折：

1.我的教學實施對象改變了，我原來所進行課程行動的班級雖然也升到六年級了，但是那個班級的社會科必須由級任導師擔任。我只能到學年主任和體育班老師的教室擔任社會專任老師（因為學年主任和體育班都有減課），我曾考慮過再回去那個班進行，但是這麼一來，會重複我去年度的問題（我只是實驗，不是真正的社會科老師），所以我毅然決定用一個真正社會老師的方式，來進行社會事件融入教學。

2.我的教學策略改變了，過去我以社會事件為主導來進行整節課「專案」式的探討和分析，但是這學期我打算改變，我不想做「觀摩」式的教學，我希望能做真實、自然的融入教學。所以社會事件是以簡短的、依課程的進程中所需，隱然融入各單元內容，不再整節獨立去專門探討與分析或批判。

3.我的觀察夥伴從柯老師轉為兩班新的老師：季老師（六年丙班）和鄒

老師（六年戊班），小怡老師也不再每次都到場來記錄和討論。季老師和鄒老師都很樂意配合，也認同我的教學理念。我經常與兩位老師，並不定期和小怡老師討論某些概念和方法，小怡老師總是樂意提供我她的卓見。我依照她的時間及我課程的內容，邀請她加入課室觀察。季、鄒兩位老師也經常提供我許多的建議與必要的支援，因此這一階段讓我有了不同的發現與體會。

◎ 四、第四章「合」

此章代表我對「社會事件融入社會科教學」這個方式的成熟掌握。課程內容的不足與社會事件的龐雜之間，要找尋融合的接口，教學方法、時數、內容與目標要清楚的整合、密切的融合，這才是可長可久的教學模式。

這個章節觸及了許多的社會議題：政府限用塑膠袋的環保政策，對小朋友而言是可以身體力行、立即實踐的生活學習；大象林旺的病逝是生老病死、生命教育的佳例，學生可以從中體認萬物平等、真情無價的深層意義；美伊戰爭的野蠻粗暴、自私貪婪，正足以彰顯戰爭的荒謬和可惡，是促進學生反省行為與後果間的可怕代價，及奠定終生反戰信念的積極教材。

這階段的社會事件融入教學顯得極為自然，主要的原因是課程目標、課程內容主題都剛好和社會上的重大事件議題相吻合。我在援引社會事件的過程中，學生感覺不出有什麼格格不入或牽強附會的勉強。比較可貴的地方是，透過這一次的教學，我覺得自己不僅將社會事件融入教學，甚至於已經融入了生活實踐。因為我帶動學生一起來做環保，教他們如何來節用塑膠袋、如何來減少紙張、筷子的浪費，教他們如何讓一種新的行為模式能持之以恆，最後變成一種信念、一種非常自然的生活習慣。

另外，SARS疫情的發展超出我原先預期，由於影響層面如此廣泛又如此深刻，幾乎波及校園、班級、家庭到每個人，孩子們戴著口罩到學校來，第一件事要量體溫，每天要洗好幾次手，學校沒幾天就發了好幾張的防疫通知單，各種規定常常朝令夕改、一夕數變，整個校園因為 SARS 而改變了形貌。河畔國小有二個班停課隔離十天，校園大消毒了好幾次。很多家庭也

因為 SARS 而改變了作息，改變了人際互動，改變了生活模式。SARS 的影響太深刻了，以致很難不針對這樣的狀況，和學生來探討國內的現況，很難不受這樣的發展，而把焦點放在真實的事件上，然而這麼一來，卻造成了課程目標焦點的凌亂，而無法停格在國際合作與國際組織的運作等重要主軸上。

過去的事不曾真正過去，因為它一直活在那些曾經參與、經歷過的人之生命記憶裡。經過六年，我也想知道自己將如何重說這一段歷史。

參　故事重說

或許，重說不是為了彰顯那段被遺忘的故事，不是為了要再次宣揚什麼信念；重說也不是為了要讓故事被久遠的流傳，不是為了補足一段被疏忽的細節。重說只是為了重溫一段舊夢，只是為了想在混沌與晦暗之後，眺望那乍現的曙光。

一、前言

～變與不變　端乎一念～

六年前我剛從級任導師踏入行政工作，擔任教學組長，六年後我已經歷過輔導與訓導兩處的主任三年；六年前我還是個剛踏入國北教大的研究生，如今我是市北教大課程與教學組博士班三年級的學生；六年前我的二個孩子，一個是小三、一個還在幼稚園，如今女兒上國中，兒子在高中；六年前我青春洋溢，身材燙貼，沒有大肚腩，如今我雖然還沒淪為髮蒼蒼視茫茫，卻也擋不住白髮竄出、視力減退、身材走樣、體力大不如前的種種頹勢。

六年來也有許多現象並沒有太多的改變，六年前陳水扁政府剛過了第一年的蜜月期，藍綠的對立衝突不曾停歇；六年前的治安敗壞、貧富差距、失業自殺層出不窮，六年來的社會問題沒有太大的改變；六年前的九年一貫課

程改革正從如日中天露出疲態，教育部曾志朗部長上台時說了一句「要有煞車的勇氣」，不久後黯然下台，現在的九年一貫就像台北市議會或立法院裡的陳水扁掛相，很多人想把它拿下，只是欠缺法理；六年前的校園民主已經如火如荼展開，教師會、家長會、校長協會、教育局、基層教師協會……等等，有對話、有衝撞、有晦暗、有曙光，而現在依然混亂、衝突、失序，家長控告老師、老師上訴校長、教育局與教育部對抗、政策朝令夕改、府院地方不同步、縣市措施不同調、一綱幾本沒有人知道。六年好像變化巨大，又像一切依然如昨。

二、主題的選擇

六年前我選擇「社會事件融入教學」這樣主題的初衷，是看到學生每天暴露在這麼多的訊息之中，有正有邪、有強有弱、有明晰有晦澀，他們將如何解讀它們呢？我們可以視而不見、袖手旁觀嗎？還是說可以因勢利導，運用它們成為最生動活潑的課程，透過它們來彌補目前課程和社會現狀脫節的缺憾呢？所以和指導教授討論，獲得肯定與支持後，開始了我的田野研究。六年後的今天來看，我會用讚賞的眼光來看待自己當初的選擇，社會事件（孩子「身邊」發生的事）應該被納入課程來教導，雖然引用社會事件可能引發了許多令人擔心和未知的問題，但我在論文的後記裡提出了三個觀點：

第一、我們不可能也不必要為孩子們建造一個無菌的環境：在這個媒體充斥、網路無所不在的時代，各種訊息就在操弄滑鼠的指尖，想用圍堵的方法來「保護」孩子，無疑是異想天開。我們所要做的不是隱蔽黑暗，更不是粉飾太平，而是教導他們如何正視黑暗，並且知道世間還有光明。

第二、冒險是成長的代價：這一代的孩子不必也不可能等同於上一代。或許是有得必有失，他們面臨著比上一代的孩子更多的選擇和後果。這些選擇鋪天蓋地的來到他們面前，不管如何選擇（包括不選擇）都必須面對後果。身為教師或家長不能再用「長大再說」來逃避問題，孩子們是和時代亂象一起成長的，無法自外於這個媒體籠罩下的所有風雨。

第三、面對是成長的開始，正視問題才是解決問題的起點：所有的社會百態都是真實的人生現象，雖然不是全部，但卻是歷歷在目的真實。我們不必也不可能轉頭假裝視若無睹，我們要做的是，和孩子建構討論溝通的管道和氣氛；我們能做的是，讓自己能勇敢面對社會現象帶來可能的價值混淆與信仰崩解的衝擊；我們能做的是正視、轉化和成長，然後成為孩子們學習的參考座標。

六年來，這樣的信念沒有減弱只有增強，在這個變化快速的時代，我們很難再用此刻的有限知識去預設未來社會的變遷。美國前教育部長 Richard Riley 認為，2010 年最迫切需要的十種工作，在 2004 年時根本不存在。我們應該讓孩子更具有洞察力、參與力和未來性，而這必須要老師先具有這樣的態度和基本能力，這需要老師能從本身做起並實踐到教育現場，社會事件融入教學其實影響的不只是學生，更是對老師的激盪和啟發。

三、田野中的主要人物

人是質性研究，尤其是敘事探究中最重要的因素，我們探究人的想法、情緒、態度、夢想等等，我們關心人的掙扎、沉緬、糾葛、苦悶和期待等等。唯有對人有了正確的了解與關懷，敘事探究才有了公允與深度的可能。底下我想用六年後的眼光，來重新看待當時田野故事中的幾個主要角色。

（一）我

內向、溫和、有點自以為是（卻常自以為客觀公正，不過這正證明了自以為是）、有點剛愎卻自以為浪漫，常被不深識的人認為太嚴肅、太古板；明明是一個喜歡電影、音樂、關心流行文化的人，卻總被看成是個與時代脫節的人。

1.對社會事件的基本態度

在我的論文後記裡，我針對自己看待社會事件的立場，有以下的描述，

社會事件的教學牽涉到許多價值信念和意識形態的問題，我雖然已在研究文本中許多角落裡找機會闡釋著，但是仍願在此做一下統括的說明。

關於政治立場，我的信念是「民主固然有許多缺點，解決的方法是，更民主一點」。我向來是兩黨政治的支持者，我認為執政者要有被批判的胸懷、反對黨要有監督的專業。

關於宗教信仰，我敬畏自然律則、傾向儒家的「敬鬼神而遠之」、「未知生焉知死」，但不相信善惡必報，我認為行善仗義是基於良知使然而非祈覓回報，每個人都有信仰的自由，即使是多麼荒謬不合理。

關於家庭倫理，我認為情感是家的核心，少了它，「家」只是一間水泥房住著一些人的地方。父慈子孝、兄友弟恭是相對的，施者發於本心衷情，受者自然懷恩，雙方沒有負歉或債責，否則就變成了商業交易。

關於國家，我認為國家的組成是為了每個個人的幸福，我反對為了成就國家而犧牲個人幸福，我不同意那些主政者用高喊共體時艱來掩飾自己的無能和技窮。

關於戰爭，我是個死硬派的反戰主義者，我反對以任何理由發動戰爭，即使是被迫應戰的被侵略國，我都想要檢視其對於不讓戰事發生做了多少努力？

關於全球化與本土化，我的看法是全球化是現實問題，本土化是認同問題，人不能自外於現實的出口，卻也不能不找到自我認同的入口。國家要富強就要注意現實面，國家要有風格與尊嚴，就要能自我認同。

雖然經過六年，但是面對這些事件與現狀，我的基本態度並沒有太大的改變，我對事件的看法和體會只有加深，沒有本質上的變異。也不知道是沒長進，還是我一路走來始終如一。

2.我在研究中的立場

在我的論文裡曾這樣的描述：

在這個研究中，我的立場是引介者、包容者、示範者、分享

者，但不一定是客觀者、中立者。我希望能將社會事件引介給學生，讓他們去發現去思考，提供學生一種討論的場域與氣氛，我引導他們去省思與批判，必要時我也提出我的看法、分享我的觀察和感受。我並不認為我必須站在絕對中立的角度，我也不認為我不能提出我的批判和立場。但是我必須要讓學生了解，老師的觀點並不是唯一的答案，老師的角度並不一定是全面的或周全的，老師的想法是以我的角度和背景在特定的時空下所提出的一種見解，即使是我本人，在另一個時空下，我也可能有不同的想法與態度。

我當時的立場是，學生要學習的是老師的包容與多元的觀點、是老師的尊重和民主的態度，而不是老師對某件事的觀點與想法。老師不必害怕表達立場與觀點，而必須提防自己是否可以接納學生不同的想法與感受，能用尊重包容的態度培養出學生的自主與獨立的思維自信，這是我對於社會事件融入教學時，面臨各種事件的解讀與詮釋時所持的立場。

我現在的態度和想法，並沒有當時的樂觀和自信，在教師不必然是一位客觀者、中立者這個角度上，雖然我感情上是認同的，但是理智卻已有了改變。這改變來自於後來更認真的現場觀察與自我省視，老師雖然表達了自己也是人、也有自己的想法和立場，甚至偏見，學生不一定要接受和認同，這個說法似乎沒有錯，我們要培養學生獨立思考與判斷的能力，不必全然接受老師的想法與立場，但是這個觀點落實到真實現場是，學生仍然崇拜老師，愛老師所愛、惡老師所惡，他們的判斷力仍然需要規準，他們無法克制地會以老師為參考體，沒有辦法清楚地切割。其次，不管是在政治、宗教還是許多社會議題上，老師的立場仍然容易引發同儕、家長和社會的誤解、擔憂和質疑，將造成親師溝通上不必要的障礙或衝突，讓自己無端面臨了風暴和傷害。小學生對事件的分析、對價值觀的確立、對生命態度的理解，可能都比我們想像得要脆弱和敏感，在教師立場的表述上，我有了更謹慎和保守的改變。

（二）小怡老師

在我的敘事探究行動方案裡，有一位重要的參與觀察者是小怡老師，她畢業於文化大學新聞系、台南師院師資班、台北市立師範學院應用語文研究所，曾擔任過實習記者及短暫的社會工作，在當時有九年的國小老師教學年資和經驗。

請她來參與觀察的主要原因，除了看重她新聞系的背景之外，最重要是小怡老師是個教學專業、活潑親和、能量豐沛又積極自我成長的老師，透過她的觀察、思考和分享，提供了我許多具體而深刻的思考方向，也為我捕捉到許多課堂中珍貴而重要的細節，引發了我對這個研究方向的許多觸角和體悟。

在我即將進入田野進行課程行動方案時，她向我要求了幾項資料：研究目的、學生背景資料、座位表、教案和相關資料。她的態度讓我十分敬佩，也督促我做了更多的教學準備。在第一次上課後，她就提供了我許多各種觀察、記錄和建議，那細緻的見解和清楚的思路，總讓我眼睛為之一亮，所以我想，小怡老師實是提升我課程行動方案的深度和廣度中，不可或缺的角色。

六年後的今天，我來重看這一段課程行動研究的歷程，仍然很感謝小怡老師對我的幫助和對研究的貢獻。這幾年我因為調離原來的河畔國小，和小怡老師的聯繫沒有那麼頻繁，但是知道她也投入行政工作，以她做人的真誠熱忱、做事講究方法和效能，總是能把每件事做的盡善盡美，相信必是學校重要的支柱。

（三）柯老師

柯老師是我研究中，最早敲定的合作夥伴，他畢業於當年的省立台北師範學院七一級普師科特教組，後來又修讀台灣師大教育心理學系，從 1982年畢業就到河畔國小任教，不曾轉校。在當時他二十年的任教年資中，四年擔任特教老師、二年特教組長，後轉任普通班，除了其中二年擔任社會科科

任老師外，有十三年的高年級導師之經歷。

柯老師是個頭腦清晰、理性與感性兼備的成長型老師，除了曾擔任此校的教師會長外，也經常被選拔或推派擔任各種委員會的代表。每次看到他在開會時總能快速的掌握重點、抓住核心，又能很清楚而有條理的表述，總是既敬佩又心服。

之前曾有幾次到他班上代課時，發現他的班級經營及領導方法很有一套，學生既能侃侃而談又不會失去分寸，這是我一直期待能和這個班的學生一起來共同進行這一次課程與教學的研究與實驗之最大原因。

柯老師除了配合各項研究工作，並接受訪問、協助我在歷程中對班級學生各種概況的認識，也協助做了許多不是我任課時間的觀察記錄，可以説對整個研究成果有很重要的貢獻。

六年來和柯老師仍有不少互動，除了是柯老師的熱情、健談的原因外，他也是我兒子的導師，他對學生很關心、很有觀察力，我也常請教他教學上、人生上的問題，從他那裡總是得到很多的啟發和鼓勵，真的感謝他！

（四）季老師和鄒老師

季老師畢業於台北市立師範學院的初等教育學系，他除了是六年丙班的級任導師外，還兼任學校球隊指導老師，班級經營管理嚴謹，很受家長同儕的認同與學習，六年丙班在他的帶領下，彬彬有禮勤奮向學，讓我在進行教學時能得心應手。

鄒老師是學年主任，並非師範系統出身，是先在民間公司就業過，過了四十歲後才考進師資班，擔任正式老師還不到七年，但是因為有民間公司的經驗，所以心胸廣大視野開闊，對於學生有很大的包容力，其學生的表現很有想像力和創意。

二位老師對於我的教學給了我很多的幫助和意見，對整個田野研究有深遠的影響。季老師目前在士林區一所知名的學校擔任訓導主任的工作，是個受尊重、用心負責的行政人才，鄒老師也曾在河畔國小代理過短暫的輔導主任，後來還是決定留在級任導師的崗位，發揮他最大的影響力。六年來，我

們都維繫著一定的互動，畢竟他們不只是我的好朋友，更是我的貴人。

（五）學生

　　學生是這次課程行動研究中，非常重要的角色，我的故事主角應該是他們，但因為人數眾多，無法一一介紹。2001 年是我行動研究的第一年，學生是柯老師任教的五年乙班，這個班在級任導師柯老師的領導下，和諧、開放和活力，是我當初選擇合作對象時的第一個原因。

　　從 2001 年 9 月開學初，我就找尋機會與這個班的學生做暖身式的接觸，裡面有些學生是我以前擔任自然科科任老師時所教過的學生，所以不算陌生。在逐漸接觸與熟悉後可以感受到，雖然班上難免有幾位低成就的學生跟不上進度，但整體上此班的學習狀況算是良好。班級氣氛熱鬧、活潑，卻又不致於太失去常規。尤其難能可貴的是有幾位學生的知識、發表能力和待人接物都非常大方合宜，上這個班總讓人覺得很愉快。

　　該班的自然科科任老師表示：這個班的學生素質不錯，但是有一、二位很頭痛。音樂科老師表示：這個班的學生很活潑、很可愛，是很令人喜歡的一個班。美勞科老師若有所思的表示：有幾位很有創意，全班整體而言算是很自動很有規矩。英文老師開心的說有幾位很聰明，全班都很活潑。電腦老師無所謂的表示：還不錯，有一、二個要盯緊一點。

　　整體而言，科任老師給這個班的評價都極正面，也對本研究多所期許。級任導師柯老師對這個班的看法是，比起以前所教過的班級來看，素質比較參差不齊，優秀的學生比較多也很優秀，但是後半段的學生，問題也很頭痛。這三十個孩子，在我進入田野與他們互動、接觸後，從最初的好奇而謹慎的師生關係，逐漸發展成熱情而主動協助的朋友關係。

　　他們因為知道我的課程試驗需要他們提供觀點、想法和協助，需要他們在課堂中認真的討論、大膽的發言、主動的表現，所以上起課來，總是給予我許多的回饋和啟思。這些孩子的積極回應，是我的課程行動研究進行過程中最令我欣慰的部分。

　　第二年，91 學年度，我調任到六年級擔任正式的社會科科任老師。我

教二個班級——六年丙班和六年戊班，每個班每週三節課，所以我必須上六節課。丙班有二十九位學生，戊班有三十位學生。丙班的級任導師季老師的班級經營特色較為嚴格而緊密，對於學生的表現和要求較高，激發出學生較多的潛能。戊班老師的方式較開放，容許學生較多的創意，各有所長。

二年的課程行動研究，和這三個班九十個孩子的互動，留下了許多美好的記憶。這一群可愛的小朋友是我的小天使，他們天真爛漫的眼神是我行動的能源，他們真誠直率的發言是故事敍說的最佳資源，他們永遠充滿著好奇與探索的興趣是我勇氣的來源。與他們的互動學習裡，使我找到了敍說的脈絡和故事發展的起點。

六年後這一群孩子都已經上了高中，我幾乎不曾再遇過他們，但有機會我想問他們，對於當年的這一段課程實驗，是否也曾留駐了什麼記憶呢？

四、田野中的重大事件

（一）故事的起點

2001 年 8 月，我首次向我的研究合作夥伴（當時還未確認）柯老師商議，要求以他的班級學生為研究對象來進行我的研究計畫，並請他（及小怡老師）協助觀察記錄和討論。9 月初我曾幾次進到教室來和柯老師請益相關的問題，研究該如何開始我的田野探索。這之間雖然和學生有著初步的接觸，但是即使已有十幾年的教學經驗的我仍心存忐忑猶豫，擔心即使是一絲輕微的魯莽與匆忙，會破壞了任何美好的開始。

六年後我回想起這一個起點，還是有種忐忑中帶著興奮、期待中帶著焦慮的心情，我記得當時猛蒐集相關資料，商請柯老師協助先發給小朋友閱讀，因為我擔心他們會不會對九一一沒有興趣或沒有概念，我踱來踱去，徘徊在田野前的窗外，像極了那不斷整理場地的狗熊，不敢真正下戰場，不知道未來會怎麼發展。

當時柯老師和小怡老師給了我很大的鼓勵與陪伴，如果他們當時回應的是批評或嘲弄，甚至只要態度冷漠一點，都可能打擊了我的勇氣與士氣。所

幸他們用屬於他們的方式來幫助我、激勵我，讓我的故事種子找到了很健康的土壤。五年乙班的小朋友也很貼心，他們雖然不知道這樣的課程對我的重要，但是每個卻活潑可愛的參與著我的實驗課程。現在我閉上眼還能回想到他們在台下，一個個烏溜溜的眼神和純真的嘴角。因為有著美好的起點，使故事順利而豐富地開展，即使六年後的我，想到這裡，還是滿心溫暖與喜悅！

（二）故事上場

1.國族仇恨的交戰——九一一不是從空而降

六年來，地球上的戰亂、災難不曾停歇，美軍對巴格達的轟炸，從義正詞嚴、義憤填膺，到名實不符、困獸猶鬥，到虎頭蛇尾、落荒而逃；南亞海嘯驚天動地，十幾萬人、多少的家園、多少人的夢想在瞬間夷為平地；美國的颶風、印度的水患、非洲的乾旱、大陸的蟲害、節節上升的全球暖化——地球上的戰亂、災難，鋪天蓋地，不曾停歇，而且多半都是導因於人為的貪婪、自私、惡意和短視。

當年我和小朋友一起討論這個議題時，提出了四個問題：

1.九一一發生了什麼事？

2.為什麼發生這樣的事？

3.這件事產生了什麼影響？

4.如何避免這樣的事？

為什麼會發生九一一事件？小朋友分組討論後的回答，可以歸納為三個方面：(1)是為了貪心，想侵略佔領美國；(2)為了報復仇人，或懲罰美國；(3)壞人本來就是到處破壞。我當時的看法是，美國資本主義向來是以粗暴的霸權自居、以力服人，所以總是引起東方或回教國家的反彈與報復。戰爭是勝利者一無所獲，所以最後導致雙方慘烈的死傷與財產的損失。

今天回頭來看這一段，我想起了 Samuel P. Huntington 的《文明的衝突》（*The Clash of Civilizations*）一書，把自身的文化當成了一種本質，就無可避免地會引發其他文明的反抗與不滿，就埋下了不可預知的災難種

子。記得當時有一位小朋友問我：「老師，美國有沒有辦法把賓拉登、恐怖份子全部都消滅？」我當時未置可否，現在想想，問題其實不在於賓拉登或恐怖份子的武器有多精良，或他們有多會躲，而在於他們是不是孤立的、被唾棄的，還是相反的，他們其實是獲得許多人的支持和同情。如果是，那麼美國就永遠不可能將他們消滅。

我們譴責暴力、堅決反對戰爭，但是更要去檢視引發戰爭的背後文化或權力因素。這些東西我沒有辦法清楚地傳達給學生，因為我自己仍無法用簡單的語言來告訴自己，只知其然、不知其所以然，仍有待未來再次重說時，看是否能說得清楚一點。

2.悲劇沉默如一枚地雷──不斷竄升的失業率

過去的報紙頭版頭條總是召示著重要的國家大事、全球特殊的人事物新聞，很少會去報導升斗小民的處境與感受，因為家庭或個人的需要向來是被視為微不足道的小事。但是這幾年來的頭條新聞常常被怵目驚心的全家燒炭、攜子跳河跳樓的事件占據版面。家庭的解體、個人的失衡、人際網絡的斷裂，已經造成了嚴重的社會問題。

> 失業不只是一串跳動的數字，而是活生生的真實處境。能否激發學生的同理心和關懷家庭，促使其扮演好自己的家庭角色，是最重要的價值。
>
> （小怡老師會談紀錄，2001/10/23）

而失業是這些問題的果，也是因，是惡性循環中十分慘烈的關鍵要素。在六年前我擔任教學組長時，發現校內低收入戶學生數急遽攀升，失業待業的家庭已經遍及每個教室了。報紙每幾天就有新的失業率上升的訊息，總務處也陸續接到有學生繳不出午餐便當費的報告，訓導處也有好幾樁級任導師為班級學生提出仁愛基金緊急救助方案的申請，失業就在我們身邊。

經過六年，拜景氣復甦之賜，據經建會評估 2007 年失業率可望下降為3.8%，但是這些數字和我們在教育現場的感受卻有點差距。我因當時擔任

訓導主任，主管學校營養午餐的業務，學童繳不出午餐費的狀況一年比一年嚴重，單親、隔代教養、失業待業家庭十分普遍。尤其電視媒體的推波助瀾，失業已經是師生們熟悉的議題，失業已經是台灣社會無可迴避的困局。

那時我問了小朋友幾個問題，失業將面臨哪些問題？造成失業的原因有哪些？以及透過戲劇表演，傳達出小朋友眼中的失業現象。我記得戲劇表演時全班笑成一團，連我都笑出眼淚來。小朋友表演的都是非常悲慘的失業窘況，但是在大家的眼裡卻似乎在看著人生的喜劇；這種矛盾與衝突，讓我想起了某個評論：「以悲劇成就喜劇」，在喜劇輕盈的背後承載著悲劇的沉重。只是這樣的笑聲裡，是用了多少小人物的悲哀與無望所堆疊而成啊！

六年後讓我重新來教這一門課的話，或許我會教得更暴笑或更荒涼，因為皺著眉頭談失業，真的能解決問題嗎？除了煽情地喚起孩子們的恐慌和無謂的憂慮盲動外，又有什麼力量改變什麼呢？對一個小學生而言，我們需要的，不是他去培養能力以防未來不要失業，也不是要他們如何去關懷失業者、對失業的家庭伸出援手，我們要做的是，對社會現狀的表層了解之後，能試著去看背後的原因，能在這些因果之中，慢慢累積自己對事物的理解、對問題的判斷、對生命的尊重。太灌輸、太說理、太急切，往往反而無法喚起生命真實的醒敏與感動。身為老師的，需要做的是陪孩子一起去經歷、去發現、去驚豔、去分享，這是我目前的想法。

3.黑金與民粹的豪賭──不談「牛肉」的立委選舉

台灣一直是個政治過熱的國家，幾年來整個社會都籠罩在政治的過度動員與喧騰之中，報章雜誌充斥著政治議題，每晚的政論 call-in 更是舌辯激戰一整晚，藍綠對決、統獨相爭、國務機要費、首長特別費等火力全開，你死我活，連高鐵和貓纜都成了政治的角力場，台灣在政治的衝突下，失去了永續經營的智慧和關懷，台灣在兩黨的自私短視下，喪失了許多可能茁壯與深根的契機。

我在六年前也有著類似的觀察：

　　每次選舉，台灣社會都動員無數資源、熱情，每次大家都希望這次選出這個結果，台灣就會「真的不一樣」。當然，這種期望每次都失望。選後產生的新政局，固然可能帶來正面的進步，但也同時有負面效應。改革、進步，都只能一步步走；而墮落、惡化，也一點一滴在蠶食鯨吞著台灣的競爭力和人民對政治的信心。選舉，是民主的基礎。但是，民主，多少的罪惡卻假汝之名而橫行啊！

　　那時我讓小朋友蒐集年底立委選舉的候選人宣傳海報，我希望小朋友一起來看看候選人的政見，那些政見合理嗎？迫切嗎？可行嗎？然後未來我們一起來觀察檢視候選人能履踐承諾嗎？我也在徵得柯老師的同意下，為小朋友舉辦了一次班長的競選，有三位候選人分別提出政見，讓大家來分析他們政見的可行性、合理性和迫切性，最後我們模仿選務工作的現場，布置了投票所，我還特別為每個小朋友做了一張可愛的身分證，讓他們非常逼真的參與了一次投票的民主教育。

　　六年後回想起這一段，還是覺得別具意義。當時為了準備小朋友的身分證，花了不少時間，但是我相信他們一輩子也忘不了那次的經驗。很多事說再多，不如真的去做。立法委員的政見就是這樣，很多人每到選擇就開出許多吸引人的創見，但是當選後卻忙於包工程、搞關係，無視於當初的承諾。關於政治的是是非非，現在的小朋友早已耳濡目染，他們的父母可能都有強烈的政治立場，可能都帶著他們穿著紅衫去凱達格蘭靜坐或穿綠衣參加二二八牽手護台灣，想要釐清誰是誰非，已不是一朝一夕的事。老師所要做的事，是請小朋友學習觀察比較、學習傾聽分辨、學習尊重表達，我想，光是這一些就不是容易的事了，更不要妄求要讓學生了解台灣的政治，因為啊，連我們自己都說不出個所以然呀！

4.好與壞的迷思──電玩小子曾政承啟示錄

　　電玩進入家庭後，解構了家長對孩子慣有的權威，過去父母總是板起臉來教訓孩子，業精於勤荒於嬉，不要沉迷於漫畫、玩具、養小昆蟲等兒戲，

要努力於正當的事才會有前途、有未來，但是電玩顛覆了這樣的互動關係，多少的父母和孩子一起搶占電玩，多少的大人沉迷於電玩而不可自拔，尤其當電玩和科技資訊的無窮潛力掛勾（像任天堂新推出的 Wii，還和健康運動聯結），當愈來愈多的科技新貴如何暴得大名厚利，而他們共同的特色是長時間沉溺電玩時，不管大人小孩都取得了合法合理的通行證，電玩讓我們對好與壞產生了迷思。

六年前我曾這樣寫著：「判斷是非對錯的標準，隨著時代的演進也起了變化。」以前演戲的人被稱為戲子，沒有社會地位，雖然表演時得到掌聲，表演後卻得不到應有的尊重，如今卻常是青少年競相模仿、父母爭相期待成龍成鳳的對象。以前核子工程、醫學院都是青年學子的第一志願，只有第一流的優秀頭腦才考得進才學得來，如今經過了車諾比反核風潮及 SARS 風暴之後，核子工程師、護士、醫師都成了高危險的玩命勞工。電玩、撞球、麻將、唱歌，曾經也是父母的眼中釘、學子罪惡感的製造廠。如今，拜全球化、自由化與電子化的風氣之賜，以及多元智能觀念的風行，這些曾是孩子的最愛，卻只能愛在心裡口難開的電玩遊戲、歡樂的記憶全被重新檢視，重新開啟了接納的大門。

立委余天的女兒余筱萍，在世界麻將賽裡獲得了第三名，揚名海內外，被視為台灣之光；之前，台北市政府準備在滷肉飯節辦理小朋友的大胃王比賽，很多家長磨刀霍霍要帶孩子報名參加，後來被批評不健康、不環保又不文雅後，才匆匆喊卡；紅透半邊天的超級星光大道，大學生最在乎的事、最大的成就不再是經世濟民、不是全球視野在地觀點，而是如何唱歌、如何排隊買到入場票、如何得到簽名照……等，到底什麼是「是」，什麼是「非」的標準，好像沒什麼人關心。

我們知道，是非對錯、好與壞都是相對的概念，「好」遇上「更好」，就相形見絀，「壞」遇上「更壞」就顯得其情可憫。更多的時候，「好」是踐踏著其他的「壞」而成就自己；而「壞」是被利用來殺雞儆猴、襯托出「好」的工具。當「好」與「壞」的概念被形成、被強調時，其實是用一個標準來限制了人類的自由與可能，它讓人類的行為被侷限於同一個方向，如

果想要違逆，就會受到道德、輿論的抵制和箝制。

老子說：「天下皆知美之為美，斯惡矣。皆知善之為善，斯不善矣！」因為分別心一出，就會造成尚賢、貴貨、現可欲，而使民心亂、使民為盜。所以好學生、壞學生的概念，其實是值得反省也值得批判的，所有心存二元論的老師或父母，其實是在壓抑孩子多元發展的可能。電玩遊戲本身是一項中立的娛樂或益智遊戲，它沒有善惡好壞之別，它的吸引力不應成為原罪，它的影響力不應只被看見負向的那一面。電玩遊戲就像一部威力強大的引擎，架設在學校與家庭、橫亙在老師與學生之間的氛圍裡，重點在於我們能否充分的掌握和運用，關鍵在於我們如何溝通、反省和行動。

六年前我讓小朋友分享他們打電玩的經驗，並請他們分析打電玩的意義與價值，聽聽他們對於曾政承這樣的學生表現有什麼啟示。小朋友都知道打電玩的壞處和可能的影響，但是知道和實踐之間的距離永遠是無遠弗屆、不可觸及的遙遠。如果現在讓我來進行這個單元，我會希望帶領小朋友去認識時間管理、自我節制的修練、是與非的觀察和自我主體的澄顯。

5.被攤在陽光下的私密世界──光碟下的璩美鳳人權

每個人都有屬於他自己的私密世界，不必也不應隨意與人分享，對於他人的隱私，我們不宜也不能隨意窺探，這是基本的人權與尊重。璩美鳳光碟事件當時鎖定在隱私權上，可能是基於對性議題的憂慮和緊張，可是事後來看，隱私權的重要性和價值性，對小學生而言可能比情感或愛慾，要來的迫切與重要。關注隱私權就是關注到對人的尊重。

記得當時我安排了和小朋友一起觀賞電影「楚門的世界」，喜劇泰斗Jim Carrey 向來俏皮逗趣總是讓人捧腹大笑，但是這部片子卻讓人為他掬一把同情淚，因為沒有隱私就像一個沒有尊嚴、沒有價值的人，所有的事都被人窺探知悉，一點作主的權利也沒有，那是多麼悲慘的事。我問小朋友，我們做什麼事時，不希望被人知道或看到？從孩子們在回答中才慢慢了解到，原來我們有這麼多事是屬於自己私密的事，外人不應隨便侵入。

我在結論裡曾說：

　　隱私就像生命尊嚴中核心的符碼，一個尊重自己的人，就會去尊重別人。尊重生命的人必會尊重他人的隱私權。當我們不去侵犯他人的私密領域時，才可以推論著我們也可以享有同等的權利。有人說皮膚是人格的國界，意味著我們的身體不容他人任意接觸進犯。我覺得，我們的神經與靈魂有一道更細緻而敏銳的界線，裡面潛藏著無數生命活力的能量，它們需要尊重與包容的陽光、它們需要自由與自信的空氣、它們需要自主與等待的水份、它們需要有不被任意侵犯的尊嚴。隱私權就是人的基本底線。

　　在孩子成長與發展的歷程裡，家庭和學校是學習尊重隱私權最好的搖籃，也是熱愛生命、關懷他人最佳的孕育場域，可惜，老師和父母卻常常基於好奇和保護的藉口而輕率的破壞了這個機會點，使我們的社會呈現著粗暴、惡意和冷漠，這是值得所有老師和父母來深思的課題。

　　六年後若讓我重新來教授這個單元，我仍會強調隱私權的價值，而璩美鳳的性關係、婚外情的道德倫理以及牽涉到政治方面的權力鬥爭等，都不是小學生迫切需要去釐清的問題。而在隱私權的實踐上，當年我著重在自我的維護上，如今我會期待激發小朋友進一步去建立及維護一種尊重隱私權的環境，就像 Martin Luther King 博士所說：「我們擔心的不是少數人的破壞，而是多數人的沉默。」隱私權的確立是建基在大家共同的看重和追求之上，當我們看到某人侵犯了別人的隱私權時，我們如果都可以像自己被侵犯一樣，站起來說「No」，我想我們的社會一定會愈來愈可親近，也愈來愈適合人居住。

6.生命是一趟未知的旅程——隔壁班老師自殺事件

　　生死可能是人的一生中最重要也無可迴避的議題。有很多在專業領域上很有成就、平時做人處事也有為有守、彬彬有禮，卻也在外人無法理解的情況下，突然選擇了自殺的方式結束寶貴的生命，留下給旁人一大堆的疑問和錯愕，所以自殺議題一直是非常複雜、深奧難解的功課。對小學生而言，多

數是面臨到親人或周遭的人死亡的問題。他們是如何看待死亡、看待自殺、看待失去的問題，這是我當年關注的方向。

「老師自殺」，對素來安靜祥和的校園而言，無論如何都要算是一件極為震撼的事。即使是一個學生或家長的突然死亡，都可能對我們的心靈產生深層的影響，況乎一個朝夕相處的老師，前幾天還有說有笑，就在大家的身邊如常的生活和工作著，然後不聲不響地，突然就自殺了，這對本來就較單純的老師而言，是難以承受的重。對於小學生更是如此，即使不是自己的導師，只是隔壁班老師，對小朋友來說仍然會是相當迷惑和錯愕的。

那時我努力要讓小朋友去分辨，我們害怕死亡其實真正怕的是什麼？是失去生命還是失去幸福的可能？我們面對難題時要如何走出困局、找到希望？我們的情緒管理、我們的緊急出口是什麼？我讓小朋友去討論，人為什麼想自殺、有沒有更好的選擇？如何培養愛惜生命、尊重生命的智慧？六年後的現在，我認為這個單元或許可以教得更深一些，也就是蒐集一些堅忍奮鬥的例子，讓小朋友觀賞一些走到生命盡頭的人之心情與想法，或許可以讓孩子們有更明晰與深刻的體悟。

（三）結語

選擇這六個片段的故事重說，是想利用專注的聚焦、簡短的分析、真誠的面對等態度，來呈現六年的時光中，在思維觀念上是否拉出了什麼樣的距離與落差。但是當故事重說完時，我竟發覺，六年的時間仍然太短，不論在情感、思維、記憶和視野上，都太緊迫了，以致於看不出太大的不同，一切好像還是歷歷如昨、不曾遠離。或許這證明了本性難移的古律；或許這正昭示了太陽底下無新鮮事；或許這也代表了我內在的一致性；也或許這暗示了我的生活消極、成長怠慢、不夠積極與長進。不論是什麼，它就是某種的真實吧！能把故事這樣子的重說一次，也是一件快樂的事！

肆 結論

一位好朋友看過我的碩士論文，對於「**起、承、轉、合**」四章的前言中，他說他最喜歡的是「**轉**」，給他某些啟發與感動。我在那裡是這樣寫著：

> 生命的行腳有時高有時低、有時疾有時徐，故事的進行也是如此，常常會在順境中遇挫、在絕處裡逢生。在人生的旅途裡，我們常會因為遠方的夢想而錯過了沿途的風景，也常常因為路上意外悅耳的歌聲而忘了繼續前行。逐漸的，我體會了一個道理：有些階段是用來快速前進的，這時你要全心全意的奮力一搏，不要瞻前顧後；有些階段是用來沉潛韜光養晦的，這時你要靜下心來儲備能量，享受片刻溫暖的陽光，不要引領渴求。人生沒有絕對的，路也沒有必然的。大雨後有彩虹、闇黑後有黎明，人生因為有許多的峰迴路轉與可能性，而充滿希望。

寫這一篇故事重說也是這樣的心情，有著峰迴路轉、柳暗花明的感覺。我想起法國頹廢派詩人 C. P. Baudelaire 的名言：「進行評論時，並非想要對作品知道得更多，而是想對自己知道得更多，只當對作品知道得愈多時，才會知道自己愈多。」進行故事重說是一趟再次認識自己的旅程，當我以為我改變了許多，再回頭來看過往走過的路時，我竟發覺，我改變的比我想像的還要少，六年改變了許多外在的人事物，卻沒改變太多我的內在情感、思維和價值觀。人生有多少次的機會可以這樣回頭去重述一段故事、去回溯一段記憶、去再尋一段足跡？這一段歷程帶給我特別的地方是，歲月會過去，但是詩心可以長新，只要我們還有重溫舊夢的能力，就可以感應那雨過天青的清朗；只要我們還有促膝長談的機會、還有敘事話當年的能力，就可以感應那烏雲逐漸舒朗的霽月柔光！只要我們還有那份感應愛與美的能力！

故事不死，只是換成了不同的形式而已。當年論文最後我寫著：「說完了這個故事，我將喘口氣，靜待著自己下個故事再次粉墨登場，那時您還在這裡嗎？還願意傾聽我為您訴說無怨的青春嗎？」此刻我的心情竟然如此相近，回顧一段故事讓我有某種昇華、超脫般的豁達之感，說完這個故事，我正盼著下個故事可以很快又來到我的生命之中，那時，我將依然樂意與您分享，相信，我們將因為故事的存在而更接近！

 參考文獻

蕭又齊（2003）。**我的意識醒覺——一個國小老師敘說社會事件融入社會科課程的故事**。國立台北師範學院課程與教學研究所碩士論文，未出版，台北市。

互為主體的影舞者——

重說「師徒式學習」的
生命敘說

賴玫美

　　如果一個人要追求成長，在經驗的累積中，必須走出自己理所當然的影子，才能看到未來的曙光；如果一個徒弟要青出於藍，在模仿師傅的學習中，必須穿透師傅的影子，才能走出自己的一片天。在回顧我與我的實習老師那段師徒式學習的生命歷程時，我們就像影舞者一般，開始時我的徒弟在模仿中學習教學方法，我則是如往常般的活在自己自以為是的框架中，然而透過我們的教學觀察、對話和反思，我的徒弟穿透我的影子走出了自己，而我也走出自己過去的影子。

　　因此以「互為主體的影舞者」的隱喻，是希望突顯出那段「師徒式學習」的生命歷程中，我如何走出自己經驗累積理所當然的影子，我的實習老師又是如何走出我教學的影子。

壹　無所不在的影子——故事敘說的緣由

　　在回顧我的成長故事中發現，二十歲站上講台的自己，因為從小的自信，加上沉浸在被肯定的喜悅，很快的便勾勒出──「我是認真的老師」、「我是一位優秀的老師」的教師自我圖像。我似乎完全符合傳統工具理性裡，為了追求績效的「有效能」教師，只是單純的扮演著知識移轉的角色，卻沒有發現自己的教學就像生產線上的員工，只是一種重複的機械性工作。

在我教書生涯中第一個重要的改變契機，是阿盎（化名）老師的出現。他帶著學生養小動物、假日帶著班級學生做野外觀察，上課時他的班級裡總是有些「熱鬧」，在那個上課講求井然有序的年代，他的特異教學風格，總是學校行政人員「關注的焦點」。一次在辦公室裡，聽到主任對他大聲說：「一個老師該教的不好好教，不把『課本』內容教好，怎麼向家長交代，這樣就是不負責。」阿盎老師大聲嚷著：「課本裡沒有價值的、不適合孩子的內容也要教嗎？老師若只是教課本內容，那六年級的學生就可以來當老師了，反正他們也會課本裡的知識……。我上課不夠安靜？笑話！安靜就表示教學成功嗎？考試一百分就表示全學會了、有能力了嗎？……」

「考試一百分就表示全學會了、有能力了嗎？」我的內心不停的翻騰，震驚不已之餘，我心中的許多「理所當然」已經不再那麼「理直氣壯」了！我發覺一個老師需要不斷探索和學習。

進了台北教育大學課研所認識「敘事探究」，選擇用生命敘說探究的方法，敘說我與一位實習老師共同經歷的「師徒式學習」歷程，是我的第二個改變契機。論文中，我要探究在那一段「師徒式學習」的歷程中，所運用的實習輔導策略；以及我和我的實習老師在經歷了「師徒式學習」後，彼此在教學實踐知識的成長；最後，想探究透過生命敘說後，我與我的實習老師所再概念化的「師徒式學習」。

貳 穿透影子的曙光──理論的牽引

理論的探究，能牽引我找到穿透影子的方向。

自古以來的師徒傳承制度，讓技藝得以代代相傳。記得聽過一個乳酪的故事，有一個科學家把一隻老鼠放進一個迷宮裡，老鼠在曲折相連的通道中，不斷摸索竄跑著，大概十五分鐘後，老鼠發現科學家所放的乳酪。第二天，科學家再把老鼠放到迷宮，這次老鼠很快的找到了乳酪。重複多次以後，老鼠竟直接走到放置乳酪的地方，而不浪費時間探索那些不會到達目的

地的通道，也就是説老鼠學會了如何走到牠的目的地。假如這時放進一隻新的小老鼠，牠也要花一段時間摸索找到乳酪的通路，但如果讓牠由前面那隻老鼠帶著，牠應該可以省去那些摸索的時間。這個故事讓我們明白，師傅的經驗是最佳的導師！

實習輔導老師除了以豐富的經驗提供教學的示範、提供教學的資源、提供情緒的支持，幫助他們度過現實衝擊的狼狽之外，重要的是實習輔導老師必須鼓勵實習老師透過反思解決問題，引導他們去思考，培養批判和做決定的能力，這樣才能讓師徒制中「經驗」的模仿學習帶來正面的功效，當然更重要的是，要把實習老師當成合作的夥伴，給予實習老師有自主教學的機會，實習老師才能對自己的專業發展負起較多的責任。

在上面這個乳酪的故事裡，在徒弟老鼠還沒有出現以前，每天把第一隻老鼠放進這個迷宮裡，牠很容易的找到了乳酪，過著不挨餓的日子。然而有一天，當牠走熟悉的路徑來到原來放置乳酪的地方，卻找不到乳酪了，牠就枯坐在那兒等待乳酪的出現；第二天，把牠一放進迷宮，牠又勇往直前來到之前乳酪的位置，這一次仍然沒有發現乳酪，牠不停重複著同樣的動作，乳酪都沒有再出現，因為乳酪已經換了位置，但牠仍然重複那條熟悉的路徑，焦慮的往返，一天，一天，又一天……。這時如果在迷宮中放進第二隻小老鼠，新進的老鼠會嘗試著探索迷宮內的不同通路，最後牠們會一起找到了新的乳酪位置，因為新的眼光和作為，可以啟發新的動力和成長。

在大大的學校裡，雖然老師們有許多的同事，但大部分教師間互動的文化，習慣的卻是單打獨鬥的工作模式，似乎沒有共事的人。這會阻礙了觀念和洞察的進入，因此必須引進寬廣和全面的想法（Schwartz, 1988）。當師傅的實習輔導老師可以透過教導別人來學習。為了要當好徒弟的楷模示範，必須設法清楚表達自己的觀點，必須溫故知新重新找回理論的支持；更需要讓自己身體力行、以身作則；當然更重要的就是在專業的對談中，在徒弟的眼睛中，看到一個少能看到的自己，促進自己的反思和成長。成長的動力來自知不足，徒弟的出現帶來的新眼光、新刺激，讓原本許多的習慣，有了改變的動力和契機。

　　有經驗的教師是新教師的資源，新教師是資深教師新知識和新技巧的來源（Schwartz,1988）。因此師徒制不是只有師傅對徒弟的指導，徒弟同時也引領著師傅有新的學習。在我的經驗裡，實習輔導制度中的「師徒式學習」，師徒是互為主體的，實習輔導老師和實習老師有著相互激盪、共同成長的學習歷程。

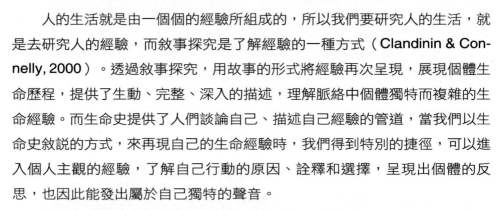

參 穿透影子的方法──敘事探究

　　人的生活就是由一個個的經驗所組成的，所以我們要研究人的生活，就是去研究人的經驗，而敘事探究是了解經驗的一種方式（Clandinin & Connelly, 2000）。透過敘事探究，用故事的形式將經驗再次呈現，展現個體生命歷程，提供了生動、完整、深入的描述，理解脈絡中個體獨特而複雜的生命經驗。而生命史提供了人們談論自己、描述自己經驗的管道，當我們以生命史敘說的方式，來再現自己的生命經驗時，我們得到特別的捷徑，可以進入個人主觀的經驗，了解自己行動的原因、詮釋和選擇，呈現出個體的反思，也因此能發出屬於自己獨特的聲音。

　　當站在教學的現場中，我們發現每間教室、每個教師、每個孩子都是獨特的個體，在普遍化的規律原則下，其實真正的理解，還必須進一步走進個人的世界。然而，在我之前的成長背景中，工具理性實證量化的客觀、標準、規則，幾乎宰制了我整個思考的模式。進入課研所學習到敘事探究，其尊重生命中獨特經驗的完全不同之研究典範，讓我深深感動。選擇敘事，就是希望自己能學習用不同的思維方式、不同的眼光，來看待自己周遭的世界。

　　教師專業生活經驗的豐富性，常常被技術理性主義化約為一組組的法則或規則，現場教師隱身在理論規則之後，對於自身發展實踐知識的能力和主體性，很少被重視，也很少自己去主動參與，教師常常只是專家學者研究的樣本，教師的聲音長期被忽視的結果，使得教師常常被視為僅是傳遞知識的

系統。認識敘事探究之後，敘事尊重研究中參與研究者的主體性，打破傳統研究中，研究者和被研究者不對等的地位，讓教師不再只是一個被研究者，讓自己、讓其他教師都是研究中的主角。於是我明白，透過敘事探究，可以說出自己的故事，可以從珍視自己的經驗開始，讓我們發出屬於教師獨特而珍貴的聲音。

一個資深教師累積的豐富經驗，依照經驗處事的便利性、安全性和習慣性，經常使得我們安於現狀，這是專業成長的最大阻礙，必須突破這個經驗累積而來「習以為常」的框架，才能主動的踏上成長之路。Huberman 認為，生命史敘說中相互的對話，不僅可以獲得教師態度的改變，還可從慣有的思考方式中得到解放（引自莊明貞，2005：21）。透過敘說生命史在回溯過往經驗的歷程中，可以具體反省和觀看自己，讓自己看清自己，找到新的動力。

因此我選擇敘事探究，除了希望突破自己被工具理性所宰制的思維模式外，也希望透過生命經驗的再現，在賦予經驗意義的過程中，更進一步的自我反省與自我理解，讓自己在理論與實踐之間找到較好的橋樑，也讓自己能跳出自己由經驗累積而來，自以為是的框架。

資料的蒐集、文件的分析，是重現生命經驗的重要方式。除此之外，透過會談，彼此一起重新省視這些過往的紀錄，使資料在詮釋與轉化時，能減低主觀的意識。過去的資料不僅留下當時的事件紀錄，翻閱中還可以回到當時的感覺和想法，更可以把記憶拉回來。Smith（1998）指出，生命書寫所用到的材料，可以是文件檔案、日記、書信、口述資料、書報雜誌等，資料來源應多元化。在我的敘事探究裡要呈現「師徒式學習」的歷程，當時蒐集資料的來源，包括我的個人札記、我觀察子笙（我的實習老師，化名）教學的觀察紀錄、子笙的實習日誌、書信、教學活動設計、學群會議紀錄和教學歷程檔案等。在子笙實習期間，子笙的實習日誌是我們溝通的一個重要管道，他每週交一次實習日誌。除了我之外，青青國小（我們所任教的學校，化名）的主任和校長也審閱和回饋。而子笙每次上台教學前，都有編寫教學活動設計，我也每次都做教學觀察紀錄，因此累積了許多的文件資料。在書

寫論文時，其中許多的資料是向子笙商借他實習期間的紀錄。透過這些豐富的文件資料，建構出我們師徒學習的生命故事。另外，在論文計畫口試之後，子笙剛好退伍進入學校成為一個新手教師，持續四個月，我們每天交換教學省思日誌，我也在他的日誌裡寫下我想說的話，這一段期間的日誌，讓我們對共有的師徒學習經驗有了更多的反思和體悟。

透過訪談，我們可以和他人共同建構意義、創造新的理解。而在很多質性的研究裡，提到研究者和研究參與者信任關係的建立，是研究進行重要的第一步。我和子笙一年的師徒關係已經建立了足夠的了解和信賴，因此訪談能順利進行；然而彼此已經建立的良好關係，也可能成為敘事故事時的限制。范信賢（2003）在他的論文裡，用林懷民敘說編「竹夢」舞蹈時，表示編舞時喜歡有好的音樂卻又怕太好的音樂，因為一個完美的音樂，舞蹈將失去存在的空間，必須和音樂保持若即若離的關係。我想那給我了一個啟示，就是應該給彼此保有主體性的空間吧！敘說是當事者對過往生命的再體驗，和子笙的正式「訪談」，必須要掌握研究者和研究參與者所謂「若即若離」的關係。為了避免因為情感的因素，讓子笙不能充分表達內心真正的感受，在訪談進行前，我先讓子笙看了我訪問成虹飛教授「乘著歌聲的翅膀——『飛』越敘說與課程實踐」的訪問稿，讓他了解進行生命敘說的探究，主要目的不在論文的完成，而是彼此在回顧生命過往歷程中對自己的再看見。因此，真誠的表達是被允許和必要的。

除了子笙外，我也訪談我的學群夥伴，我們訪談的方式採非結構性的方式，讓他們能夠針對訪談重點，不受預設的問題限制、引導，在自由的思考空間裡表達自己的想法意見；訪談時經過他們的同意，以錄音方式記錄全程的訪問過程，並在訪談後將訪談內容做成逐字稿。

最後，在整理相關資料時，把資料內容與訪談內容相互印證，和子笙共同探討其中的意義，再將各種不同的現場文本，一起貫穿交織在我的整個敘事探究的故事裡。

肆　如影隨行嗎？——師徒學習之旅

　　師徒第一個工作，是一起規劃學習旅程的藍圖，然後展開了師徒學習之
旅。

 ## 一、教室觀察

（一）他不是靜默的觀察者

　　在子笙觀察我教學的那段期間，他觀察我在不同領域中的教學，從他的
觀察紀錄裡，我看到了子笙眼中的我。子笙的教學日誌記錄著我的教學活動
和學生的反應，覺得好像有人幫自己留下了教學的足跡，尤其是當他能看出
一些我的用心設計時，更有如獲知音般的喜悅，然而也為了讓教室後面的這
雙眼睛，能看到專業的演出，往常偶而為之的觀摩教學般的巧思，卻成了我
常態性的壓力和習慣。

　　在觀察中，子笙不只看到了我的教學，也發現他的疑問：

　　　　小強（化名）今天上課又鬧情緒了，上課一直搶著說話，說了
　　幾次以後，換別人發表時，他就敲著桌子生氣的大叫為什麼不讓他
　　說，老師好言相勸，大家都要有發表機會，等一下就會讓他再有機
　　會發言，但是仍然不能平撫他的情緒，繼續哭鬧。這種情況經常上
　　演著，他的媽媽表示，就是因為他老是在公共場所鬧情緒以達到目
　　的，所以才會從加拿大把他帶回來，主要原因是回台灣她可以打孩
　　子，才可以治得了他。幾次看見他在媽媽身旁循規蹈矩的樣子，覺
　　得不可思議，直到一次他鬧得不像話，老師請媽媽中午來接他時，
　　能夠到教室討論他的問題，只見媽媽一進教室便狠狠打了他兩個耳
　　光，那時他那畏懼的眼神和平時胡鬧時不在乎的樣子真是有天壤之
　　別。難怪小強媽媽總告訴老師，「打」他就不敢鬧了。

平常老師總說如果用「打」來解決學生問題，表示對自己投降了，代表自己已經沒有別的有效的教育方式。但是經過老師不算短的日子以來的柔性勸導，在小強身上看到的仍是「欺善怕惡」，而且常常為了安撫他一個人的情緒，不只影響上課活動的進行，更影響了大家的情緒，「愛」的教育成效真是如此緩慢嗎？我們繼續「愛」他，最後真能感化他嗎？

（子笙實習日誌，2002/11/29）

看到理論方法應用的限制，看到教學的困境，看到學生學習的難題。當子笙看到的問題，躍在紙面上時，何嘗不是糾結我在心底的許多掙扎和疑問，這些問題的發現，引發我們進一步的探討和反思，或許不能馬上找到答案，但發現問題，引領我們有了更多努力的方向。

（二）師徒一起觀察教學

在實習過程中，我們把握機會一起觀察別人教學，然後進行深入的討論，希望能透過看別人而培養出鑑賞力。到了下學期看完第二次阿方（化名）老師的教學後，印象很深刻的是，子笙在這次的討論中，除了有條不紊提出看法外，對於自己判斷的依據也能侃侃而談。

今天再次和賴老師一起參觀阿方老師的教學，看完後和老師討論，經過這些日子的訓練，我信心強多了，我說阿方老師上課表面上是蠻豐富的，但好像並沒有澈底發揮多媒體的功能，似乎可有可無，何況資訊櫃的擺置也有些影響阿方老師在教學時的走動，影響教學的流暢度，看來資訊融入教學不是都是正面效果的。另外「榮譽榜」的問題，學生為了加分而發言，而不是為了學習、為了發言而發言，而且那節課到了最後，沒有得到第一名的小組心裡都不高興，這樣的競爭說起來真的很不公平，因為老師若常點某一小組，那一組的分數就會特別高，老師決定了一切，當然學生不高興。所以在使用這種小組競賽時，要注意不能模糊了教學的重點與目標。

　　說完之後，老師說我能看到問題的核心，真的很厲害，心中小
小的得意呢！

（子笙實習日誌，2003/04/22）

　　再次翻閱子笙的日誌，發現有效的實習經驗除了引導獲得教學的技能
外，也要發展適當使用這些技巧的判斷能力，因為判斷能力、理解教學，比
毫無目的的使用技巧重要。透過一起看別人教學，然後進行深入的討論，除
了讓我們看之外，還能「看見」，培養了判斷鑑賞的能力，當面對衝突的實
踐和信念時，才能加以批判並且進行證驗。

二、實習老師學習如何教

　　進入實習教學的階段，從編寫教學活動設計開始，子笙每一次的教學，
事先都編寫教學活動設計。藉著編寫活動設計的機會，可以讓老師對於整個
單元的目標有概括的了解，能全面去思考透過怎樣的活動來達成教學目標，
對於每個活動間的關聯性，也會比較能夠掌握。另外，也可以對學生的反應
能有一些預先的思考，才不會變成只照著課本、教學指引照本宣科而已。

　　接著是站上講台實際教學的練習。坐在台下觀察子笙上課，活動的進行
總是牽動著我的情緒。當他和學生互動良好時，我的內心是輕鬆愉快的；而
課堂中學生偶爾出現的失序躁動，我全身的神經就開始緊繃起來，忍不住會
瞪大眼睛給點警示；當有時陷入場面失控時，我就會掙扎於到底該幫忙管理
或不該介入的兩難中，內心交戰讓我坐立難安，印象中有幾次幾乎都要出聲
制止，幫忙維持秩序。

　　今天是我們返校座談的日子。同學們分享著自己實習的生活和
上台教學的經驗。有同學提到實習輔導老師對於他提出的教學活動
並不是很支持，認為平平穩穩就好，不必太多花樣。另外一個同學
說：「上課上到一半，老師就大聲嚇止不守秩序的學生，我站在那
兒都不知道怎麼辦才好。」想想自己上課的時候，有時也會有小小

的混亂，當時心虛的看著坐在一旁的老師，老師溫暖的眼神給了我很大的支持。老師總說孩子可以快樂和主動學習，比乖乖呆坐在那兒重要多了啊！

（子笙實習日誌，2002/11/08）

原來子笙教學時並不期待我的介入，原來「溫暖的眼神」才是最大的支持。看到子笙的這篇日誌之後，讓我更清楚明白我必須時時提醒自己，當子笙站在講台時，他就是當時教室裡唯一的老師。

平時子笙觀察我的教學，我教什麼他看什麼，雖然可以透過有目的的觀察和觀察後的討論，來掌握教學觀察重點，然而感覺上那些大都還是比較片面的拼接，無法看到我教學思維的全貌。子笙在第一次試教之後，再觀察我的教學，討論中他問：「看了老師今天的數學教學，你為什麼會選擇這樣的活動？每個活動都是事先構思好的嗎？你是怎麼想的？為什麼這麼做？」（玫個人札記，2002/11/01）。一連串的疑問中，我發現或許必須透過我們角色互換，讓我自己從教學設計的發展，開始進行一個完整單元、完整程序的示範教學和討論，子笙才能夠看到我的教學從無到有的一個完整歷程，我也順便體會一下當徒弟的心情，因此我做了一次示範教學。

當然我在這個當徒弟的角色歷程中，親身體驗了當徒弟在準備教學階段，所經歷的繁瑣工作和時間壓力。最深刻的體驗，是交給子笙的教學活動設計，讓我的教學流程全然的呈現，使得平時包裝在我流暢教學下，不容易顯現的教學困窘也無所遁形，這讓我這個師傅，清楚看到自己無力達成預定目標時，也有的困頓。這樣的角色互換，讓我也進一步學習到，要成為一個好的「實習老師的老師」，有時溫暖的支持，比諍言的建議批判更重要。因為好的輔導老師，必須知道說什麼，什麼時候說，因為有時候不說是最好的選擇（Snowden, 2000）。徒弟已經心知肚明的缺點，或是說了也無助益的批判，只有徒增挫敗、打擊信心罷了！

伍 穿透影子——實習老師與我的教學成長

　　子笙和我，在觀察教學中扮演彼此的一面鏡子，在專業對話中反思和批判，提供了我們成長和轉變的契機。

　　這一年師徒的學習歷程讓子笙有了不少的成長和轉變，其中讓我最高興的轉變是：「只要老師相信學生有能力，放手讓他們去做，那麼他們就會有學會的機會了。」

　　開始教學觀察的那段日子，子笙觀察到我花很多時間，讓學生自己選擇紙張顏色、紙張大小、小書樣式……。從小到大我們不都是老師給什麼就用什麼，子笙懷疑讓學生自己挑選，除了花費時間外，經常也增添不少麻煩，這樣會有什麼作用呢？雖然我解釋著，要培養孩子自己做決定的能力和習慣，但他仍然感到有些疑惑；直到全班計畫第一次的校外教學，子笙終於看到從生活中的小事，開始著手培養學生自己做決定的功用了。

> 　　這次的校外教學討論真可以用「驚艷」來形容，整個活動的過程，從地點的選擇討論、隊員分組、注意事項討論等等，一點一滴幾乎都是學生們自己討論出來的，彷彿一切都是小朋友為自己籌劃而成的，小朋友那種期待的心情當然更勝於平常。在我學習的經驗裡，從小到大所有的事幾乎都是老師規定好的，當老師開始讓學生決定討論時，我真不敢想像，低年級小朋友做得到嗎？然而從籌劃到出發，小朋友真的展現了自己做決定的能力，成了自己學習的主人。我實在不相信這麼小的孩子他們真的辦到了！
>
> 　　　　　　　　　　　　　　　　（子笙實習日誌，2002/11/20）

　　要培養孩子獨立思考和學習的能力和習慣，就要提供一些機會給孩子自己去思考、去感覺、去嘗試。如果一個人都是聽從別人的「決定」來做事，那他可能永遠學不會成為自己的主人。我們總是擔心學生做不好、不會做，

使得學生失去了許多學習的機會。

在輔導子笙一年的「師徒式學習」裡，透過教育專業對話，激發了我教學實踐知識的成長。其中我自己體悟最深的是：「真正的幫助是自信的建立，而不是過多的關注，讓他貼上了『低成就』的標籤。」

對於低成就的孩子，因為擔心落後的差距愈來愈大，我總是給予很多的關注和補救教學，希望他能跟上大家的學習腳步，才不會因為學習成績落後，以後失去社會競爭的能力。因此不只利用課餘時間進行補救教學，上課的時候更是集中關注的眼光，不時的提醒和提問，多年來我從來沒有質疑過自己這種具有「教育愛」的作為。

老師要以陌生人的態度觀看世界，陌生人的追根究底和懷疑的眼光，才能讓自己跳脫理所當然的生活模式（Greene, 1973）。不能質疑本身的生活經驗，就不會成為有意識的人，於是習慣於日常生活而不知反省，我想我就是這種當局者迷吧！

上數學課時，子笙就像我一樣，對數學不好，又不專心學習的曉諭（化名）和佩佩（化名），總是不時對他們提出簡單的問題。「曉諭，一百有幾個十？」當曉諭回答「十個十」的時候，全班給她熱烈的掌聲，當時我沉浸在子笙教學技巧的進步和學生能充分表現同學愛的喜悅，突然耳邊傳來「連曉諭都會了……」，心頭不覺一震，平常為了能提高她的注意力和信心，我也總是努力的給她機會，對於自己的處理方式和全班孩子溫暖的鼓舞，我不曾懷疑有什麼不妥的地方，今天看到曉諭對於掌聲不是喜悅而是微皺的眉頭，我不禁思索著：「我們真的是在幫她嗎？真正的幫助是什麼？是自信的建立，還是過多的關注，讓她被貼上了『低成就』的標籤呢？」

（玟個人札記，2003/05/12）

聽到同學掌聲背後不甚尊重的語氣，看到曉諭對於掌聲的鼓勵不是喜悅而是微皺的眉頭，讓我驚覺到對於學習成就較低的孩子，在上課的時候，我

們總是有心的提問比較簡單的問題，總是不厭其煩的多給他們練習的機會，直到他們會了，我們終於才鬆了一口氣，不然就是利用下課的時間請他們留下來再加強。對於自己這些作為，總認為是愛與奉獻，我從來沒有去思索過，過多的關注讓他們貼上了低成就的標籤，是否打擊了他們的信心和在班級中的地位。多學會幾題數學真的就提高了他們社會流動的機會嗎？

對於提升低成就孩子的學習，補救教學的措施似乎需要深思，必須從多元尊重的思維去考量，不要讓我們的愛，把他們推向一個更深的泥沼中。

子笙離開了我的教室，接了新的班級。在一次分組表演的準備中，詠詠（化名）展露出的自信神情，也因此，讓我為自己的改變感到驕傲和喝采。

詠詠從一年級入學以來，明顯落後的學習能力，讓他的課業成績遠遠落後大家，加上上課總是心不在焉，在紙上塗鴉著或玩弄手上的鉛筆，他總是待在那個屬於他自己的天地。喜歡畫畫但總是缺乏品質的有些雜亂，花花的臉、黑黑的手，總是在洗淨後不久又髒了。小組的活動，他總是沒有意見坐在一旁等候著，小組成員分給他的是輕鬆不影響整體表現的工作，他安靜的像一位客人。

這次小組戲劇表演活動，我們一共討論出六個工作進度；(1)小組共同選擇故事；(2)分配角色；(3)共同設計台詞；(4)寫下自己的台詞；(5)共同剪貼台詞完成劇本；(6)製作道具……。活動依序進行著。今天一大早看見詠詠桌上放著許多電腦列印的面具，我的訝異讓我和詠詠有了一段對話：

玫：「你真厲害，是誰讓你做道具啊？大家都還沒開始你就先做好啦！」

詠詠：「昨天我們不是討論道具可以拿現成的、可以交換、可以動手做嗎？我請爸爸列印的啊！我告訴我們這組的人，面具可以請我爸爸做。」

玫：「哇！這麼多角色，你怎麼都不會弄不清呢？（平常他總是丟三落四）你有記在紙上嗎？」

詠詠：「我當然記得住啊！我台詞也記住了，有五句哦！」

玫：「你真是好棒，你做了面具很有貢獻哦！」（摸摸他的
頭，他笑笑的跑去玩了。）

到了下午，進行剪貼劇本和製作道具，每組努力的進行著，突
然看到不可置信的景象，那個總呆坐一旁的客人，今天卻手舞足蹈
的說著指著，眼睛閃著自信的光彩。這一齣戲尚未上演，我已經看
到最美的一幕。

（玫個人札記，2004/11/03）

看到詠詠的表現，讓我真正體驗到「在讚美中成長的孩子，才能活出自
信光彩」，真正的幫助是提供多元的活動，讓孩子找到自己的舞台建立起自
信心，而不是在課業上過多的關注，這樣反而會讓他貼上了「低成就」的標
籤，我們應該小心處理補救教學，不要讓自己的好心幫助，成了摧殘孩子自
信的劊子手。

陸 回眸凝視——結論與啟示

藉由故事的敘說，透過文件的閱讀和訪談對話，重新省視那段師徒式學
習的成長歷程。在這段期間裡，子笙也退伍走進真實的教學場域，在持續的
對話分享中，感受到他的一些轉變。另外，對我來說，生命經驗的回溯，讓
自己能比較清晰的意識到自己的教學成長，也在回顧了一些有效的輔導策略
之外，對師徒式的學習有了一些新的體悟。

一、師徒式學習的體悟

（一）實習計畫是師徒關係建立的基礎

實習老師和實習輔導老師，對於實習的期待和教室裡工作分工共識的建

立，才能開展好的師徒關係。實習計畫的擬定是一個重要的開始。計畫應該由實習老師和實習輔導老師共同討論完成，詳細規範彼此的權利、義務，和各個階段試教的科目、時間等工作安排，更重要的是要能以計畫為依據切實實施，必要時再依實際需要彈性調整。開始時，如果能用嚴謹的態度訂定計畫，實習的過程才不會流於鬆散或因為彼此理念、目標和期待不同，而影響實習的成效。

（二）實習老師透過發展教學活動設計，才能對教學有全面的理解

一個實習老師要學習成為一個專業自主的老師，必須在走上講台之前，能清楚掌握單元學習的目標，和教學活動進行的意義和目的，不可以只是按照課本不加思索的進行活動。因此教學活動設計是教學的藍圖，是教學前的核心工作。實習老師透過發展教學活動設計，才能養成對教學有全面思考的習慣，漸漸的才能更清楚掌握學習目標和教學活動之間的聯結，以及一連串教學活動和教學活動之間彼此的關聯性，也才能讓自己有機會成為自己教學的主人，而不只是一個照本宣科傳遞知識的角色而已。

（三）實習老師透過有目的的「教學觀察」，可以理解教學並提升批判的能力

直接觀察幫助實習老師了解所有教學技巧循環的所有因素。在觀察裡，實習老師先完整看到教學的全貌，對即將面對的教育現場，能有比較真實的理解。透過觀察教學理解教育，應該是實習老師進行實際教學前，重要的暖身運動。

只是經由課堂觀察教學，實習老師看著師傅流暢平穩的教學，可能不知道要看什麼，也無法分辨出有什麼不同。當實習老師無法察覺實習輔導老師隱藏在活動之後的教學目標，無法理解這些行為深層的意義時，他可能只是產生再製的行為，而不會思考就沒有進一步專業發展的可能性。因此，實習老師的觀察不是漫無目標的看，不只是被動的觀察，必須要透過有目的的觀

察，以及實習輔導老師的說明、提問和共同的討論，才能引導他們洞察教學活動的目的和方法，了解整個教學的意義，這樣實習老師以後才能把它活用在自己的教學中。

另外，我在輔導的過程中發現，實習輔導老師和實習老師一起觀察別人的教學，是培養批判能力很好的途徑，因為這個時候兩個人都是客觀的第三者，又有相同的觀察經驗，這樣的討論，對於批判能力的提升是很有幫助的。批判能力提升了，才能引領自己的教學朝正確方向努力。

（四）透過教學理論來引導實務的實踐

教育實習要幫助實習老師接觸教育實際，擔負著驗證學理、發展知能的功能。因此，不能只是學習師傅現有的知能，還要發展創造新的知能，更要兼顧理論與實務。幫助實習老師能透過理論來引導教學實務，可以避免實習老師只是死死地擁抱住理論，不能因應不同情境發揮理論效用外，另一方面也可以避免「理論無用論」，隨著進入教學現場就深植實習老師的內心。

而職場上資深的教師，依侍著豐富的教學經驗，讓理論隨著教學年資愈離愈遠，缺少理論依據，讓資深老師的許多作為只考量好用方便，縱然面對來自外在課程改革的壓力時，表面上的教學好像有了改變，其實本質上只是流於模仿複製，只是技術操作的枝微末節改變。因此，資深老師更必須透過教學理論，來提升教學實踐。

「去理論」和單純「擁抱理論」，都不能發揮教學理論的效用。在實習輔導的過程中，實習輔導老師和實習老師透過與教學理論對話，可以更有意識的聯結理論與實務，藉此就能發揮理論開展教師視野，提升教學能力的功效。

（五）師徒式學習不只是引導新手教師，更能促進資深教師的專業
成長

在實習輔導制度裡，大家經常討論和評估的，是對實習老師職前準備和專業成長的幫助。然而，對於長期處在保守、封閉的教育環境，習慣直線性

思考模式的資深教師而言，「當師傅」讓自己有了改變的機會。面對開放、複雜、多元的世界潮流，資深教師需要改變和突破。現行的教師進修模式，多半停留在灌輸與填鴨的「接收模式」，這種接收模式所表徵的角色分配，限制老師成為主宰自己專業工作的任務。實習輔導制度中的「師徒式學習」，可以提供一個促進資深教師自我改變的專業成長契機。

（六）師傅最重要的是引導徒弟建立教學風格

　　一個專業的教師進行教學時，必須有自己的判斷和想像，不僅要思考教什麼？如何教？更要明白為什麼而教？另外，成功的教學不只是豐富的知識或卓越的教學技巧，更需要樂觀、彈性、主動進取和創造的藝術特質。因此，在輔導實習老師的過程中，除了要讓他們在模仿中學習，以便熟練各種教學技巧之外，更重要的是要建立其批判的能力和習慣，培養其積極進取的教育熱忱，以及養成正確的教學信念，這樣才能有持續追求專業成長的動力，而不只是累積一些應付教學工作的教學技巧。

　　因此，在實習輔導的歷程中，如果實習老師只是複製的模仿，他最多只能成為一個師傅的影子，而如果採用放任不管的輔導方式，實習老師也很難產生有效的學習。因此在師徒式學習中，師傅要學習成為一個不是全然引導支配的師傅，幫助徒弟了解自己的長處、發現自己的需要，才能建立自己的教學風格。

（七）實習輔導制度需要延續到新手教師的階段

　　子笙退伍正式到學校教學後，我們透過交換教學日誌，訪談、電話、e-mail 等，繼續我們師徒式學習的歷程。走進實際教學現場的子笙，處在不同的學校文化脈絡，面對不同的年級班級，許多需要解決的問題和困惑，並不少於實習的日子。我們透過敘說著自己班級的教學故事，改變了我們師徒原本比較不對等的關係，讓我們發展出更相互依存的關懷和尊敬的專業關係。這一段子笙進入職場後，我們的師徒式學習，讓我發現實習老師的輔導，若能延續到進入職場的新手教師，憑藉著已經建立的師徒良好互動關

係，很快速的就可以幫助新手教師適應學校的工作和生活。

二、生命敘說的啟示

人們的生活即是故事，並且在敘說故事時，對故事加以重新確認、修正，可以建立新的故事。活過的和說出來的故事，教育了他人，更可以教育自己。敘說中重新返回生命的經驗，對我而言是一段充滿驚喜的發現之旅。

（一）透過敘事探究看見自己的盲點

豐富的經驗，讓許多事情變成了理所當然，「自以為是」因此成了進步最大的枷鎖。然而，把自己關在塔裡，再多的反思都將受限於主觀的偏見。如果只是願意反省，而沒有真正跳出來省視自己的反思，一個人還是會沉醉在自己理所當然的框架中。在敘說故事的過程中，重新說著故事，不只是故事再現而已。在和子笙的對話中，用另一個視角去看待過去的生命經驗，讓自己能更進一步的去省視自己。尤其是回觀中的跳出，讓自己有比較客觀冷靜的態度，來重新檢視過去自己的反省。

聆聽不但需要敞開眼睛與耳朵，更需要的是開放的心胸。我們除了透過眼睛來看世界，藉由耳朵來聽取外在的世界外，我們更是透過自己的信念來看待外面的世界。敘事讓我打開心胸，用新的眼光看待世界，也用新的眼光看待自己。

（二）真正的成長來自反思之後的再行動

故事就像一個透視鏡，透過它審查自己的班級，反思自己學生的經驗，不僅是自我的肯定和澄清，也不僅是改變和行動的前兆，更是理論與實踐裂縫的橋樑。故事敘說時，讓我能對自己個人的生活和專業的生活，進行反思和批判，讓我可以重新修訂自我的認同。然而，更重要的是反思之後的行動。

和子笙一起敘說我們「師徒式學習」的生命故事，讓我深刻感受到專業

對話可以讓我們認真面對教育的專業。對話的分享和支持，可以激發我們成長的動力。子笙實習結束離開之後，教室裡失去專業對話的對象，還好晚上課研所上課成了專業對話的一個新途徑。在進行論文中，子笙退役進入職場，透過訪談、e-mail 和交換教學日誌，我們回到過去熟悉的對話經驗中，教室裡自己的教學、學生的學習，不管是成功的喜悅和挫折的沮喪，在分享中又有了不同的看待方式。

為了能持續並開展更多元的專業對話，我重新回到以前自然科教學研究夥伴的團隊裡，進行輔導開發生活課程教學模組的工作，在不斷的對話中，自己「教學」的樣貌也不斷改變著。專業的對話讓我的教學不再只是每天的例行工作，而是一個充滿成長和喜悅的挑戰。

柒 故事敘說之後

一、故事的隱喻

書寫敘事文本時，找尋一個合適的「隱喻」一直是我的苦惱。論文計畫時所提的隱喻是「你不是我的影子」，重點在探究實習老師經過實習歷程之後的成長。「實習老師」是這個研究的主體。然而我在文本書寫到了尾聲，發現在那段「師徒式學習」的生命歷程中，成長收穫的不只是我的實習老師，我的收穫更是超乎原本的想像。所以整個文本的主體性，不只是在實習老師身上，這時原本論文計畫時「你不是我的影子」就產生主體性不夠明確的問題，因此改變成「互為主體的影舞者」。

敘事文本透過隱喻，使閱讀者能更深刻理解故事的意涵。一個好的隱喻，能使閱讀者快速的進入故事的脈絡中，更是引導故事文本寫作的重要依據。所以隱喻的選擇，不只是吸引人的標題，更重要的是這隱喻能否動人的鋪陳出故事文本，也就是寫作必須扣緊隱喻的發展，才能真正發揮「隱喻」的功能。

二、研究的信實度和倫理的關注

　　不同的理論、不同的方法，不停的更迭著，每個方法論及方法都不是最完備的，都有它的適用範圍和限制。Richardson 指出，現在質性研究者要求的，是如何讓社會科學和自我一起創作。因此，愈來愈多的作者把自己寫進文本裡，並且承認自己創造了文本的意義（引自 Glesne, 1999: 176）。敘事分析的範疇，來自敘事文本本身，在敘事訪談中研究者的目的，是希望說故事的人能詳細闡述到底發生了什麼事。因此，說故事的人應當被視為專家和權威。而研究者基於自己所選擇的標準、在研究過程中的經驗，和自身所受的學術訓練與理論傾向，對敘事的呈現與詮釋會有所不同（莊明貞，2005）。所以傳統量化研究的信效度，不是適切的敘事探究評價標準。然而，在敘事時為了使內隱的變為外顯的，讓無意識成為有意識的過程，可能重新形塑了經驗的最初面貌，況且在故事敘說時，我們會修飾成一個比較理想面具的傾向，這個面具是我們想要看到的自己，也是希望別人看到的我們，因此，敘說探究的檢證還是必須的。

　　Clandinin 和 Connelly（2000）表示，好的敘事探究應該具有詮釋、邀請的性質，應該有真實性、適切性和可能性。另外，Riessman 也曾指出，應該以研究者在整個研究過程中，所做出詮釋的「信實度」作為判斷的標準。他認為探究敘事研究的有效性，有說服力、符合度、連貫性和實用性等四種方法（王勇智、鄧明宇譯，2003）。「說服力」，指的是研究者所提出之解釋，是否聽起來合理而令人信服的；說服力不會憑空而來，當各種可能的資料解釋被思考到，而理論的宣稱能被閱讀者支持和敘說者證明的時候，那麼這個研究的說服力就大增。而「符合度」，即是受訪者認為研究者完成的分析解釋，能適當呈現他經驗的程度，也就是研究成果能夠被所有研究參與者認同。再來是「連貫性」，是指研究者常須自訪談內容中，透過受訪者常強調的主題，以及其連接不同故事時所採用的語言，來修正最初對受訪者信念、目標等所做的假設，使敘事探究在整體的、局部的和主題的三者

之間，都要維持連貫性。最後是「實用性」，就是藉由描述詮釋形成的原委，讓人清楚看見敘事探究的過程，使得研究的資料也能為其他研究所用。另外，Glesne（1999）也表示，研究的發現和詮釋的可信度，必須依靠研究者小心的去建立信實度，而小心自己的偏見和主觀，對提高信實度是有幫助的。另外，和研究參與者一起分享詮釋的過程，除了可以確認他們的想法外，研究者也可以發展新的想法和詮釋。

因此，在我的敘事探究過程中，我經常提醒自己注意以上的原則，讓故事更具可讀性。而在現場文本轉化為研究文本的歷程中，我和子笙共同為共有的經驗創塑意義，希望讓整個研究不僅是了解經驗，更能形塑意義，讓故事賦有可應用性的價值。只是，就如 Sokolowski 指出，我們的經驗有著連續感和順序感，我們經驗現在，我們同時記得先前的記憶，還要考慮將要來到的預期。因此，在我們立即的經驗裡，我們不僅擁有現在，過去與未來的感受也都一同出現（李維倫譯，2004）。在敘說故事時，以現在的我回溯過往的生命經驗。當故事再現的時候，我無法避免以現在的我，去重新建構故事的意義。進了課研所豐富的理論視野和持續累加的生活經驗，加上不同的社會情境脈絡，所敘說、詮釋的故事，它的「真實性」可能已經不完全是當時的原貌。這時，真實性已經沒有那麼重要。敘事，邀請我們去思考故事呈現的論述，而後結構主義論者，則邀請我們去思考所有以文本形式呈現的論述（Gough, 2004）。故事的文本，對不同的人有不同的「看」和「讀」，有不同的詮釋，而以新的方法去了解，以新的方法去看，以新的方法去思考，產生新的意義（Schulz, 1997）。因此故事最重要的，是在閱讀者的理解。

倫理的關注，是敘事探究中另一個重要的議題。這個探究是我和我的實習老師子笙，相互敘說我們共同經歷的一段生命經驗，因此我是個「研究者」，也是一個「全然涉入的局內人」，同時也是「說故事者」。

我是「研究者」的身分，雖然我一開始，就毫無隱瞞的把我的探究問題和目的告訴了子笙，他也樂意和我一起敘說這個故事。只是為了研究的需求，我可能著眼在自己的探究目的上，而呈現了他剛進入教學現場，一路跌

跌撞撞的窘境。所以除了獲得「知情的同意」外,我的每一段文本呈現時,子笙都將是第一個閱讀者,讓他能對再現的故事做最初的審視。再者,Lyon和 LaBoskey 指出,「權力關係」是敘說探究重要的倫理議題(引自周梅雀,2004:90)。我是「研究者」的身分,儘管我知道與研究參與者之間平等關係的重要性;然而我和子笙的師徒關係,無形中就存在不平等的關係和權力。幸而,在這個探究時間點,子笙已進入職場擔任教職,因此「平等相待」在這敘說的過程中應能兼顧。所以在訪談對話過程中,我時時提醒自己,要努力維持一個平等的對話平台。

另外,Glesne(1999)在研究的倫理中提到互惠的觀點,她提出在面談過程中,特別能提供互惠的場合。藉由專注的、認真的聆聽參與者的談話,可以讓他們感覺自己是重要的和特別的;藉由回答你的問題和對問題反思的機會,幫助他們更了解他們自己;藉由你面談時高品質的聆聽,提供了參與者一個自我探索的機會。因此我會提醒自己注意訪談的品質,不是以研究資料蒐集為訪談的唯一目的。尤其是子笙退伍後已進入職場,訪談的進行也包含分享他進入職場的教學經驗和實際面對的困境,以協助他適應新手教師的生活。

當我是一個「全然涉入的局內人」時,因為身歷其境,更容易陷入以自己所見、所想的主觀來敘說故事,而忽略了子笙對事件的詮釋意義。Glesne(1999)表示,主觀性是敘說故事的基礎,主觀構成了敘說,但敘說的價值不只是個人感覺好和適切就可以了,這些主觀必須是別人認為可能的。而知道自己的主觀,在分析和記錄資料時,就可以引導自己運用方法,去監控自己的主觀,對提高信實度也是有幫助的;此外,閱讀、反思自己的主觀,對理解並監控自己的主觀也是有效的方式;另外和研究參與者一起分享詮釋的過程,除了可以確認彼此的想法,也可以發展新的想法和詮釋。所以在研究的進行中,除了不斷的閱讀資料,進行反思外,我也在與子笙的訪談、對話中,一起共同回溯生命故事,一起建構故事的意義。

最後,當我是個「說故事者」而敘說故事的時候,故事內的角色是豐富的。在說著我們的故事當中,必定環繞著層層的關係人。用我們的立場角度

去解讀重新呈現的經驗，其中有許多的主觀意識，這些描述或許會讓相關關係人遭受傷害，或感覺不舒服。人有權利去探究自己，有權利寫自己所經驗的，但並不表示我可以為所欲為，要仔細考慮自己要怎麼去對待別人。文本公開是複雜的社會與政治考量，重要的是經由善意和真誠的選擇，努力讓最後公開的文本帶出正向的能量（成虹飛，2005）。除此之外，基於保護對象避免受傷害的原則，論文內出現的人都將採取全部匿名的方式。

三、走出影子了嗎？

Doll 和 Gough（2002）在〈幽靈與課程〉一文中，提到課程幽靈是一種控制。我們要把幽靈擺渡到對岸，用另一種新的、更有活力的精神來控制我們，讓長久陳腐而強加的控制和箝制，能夠被取代。這是否也意味著擺脫一個影子的控制，可能走入另一個影子中呢？

對我來說，當「師傅」是我擺脫舊有控制的一個契機，改變自己內在的教學信念，經常以新的觀點、新的思維，來檢視自己的教育實施。這不只激發自己用更專業的態度去面對每天的教學，也養成了和同儕教師在不斷對話中反思的習慣。學群的會議不再只是情感的交流，而是在有規劃的設計中，進行教學的分享和各科教學的專業成長。

論文完成後，因為大量過多的師資，加上少子化時代的來臨，讓流浪教師的問題愈益嚴重，「教師甄試」幾乎是不可能的任務，「實習」成了一個充滿矛盾的歷程。因為，實習完成幾乎代表的就是「失業」，許多實習老師在實習同時，要花許多時間為轉業做準備，無法全心投入實習。在我寫論文那年，輔導二位教育大學大四學生三週的教育實習，其中一位忙於考研究所，一位對於畢業後是否要去實習一年仍十分徬徨，在這樣的情境中，讓我感到十分的不捨，對他們和我而言，就談不上很好的「專業成長」了。

現在的實習制度，實習期間面對的除了教師甄試外，又增添了教師甄試前的「教師資格」考試。教師資格考內容著重的是理論和知識，使得實習期間必須「讀書」準備考試，無法全心投入實習的工作，這對「師徒學習的歷

程」更是不利的因素。要再度讓實習制度「師徒學習的歷程」，成為一個培育優秀新手教師的搖籃，也成為資深教師專業成長的推手，首先，必須有一個良好的師資培育制度，不然畢業後無法找到工作，將是培育優秀教師最大的陰影。

有陽光就會產生影子，擔心的不是影子的產生，而是每個人要讓自己抬頭挺胸，放眼望向光明。

參考文獻

中文部分

王勇智、鄧明宇（譯）（2003）。C. K. Riessman 著。**敘說分析**（Narrative analysis）。台北市：五南。

成虹飛（2005）。乘著歌聲的翅膀——「飛」越敘說與課程實踐。**教育研究月刊，130**，5-13。

李維倫（譯）（2004）。R. Sokolowski 著。**現象學十四講**（Introduction of phenomenology）。台北市：心靈工坊。

周梅雀（2004）。**尋找心中那朵玫瑰花——一趟教師課程意識的敘事探究之旅**。國立台灣師範大學教育學系博士論文，未出版，台北市。

范信賢（2003）。**課程改革中的教師轉變——敘事探究的取向**。國立台北師範學院國民教育研究所博士論文，未出版，台北市。

莊明貞（2005）。敘事探究及其在課程研究領域之發展。**教育研究月刊，130**，14-29。

英文部分

Clandinin, D. J., & Connelly, F. M. (2000). *Narrative inquiry: Experience and story in qualitative research*. San Francisco, CA: Jossey-Bass.

Doll, W. E., & Gough, N. (2002). *Curriculum visions*. New York: Peter Lang.

Glesne, C. (1999). *Becoming qualitative researchers*. New York: Longman. 莊明貞、陳怡如（譯）（2006）。C. Glesne 著。**質性研究導論**。台北市：高等教育。

Gough, N. (2004). *Narrative and educational inquiry*. Victory, Australia: Deakin University.

Greene, M. (1973). *Teacher as stranger: Education philosophy for the modern age*. Belmont, CA: Wadsworth.

Schulz, R. (1997). *Interpreting teacher practice: Two continuing stories*. New York: Teachers College Press.

Schwartz, H. (1988). Unapplied curriculum knowledge. In L. N. Tanner (Ed.), *Critical issues in curriculum: Eighty-seventh yearbook of NSSE* (Part 1) (pp. 35-54). Chicago, IL: University of Chicago.

Smith, L. M. (1998). Biographical method. In N. K. Denzi & Y. S. Lincoln (Eds.), *Strategies of qualitative inquiry* (pp. 184-224). Thousand Oaks, CA: Sage.

Snowden, D. M. (2000). *Mentoring of new teachers*. A Thesis Presented to The Faculty of Pacific Lutheran University.

8 回眸凝視——
重說兩位女校長課程領導的生命故事

何怡君

> 歲月淘洗不盡的歷歷往事，總在生命裡的某個時刻，偷偷回來尋找。
>
> ～余德慧、李宗燁（2003：151）

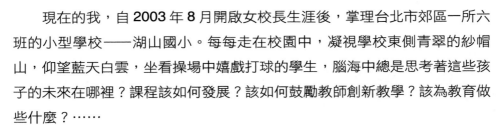

壹 觀看——現在的我與她

現在的我，自 2003 年 8 月開啟女校長生涯後，掌理台北市郊區一所六班的小型學校——湖山國小。每每走在校園中，凝視學校東側青翠的紗帽山，仰望藍天白雲，坐看操場中嬉戲打球的學生，腦海中總是思考著這些孩子的未來在哪裡？課程該如何發展？該如何鼓勵教師創新教學？該為教育做些什麼？……

現在的凌校長（化名），自 2001 年 8 月退休後，成為一位空中飛人奶奶。半年飛去美國，照顧大兒子的小孩；半年留在台灣，照顧小女兒的小孩。雖然不必上班，但在台灣、美國兩邊照顧孫子，含飴弄孫，加上照顧先生，也是十分忙碌！

現在的我，除了扮演學校經營者外，仍兼負著母親的角色，必須面對家中那正處青春叛逆期的兩個兒子，還需努力探索親子相處問題，陪伴孩子度

過這狂飆的青春歲月！

現在的我，除了職場與家庭外，尚有未完成的個人專業進修——課程與教學研究所博士班的學位。

現在的凌校長，在經歷個人生命的癌症化療與 2008 年先生往生後的調適與生活，我看到了一位生命力堅強的女性，懷抱樂觀開朗的個性面對自我的生命與生活。

現在的我和凌校長，都深深體會生命的多變與無常！

現在的我和凌校長，都緊緊擁抱友誼的珍貴與不易！

現在的我和凌校長，都認真度過生命的每天與每年！

現在的我和凌校長，都懷抱感恩生命的挫折與磨練！

觀看現在的我和凌校長，一位忙碌於工作、家庭與個人的學習上；一位忙碌於生活的調適與享受含飴弄孫之樂。生涯的現況固然不同，但每每自己在課程領導與學校經營上有任何問題時，還是會隨時向凌校長請益，也願意和她分享現在女校長的難為與經營上的成果；而她也總是給予我最大的支持和鼓勵。現在的我和凌校長，雖然已不是上司和部屬的關係，但在我的心目中，她仍是我校長課程領導的重要諮詢者；更重要的是，我和她已不僅僅是教育夥伴，更是生命中的重要朋友。這份生命中的交集，是此生中值得珍惜的一份緣！

貳 回眸——為何重說我和凌校長的故事？

只要記住一件事，

人們所說的故事是關懷他們自己的一種方式。

如果你聽到了這些故事，請重視它們。

有時一個人需要故事於食物，以活躍其生命。

這是為何我們把故事放在彼此記憶裡的原因。

這是人們關懷他們自己的方式。

（黃乃熒、張靜瑩譯，2008：7-19）

回想當年我的碩士論文題目〈交織一片藍天──我與一位女校長投入課程改革的生命史研究〉（何怡君，2003），敘說著我在凌校長的帶領下如何學習成長，看著凌校長的課程領導歷程，與她一起從事教育的改革工作，最終自己也成為一位女校長的生命歷程。這樣的生命歷程是「承載」著凌校長的校長生涯智慧，學習她課程領導的方式與共同經歷，以及老師研討課程的歷程和解決實務運作上的各種問題。

但隨著時代社會脈絡的不同、學校環境的差異，以及兩人個性上的差異，當我也成為女校長後，我不可能直接複製凌校長課程領導的模式，而是必須加以「轉化」，透過個人的內在經驗與反思，重新建構個人校長課程領導的專業與領導，並加以呈現和運用。這是具有自己風格的課程領導，也是我用以關懷自我的方式。

接下來，我要先簡單的敘說論文中的研究動機與目的，讓大家了解我和凌校長在課程領導上的生命交融與故事。而這重說，是為了讓大家明白今日的我是因為何種因緣，而成為一位女校長。

一、故事交織的緣起

我和凌校長的相識要回溯到 1991 年 2 月，凌校長被教育局派任到我當年服務的小學，我們才有機緣開啟了十年相知相惜的教育共事情誼。當年的我在通過主任甄試受訓後，仍留在學校擔任組長，經過半年的觀察與相處後，受凌校長提拔為主任，自此就跟隨著凌校長學習與成長。在此期間，我看到她以課程領導為重的領導學校發展與教師成長，看到她在校長生涯的喜悅與挫折，看到她處世待人的堅毅與溫柔，看到她解決問題的勇敢與關懷。因著她的引領與教導，以及鼓勵與支持，自己才能不斷的學習和突破自我的限制而成長，終於成就自己也成為一位女校長。

直至今日，許多女校長總還是受到學校中的教師甚至是家長的排斥，部分學校成員還帶有偏見的認為，女校長經營學校總是鉅細靡遺而令人無法認同或接受。因此，我好奇的想要了解女校長課程領導的生命歷程，是哪些生命歷程造就了女校長？而女校長在學校課程領導上又會遭逢哪些困境與如何因應呢？我對女校長的生命故事有著深深地好奇與探究興趣。

二、故事交織的目的

由於一般人都對女校長存在著許多刻板印象與偏見，也由於自己的性別與對女校長領導學校的好奇，以及想了解女校長的課程領導等等，因此當初碩士論文設定的研究目的主要有四：

1.探討一位女校長投入課程改革的教育信念及課程哲學觀。

2.了解一位女校長在其生命發展上，對於學校中所建構的課程改革之女性經驗，以及對這些經驗的詮釋。

3.探討我與這位女校長在投入課程改革之生命交互發展歷程。

4.探討女校長在學校課程領導中的角色、其所遭遇的困境和如何因應。

論文完成後，在我的論文摘要中，談到整篇論文的大概，我是如此的敘說著：

> 本研究呈現我與一位女校長——凌校長，透過生命史研究方法，敘說我們投入課程改革的動機、背景、困境與因應之道的生命歷程。在歷程中，呈現女性的主體經驗與課程領導風格，共同譜出生命的樂章，交織成為一片藍天。……在我與凌校長互為主體性上，我們既有姊妹的情誼，又是學校課程改革工作上的親密夥伴，但各自也有其獨立與自主性。

> 我與凌校長為這十年的課程改革留下足跡，供研究者檢視與批判。對我而言，在研究的過程中，不斷檢視、省思自我，終於明白：我吸收了凌校長投入課程改革的經驗與歷練，提供我找到自己

的校長之路，建構與形塑屬於我的課程領導風格與校長圖像。

　　我的協同作者——凌校長，是一位行政歷練和課程改革經驗豐富，同時也是很會說故事的人，提供了我大量且多元的資訊和文本；但由於個人在當時仍只是一位主任，所以對校長這個職務，還只是旁觀者而已，也多以學習者自居，對她所處的環境雖然自身也多有參與其中，但畢竟職務的位置不同，很多時候也只能體會和理解，並無法真正切身的感同身受。

　　如今，自己已是一位女校長，面對校務發展與課程領導等眾多學校事務時，常常會有些焦慮與不安，更深怕自己無法擔任好校長課程領導的工作，因此每每在遭遇課程領導的困境或問題時，心中自然浮現過往跟隨凌校長的種種境況，同時也會想起，如果是她，她會如何思考與處理？而在自己面對的學校和社會情境脈絡中，又該如何處置是最好的？

　　正因為自己研究和整理過凌校長課程領導的歷程和處理問題的方法，也探究過校長課程領導的信念與作為，因此在自己成為女校長後，雖然有些惶恐，但其實心中還是有份篤定，那是來自凌校長所給予的祝福和支持，是論文撰寫後的反思，和課程領導實務操作過後的信心。這樣的信心與磨練，讓自己成為同仁口中不一樣的女校長和教育夥伴；讓自己的課程領導在堅定的教育信念下，逐步的開花結果；讓學校建立自己的校本特色課程；讓教師建立自我的專業能力與形象；讓學生的學習獲得一定的成效；讓學校的優質教學和品牌形象得以確立，而這些正是自己擔任校長所應努力的目標，也正是自己擔任校長所要實踐的教育理想。

　　重說我和凌校長課程領導的生命故事，是讓自己重新理解和詮釋凌校長在課程領導上，如何影響我的信念與作為！

　　重說我和凌校長課程領導的生命故事，是讓自己再次反思和檢視今日的我，在課程領導上的困境與問題！

　　重說我和凌校長課程領導的生命故事，是讓自己勇敢地面對未來的我，在課程領導上應有的信念與作為！

參　聆聽——課程領導的再現與差異

　　每個人都有屬於自己的故事，

　　故事裡的辛酸甘美雖然會與某些人共同經歷，但卻也是獨自承
受。

　　在生命的歷程中，總會遭遇到許多的挫折和無奈。

　　卻又因著社會環境的脈絡不同，於是每個故事便有了不同的發
展和結局。

　　由於我的論文中探討凌校長課程改革的議題範圍較大，因此在本篇文章
中，我選擇以「課程領導」的部分，來看凌校長與現在的我，這兩位女校長
在生命歷程中的相互主體，與課程領導上的再現與差異。請聆聽我們的故事
吧！

一、課程領導的信念

　　有怎樣的校長，就有怎樣的教師；同樣的，有怎樣的教師，就有怎樣的
學生。所以教師或行政人員的思維，也決定了學校的發展。

　　如果社會認同「分數至上」，分數就會引導教學方式，那麼教師就會不
斷的以考試來強迫學生學習；如果社會認同「學習為要」，那麼教師就會想
出各種創新教學的方式，鼓勵學生學習，所以「思想決定行動」。在與凌校
長的長期相處和訪談中，以及反思自我的教育信念裡，我們找到了共有的信
念。

（一）教育是開展潛能的過程

　　堅持教育理想，以學生為中心：在領導課程重建的過程中，圍繞著教與
學的核心，將個人的教育理想融入改革的過程中，提供孩子感興趣的課程，

提升學生的學習表現（Dimmock & O'Donoghue, 1997）。

凌校長對教育有一份深深的愛，因此在教育崗位上堅持四十年，不僅是喜愛孩子，更重要的是一份對教育的使命感。

> 我覺得好像除了我喜歡教育和喜歡孩子之外，可能還有一個使命感，一種希望把教育弄得更好的使命感。
>
> （訪問凌校長，2001/01/30）

對我而言，由於從小受到幾位好老師的鼓勵與指導，因此對成為老師並不排斥。自己也因為受教育而有機會改變家庭的社經地位，因此更相信教育是開展潛能的過程與機會，只要老師願意成為學生的貴人，學生就有機會可以發揮自己所不知道的潛能。

（二）凌校長課程領導觀的改變與調適

凌校長自師範學校畢業是 1960 年，接受的是經驗自然主義與結構主義的課程理論之薰陶，當時對以學科為中心的知識體系有著清楚的理解，但也理解學習需以兒童為主；只是當時的課程為統一之課程綱要，教科書亦只有單一版本，加上升學主義的關係，幾乎所有的課程都是以結構主義觀點為出發。

但隨著時代的演變，至 1970 年代後，因為凌校長進入師大在職進修，反思個人對子女的教育方式和及對學生的教導方式，促使凌校長的教學觀朝向人本的思維前進，在其教育的現場，她也以「兒童中心」的思維來引導教學的實施。到了 1980 年代初，她開始擔任校長後，她以「人本主義」、「經驗自然主義」為其教學領導的核心，期盼以「學生」為主體，給予多元的學習機會，希望學生快樂的學習。對於教育，她期盼希望給予弱勢學生公平的學習機會，這和社會重建主義的想法不謀而合，希望透過學校教育與教學，改善教育只教優秀的學生而放棄弱勢的學生。

到了 1990 年代，在實踐主義、人本主義及社會重建主義的引導下，也在民間教改團體的倡導及推動下，教科書開放編輯及開放教育興起，凌校長

接受了課程自主、教材自編的觀念，倡導教師專業自主、教師自編教材，也開始進行一部分的學校本位課程的發展。至九年一貫課程試辦時，她則以更寬廣的態度迎接課程的變革，並學習了解課程的意涵與帶領學校本位課程的發展、行動研究及方案學習等。在一次的訪談中，春草（化名）主任這樣描述：

> 凌校長在教學上的理念一直是走在最前端。在教改尚未起步時，凌校長早已在陽光國小（化名）紮下了回歸教育本質的根基。她常說：「以學生為主；以教學為先。」在她的理念倡導及帶領下，陽光國小的老師也開始轉型，從傳統而漸漸開放。對我個人的教學和行政影響深遠。
>
> （訪問春草主任，2003/05/10）

由此可知，凌校長在個人的領導風格與學校的領導上，一直以重視教師的教學改變與學生的學習為核心，而非以行政的績效為考量。在她長年的教育生涯中，是隨著社會的脈絡調整與改變自己的領導觀點，雖然在她初期的領導上，並沒有課程領導的觀念，但她能以教學領導和學生學習為重，在總是以行政績效為重的教育氛圍中，算是難能可貴；到她校長生涯的後十年，她轉為積極地推展以課程統整教學的核心之課程領導。

所以，在凌校長的身上，我看到一位與時俱進、終身學習的校長，雖然她並未進入研究所在職進修，但在她個人的閒暇時間，總是不斷閱讀教育相關書籍與吸收新知，並將吸收的新知轉化至學校的實務場域中，讓理論與實務產生真正的對話。

（三）我的課程觀發展

在師專學習的過程中，對課程似乎沒有任何想法，只是很在意如何教好一個科目和依指引完成學生學習的目標。成為主任與凌校長相識共事的 1994 年，正好是台灣四一〇教改聯盟興起和台灣教育改革的興盛年代，凌校長當年是體制內唯一參與四一〇教改聯盟的人，並被推選為理事。因此自己跟隨

著校長的理念，不斷自我要求跟上教育的改革腳步，雖然努力地從事學校內各項教育改革的工作，但心中也激盪著許多的疑惑和想法，想要釐清與辯證，這也激起自己想再進修的動機與意願。

1996 到 1998 年期間，我轉換至月光國小籌備處（化名）任職。當時共有三所以開放教育為目標而規劃的新建學校，三所學校的人員常常聚會討論課程和教學。在月光國小籌備處留校長（化名）「課程與教學是學校教育核心」和另一所國小籌備處許校長（化名）「以課程行政思維學校經營」等的概念下，讓自己開始建立課程領導的思維。同時在 1996 年冬天至日本參訪開放教育的學校建築與教學時，看到日本在教育改革上的努力與成果，讓自己確立課程領導的重要性與學校教育努力的方向。

終於，在 1999 年 9 月以後，自己有機會進入台灣第一所以課程與教學為核心的國立台北師範學院課程與教學研究所進修。在課堂上學習的課程觀已進入以社會批判課程和課程再概念化，以及後現代主義等的課程觀時代，雖然也探討「結構主義學科中心」、「泰勒課程設計模式」等課程發展史，但經由課堂的討論和實務的操作，更洗滌了自我過往的課程觀，逐漸接受社會重建理論、課程再概念化及後現代課程等觀點。

對於社會重建理論和批判教育學者而言，課程組織包含著轉化與傳遞的知識二元論：傳遞（delivery）意味著支配（domination）；轉化（transformation）則意味著解放（emancipation）。所有的課程概念與內涵，包括社會重建論取向，都試圖傳送某些現在或過去的理念和事物。如 Williams（1977）所言，每種課程的呈現都可稱是「選擇性的傳統」（selective tradition）。

在後現代主義中，沒有一個統一的後現代觀點可以作為解釋論述的規準，所以很難對後現代主義或後現代教育下一普遍的定義。所以說後現代是眾聲喧譁，是多元理解的時代。課程既是選擇性的傳統，就不可能透過學校教育傳遞所有的文化，或許學校在課程決定的過程中，所排除的知識傳統比所傳遞的還要多。

批判教育學者 Giroux、Stanley、Kanpol 認為，我們可以檢視現存於資

本主義社會中，因種族、階級、權力、性別等差異所產生的種種問題，希望能透過教育和課程的改革，轉化社會不平等的結構。

經由自己實務的操作與學校中再學習的反思，確立教育不只是社會的反映，它應該有主動地促進社會改革的功能與使命，並能促進人類賦權增能和朝向社會正義的目標前進，共同創造一個公平理想的社會夢想里程碑。同時，經由女性主義的啟迪，讓自己理解在女性能夠發聲後，才能享有「賦權增能」的權力，有機會學習，有機會表達自我的想法與意見，也才有行動的機會。基於這樣的觀點，確立自己想要像凌校長一樣，成為另一位的女校長，在學校經營上，實踐自己課程領導的信念與教育理想。終於，在 2001 年，經過一年的校長培育班的培育與完成碩士論文後，在 2003 年開始接掌湖山國小的校長，邁入女校長身分的教育生涯。

二、女校長與學校課程領導

在過去以男性為主的社會裡，女性受教育的機會不多，所以投入公共領域服務的機會也就不多，凌校長若不是因為國小王小雲老師（化名）的資助，就沒有升學的機會，當然也就沒有機會走入教育這個工作領域。

過去，女校長在校長群中的人數並不多，但隨著受教育機會的增加及女性群體的努力，就台北市而言，女校長的人數約占全體校長的三分之一強，但仍未達一半或超過。不過，只要女性能擔任校長之職以後，其治理學校通常是非常用心與專注，所以往往在辦學上也會非常有績效。教育單位在進行各項教育實驗工作時，也會願意選擇女校長的學校，例如：在 1994 年台北縣開放教育實驗班第一批二十所學校中，就有九位女校長，不可謂不多。

（一）女校長經營學校的困境與優勢

對女校長經營學校的問題，前陽光國小前家長會會長冬柏教授（化名），他有特別的看法：

> 一位女校長是不是能像男校長這樣，我認為天生是不可能的。
> 因為一個女人如果是這樣的話，很多人會以不敢接近的男人婆啊，
> 武則天啊來稱呼，這是「貶」的意思，不是「褒」的意思。……在
> 國民教育階段，具有女性思惟的細膩去做教育工作才是對的。
>
> （訪問冬柏教授，2001/02/08）

不過在這方面，凌校長個人認為那是個性問題，和性別不一定相關。因為只要努力認真，教育局一定會知道，家長、教師也會知道。

> 我從這個觀點來看這個問題的話，當然也有男主任是非常細心
> 優秀，不是說男主任不優秀，不很細心的，跟優秀的女主任一樣的
> 也是很多喔！草草率率的女主任也不少啊！……我不知道是不是男
> 生哦，是不是臉皮厚一點哦，女生比較薄一點哦，怕人家責備，自
> 我期許很高，總是要做好事情。大概可以說比較不會混啦，長官通
> 常會說：「把事情交給她，我放心！」這樣子。
>
> （訪問凌校長，2000/04/12）

不可否認，我也承認自己對校長交辦的事情會很在乎，會盡全力希望能做好，如果沒有做得很好，就會覺得失望或難過。但因為求好心切，有時就容易給自己太大的壓力，也可能會因而要求其他教師也要全心全力努力，容易給人嚴格的印象。所以在自己的行政歷練中，自己不斷修養個性與脾氣，不斷透過反省與書寫，讓自己待人處世更加溫和，讓生命更加圓融。

（二）對女校長的刻板印象

女校長經營的學校，往往給人嚴格和過分要求細節的刻板印象。就凌校長而言，因為接掌的學校大多是屬於歷史悠久或大型學校，因此難免有許多積習和舊包袱，所以她也給人一種「霸權」的感覺。

> 我接掌每一所學校處理人、事、物時，除力行公平、公正、公

開的原則之外，為了學校的發展，個人相當堅持「校長應當有所
為，也有所不為」。基本上，我屬於強勢領導型，為維護學生的學
習權益，我不會鄉愿的姑息養奸，也不會任意偏袒行政人員或老
師。因此，只要有積弊，都會立即處置，不致於等到阻礙校務推行
時才處理。

（訪問凌校長，2003/05/07）

在這方面，我的感覺也是很深刻的，因為與凌校長相識十年之久，可以
覺知和她相處或看她對待他人或教師的方式，隨著時間與信仰確實在變化
中。早年的她，在青山國小（化名）或綠水國小（化名）時，可以說是很認
真和嚴格，即使到了陽光國小時也是一樣的。初期在我擔任主任時，她對我
的要求及期待很高，有時做不好的時候，她一定是當場責備、不留人情，剛
開始真的覺得很難過，甚至被她罵哭了。但隨著凌校長歷練的增進，我發現
校長的脾氣與個性變得十分沉穩，尤其在她受洗為基督徒後，她的轉變更加
明顯，我想或許是宗教給她另一種新的力量與思維，讓她轉換角度思考教
育，也思考和人相處的方式。

對我而言，由於凌校長的轉變讓我學習到正向思考問題與面對問題，也
不會再害怕去面對問題，如同聖嚴法師所言：「當問題來臨時，面對它、接
受它、處理它、放下它。」有了這樣的體悟，讓我在擔任校長時，更能勇於
承擔責任與面對問題，反而可以適當的化危機為轉機，促進學校的發展與校
務的推展。

（三）女校長課程領導的彰顯

教育單位在進行各項教育實驗工作時，多選擇女校長掌理的學校，例
如：1994年台北縣開放教育實驗班第一批二十所學校中，就有九位女校長，
不可謂不多。在校長的研究中發現，許多校長重視公關的營造和行政的領
導，但不一定重視課程領導。不過，凌校長在經營每一所學校時，都十分重
視課程與教學，親自帶領教師研習，參與課程改革，不斷增進自身的專業知

能，以符合社會的脈動與趨勢。

> 我把學校課程領導列為校長最重要的工作，故所花的時間是所
> 有校長工作中最多的。主要目的……我的做法是理念的宣導和行動
> 支持並行。並以身作則，不停的進修學習，也常赴國外參觀，期望
> 以教育專業來領導，作為教師班級課程領導的學習典範。
>
> （訪問凌校長，2002/01/11）

尤其在教育改革的參與上，凌校長更是以傳福音的心情，帶領教師專業
研習，讓老師更勇於面對與挑戰。

> 為了使教師能夠建立專業形象，我以傳福音的心情向教師傳
> 「教育本質」的道，和教師溝通，鼓勵教師參與各項教育改革，投
> 入各項實驗工作。例如：陽光國小的幼小教學銜接實驗……都是讓
> 教師接觸最新教育改革的脈動，更讓教師可以跟上時代的需求。
>
> （訪問凌校長，2003/05/07）

凌校長對課程改革的投入與用心，不可否認的對教師形成一些壓力，但
經過幾年後，凌校長退休了，當年願意接受考驗與壓力的教師，已經具足自
己的專業能力，許多教師也都在各校擔任主任工作，持續帶領課程教學創新
的工作，可以說是學校目前的中堅分子。這樣說起來，凌校長將她對教育的
熱忱與方向，交棒給我們，讓我們在教育的道路上接力，繼續為教育而努
力。

對凌校長而言，面對課程改革之路，是勇於接受與帶領教師向前，因為
在她所處的環境脈絡下，教師多數對課程改革抱持著不信任與抗拒的態度，
因此凌校長透過許多行政措施，讓教師能因而成長與理解社會的脈動。

對我而言，自 2003 年接任校長後，九年一貫課程已正式實施，在大家
努力向前衝的階段，由於課程改革的配套措施不足，加上全球經濟不景氣與
社會環境少子化的影響，幾年下來，形成嚴重的 M 型社會、貧富差距拉大
的現象；加上課程改革並未能使弱勢的學生有更好的教育品質，因此課程改

革又進入微調的階段；大家並不否定課程改革，但卻希望政府能全面檢討配套措施，讓教育回歸教育專業的思維，而不是政治的另一個操弄場域。因此，在面對學校的課程與教學發展時，我以課程行政的角度思維課程領導，以鼓勵研究所進修和創新教學的視野去引領教師專業成長，共同經營一個傳承與創新傳統的學校。

三、女校長課程領導的作為

對凌校長近二十年的校長生涯中，經營每一所學校都有其不同的學校環境與脈絡。但在觀察與參與凌校長的課程領導歷程後，可以歸納出我們課程領導的作為如下。

（一）學校場域的整體規劃與整修

所謂「工欲善其事，必先利其器」，因此在「學校情境是學生學習的最大教具」的理念下，凌校長到每所學校的第一步，一定是全面思考學校校舍的整體規劃，讓每一個場域都能被充分使用，可以說是「地盡其利」的思維。因為她總認為學校的教學空間是最重要的，一定要讓老師有充分的教學空間，才能實施好的教學活動。

> 基於「以學生為主，以教學為先」的理念帶動之下，以星光國小（化名）之規模，學生超過三千人、班級數逾一百班，校地18,534平方公尺，僅有一間堪用的自然專科教室，加上活動中心成為籃球校隊專用場地，教學的品質可想而知。所以場地的整理和規劃成為我到任第一年重要的工作之一。
>
> （訪問凌校長，2002/01/11）

凌校長重視教學空間的思維，其實也深深影響著我。因此，當自己成為湖山國小的校長後，校園雖然不大，但結合環境生態永續觀念與讓校園成為學生最大的學習教具之理念下，逐年改善湖山國小的學習情境和建置可以成

為課程和教學的校園情境，終於讓湖山國小獲得環保署 2009 年全國環保有功學校國小組特優，以及台北市教育局「教育 111」的認證授獎，讓學校成為一個具有特色的學校。

（二）以課程與教學為教育核心

學校經營的面向很多，但我與凌校長都選擇以課程與教學為校長領導的核心思維，以此為核心推展學校的各項校務。因此，凌校長總是從成員共識的凝聚做起，提供教育改革的新資訊與同仁分享，再親身投入課程改革的推動，參與教師進行課程統整、課程發展會議的討論，參與課程統整的教學活動等等，讓教師看到校長重視的面向，而非只是行政官僚的作為。

> 經過約二個月，利用週二、四、六教師不開晨會的時間，播放天下雜誌所錄製的「海闊天空下一代」錄影帶和日本開放教育錄影帶讓老師觀賞，配合週一、三、五晨會我再作簡短的補充之後，就引發教師想到日本參觀的建議。在第一學期結束之前，教師自主性組成了參觀日本開放教育訪問團之後，報名的老師隨即利用下班時間，在校長室集合討論相關資料並閱讀開放教育專書；一月底由我、家長會會長及教師會會長共同率隊赴日本參加緒川小學「20週年校慶開放教育成果發表會」，並順道參觀幾所開放教育的學校。
>
> （訪問凌校長，2003/05/07）

在凌校長晚期校長任內，正是台灣九年一貫課程試辦的階段，她戮力以赴的帶領教師一起進行課程改革，讓教師跟上時代與社會對教育的期待和發展，那是一段艱難的時期，但她選擇面對與參與，也促進學校的創新與發展。

對我而言，湖山國小自 1991 年開始推動田園教學實驗，也經歷九年一貫課程的試辦階段，加上前任龔校長的認真任事，奠定良好的學校文化。因此，自己在課程領導上，結合校本特色課程的思潮，與學校教師凝聚共識，

整合社會資源，建立藍染的校本課程，強化視覺藝術課程與民俗體育的校本課程系統，推展校本特色課程的草山遊學課程等等，創新湖山國小的校本特色課程，這是傳承與創新的課程領導。

（三）教師專業進修的堅持

教師是課程改革能否成功的關鍵，而教師的專業發展更是教師能否成為一位創新教學者與研究者的核心。因此在課程領導上，教師的專業成長是校長的重要課題。凌校長對於教師的專業進修十分重視，不僅首創週三教師進修，以團體進修、小組進修和個人自主進修的「三三三模式」，更落實採用工作坊實作的研習和成立教師讀書會等的方式，激勵教師專業成長。在訪談夏蟬（化名）老師時，她回想和凌校長共事的那一段時間。

> 在凌校長任內，我的教學開始有省思，群組夥伴、同學年老師和行政人員有很多交叉討論對話的機會，教而後知不足，我經常和有志一同的夥伴一起去研習，互相討論、分享，那樣的日子是忙碌，但感覺很充實，心裡很喜樂。

> （訪問夏蟬主任，2003/05/10）

當自己到湖山國小時，發現學校只有二位同仁具有研究所碩士學位，也深覺小型學校只靠週三教師進修，其實是無法系統性的培養教師專業知能，因此除了以工作坊或群組研習的方式推動教師進修外，更積極鼓勵教師報考研究所在職進修，在多年的鼓勵下，現今湖山國小的教師多數具有研究所學位或正在攻讀碩、博士學位，相信教師在自我的專業領域進修中，更能確立自我的專業形象與推展課程的發展。

（四）推展學生多元學習

學生是學習的主體，課程領導的目的在於教師教學的改變與促進學生的多元學習。因此，凌校長積極推展學生社團的多元化與課程統整，並鼓勵戶外教學和城鄉交流與國際交流，其目的就在於提供學生多元學習的管道與發

展學生的多元智能,因為我們相信每個孩子都有其潛能與專長,只要老師能提供多元的學習管道和機會,就能帶好每個孩子。

> 當時落實課程標準所揭示的課程目標,就是學校的課程任務,不過為配合「社區學校化」的發展目標,及開辦學童營養午餐、社區童子軍團、週末育樂營、少年網球隊等營隊及社區體育藝文活動等,將營養教育及休閒生活教育作為學校課程發展的方案之一。
>
> (訪問凌校長,2003/05/07)

反思自己在湖山國小,原本就有戶外教學與校際交流和國際文化交流活動,但將這些活動「課程化」則是我在湖山國小與教師們共同合作的成果,讓活動不僅是活動,而是具有開展學生多元智能的課程與教學;同時,符應家長與學生的需求,創立課後社團的學習,從零社團到八個多元的社團,並辦理四年級的宿營活動與自編藝術與人文、民俗體育等多樣的課程學習,在在落實課程領導的措施與作為。

(五)整合社會資源,促進課程改革

學校校務的經營與課程領導,家長與社會資源的整合運用是十分重要與不可或缺的,因為家長是教師和教育工作的夥伴,無法置身教育之外,但如何整合與運用,確實是課程領導上的難題,資源整合佳,會成為學校的助力;整合不佳,就可能成為課程發展的阻力和親師衝突的來源。

凌校長十分重視家長的資源,因此積極推展家長會的創新與家長觀念的改革,讓家長成為學校重要的資源與班級活動的支持與支援者。

> 我在綠水國小時,推動具教育功能的家長會和班級家長會,創立全國第一份國小家長通訊,讓家長成為教師教學計畫的支援者,使綠水國小家長會成為新制家長會的發源地。這一直是我很值得回憶的一件事。
>
> (訪問凌校長,2003/04/20)

也由於善用家長資源，才能推動學校的課程改革，讓教師與家長親師合作，共創教育的藍天。

> 在陽光國小，因為我同時推動新制家長會和班級親師會，而且學校發展願景和學校課程發展目標也已經形塑完成。更由於許多具現代教育思想的家長參與家長會，彼此的教育理念十分相近，因此，家長會隨即策劃許多知性的社團活動，也有不少教育理念清晰的老師打開心胸，和家長攜手合作，在充沛的家長支援之下，發展出學校本位課程，甚至班級本位課程來。

> （訪問凌校長，2003/05/07）

反觀自己所任職的湖山國小，由於學校在 1990 年代新制家長會創立初期，家長的過度干預造成教師對家長的不信任與保持距離的思維，所以在接任校長後，一直致力於家長會會務的正常運作與家長參與班級事務的工作。經過多年的互動與合作，家長會已有協助學校校務發展的共識，也有家長樂於參與協助班級活動。但不可諱言，自己在家長與教師親師合作的共識與實務，仍有許多努力的空間，這也是我需面對的困境和問題。

在上述文本中，一方面理解我與凌校長在課程領導上的信念，也探討身為女校長身分在領導上所遭遇到的刻板印象和困境，但同時彰顯我與凌校長在課程領導上的努力與作為，這不僅是女性的發聲，也是女性自我實現的努力。

肆 凝視——課程領導的省思

> 凝視凌校長的課程領導歷程，看到一位傳統女性努力奮鬥的生命史；
> 凝視自我的課程領導，反思一位介於傳統與試圖創新的女性，

想要突破與實踐自我的女校長！

凌校長的教育生涯已畫下句點，我的女校長生涯仍是進行式，

未來，我需持續努力與精進！

在反思論文完成後這幾年的成長與經歷，在自己的生活脈絡中，我不斷找尋自我的定位與認同，也試圖尋找自我的價值與意義，雖然人生的路還很長，但這一站一站的旅程，我已甘之如飴，並願意在每一站駐足停留，享受當下的風景與滋味！因此，在兩人生命交融的相處，與自己的女校長課程領導的生命史探索中，凝聚了以下的幾個想法。

 # 一、女性主體的認同

生命的形成是無可選擇的，但生命的歷程是可以由自己努力創造的。因為努力，可以改變生命，要成功、要失敗，都在自我的認定中顯現。一路看著凌校長投入教育的工作中，一路也省思自我的成長與學習歷程，在這當中，我看到女性特有的愛心、韌性與堅持，因為對教育的堅持，終於成就她自己教育的藍天。對我和凌校長而言，此段歷程有著深刻的意義。

（一）成為女校長自主決定的意願

權力是爭取來的，不會天下掉下來，尤其對女性而言，要想擁有自信，其實是需要自己努力付出和慢慢爭取或改變身邊的人，才能有所突破。但最重要的是，在努力的過程中，自己是否勇於自主決定才是關鍵。

女性自主性的覺醒其實是經過省思後的決定，但這歷程其實是不斷省思和堅持而來的。因為我們的社會其實存在著許多的性別階層化，如大多數的人都很樂於接受女性當教師，但對女性當校長就會質疑與不鼓勵，凌校長的先生在初期就持這樣的想法，後來受凌校長的感動才轉而全力支持，讓凌校長無後顧之憂的投入學校工作，做一位稱職而成功的女校長。

同樣身為女性，凌校長求學的歷程比我更加辛苦，但幸運的是，她遇到

貴人相助，終於可以繼續求學而成為女校長。她奮鬥努力的過程反映與代表著 1940 年代女性的圖像，要成為社會的中堅份子、要有一番事業，除了要靠自我的努力外，也要有機緣。

又如我的母親，就沒有這麼幸運，至今仍是一位不識字的樸實婦女，但她卻教養出七位子女全是學士以上的學歷，其中還有二位博士，可見她的資質不差，但因為沒有機緣，無緣求學，所以也就沒有機會發展她的潛力與智慧。

至於我，也可以算是幸運的女性。雖然身處在都是女兒，只有一位兒子的家庭裡，但因為父親對女兒特有的教育觀點——「女孩子更要讀書，學歷就是嫁妝」，這樣的意識醒覺造就了全家子女的求學意志，才讓我不像童年的玩伴，在國中畢業後就進入工廠成為作業員。也因為有機會繼續求學，才能完成兒時的志願，成為一位教師和至今成為一位校長，可以依自己的興趣，為教育努力。

由此可知，女性成長的歷程與其原生家庭中父母的觀念與教養態度息息相關，父母親不管生男生女，若能給予同等的機會與環境，女兒發展的可能性和男生一樣。社會若給予男女同等的機會，則女性表現的能力也絕對不會弱於男性。

（二）確立課程領導的學校經營特色

當凌校長和我都是小學教師時，我們關注的都是學生，注重學生的聲音和家長的反應，也是全力投入教學之中，其實對行政業務並沒有太多的關注。尤其是在凌校長的年代，女性教師多以教學為主，甚少從事行政工作，若非凌校長讀完大學及聲帶結節，再者因教學的努力受校長的重視，才有機會踏入行政。

在成為女校長後的學校經營，可以選擇以行政政策為主的行政領導，但我們卻堅持以「課程教學」為行政的核心，以課程領導做為校務經營的基礎，只是在課程領導的風格上有所差異。這是我與凌校長個性與時代趨勢不同所使然。

　　凌校長早年常被認為是一位「霸氣十足」的校長，也就是以男性強勢領導的風格領導學校。但若深入了解後，就會發現外表強勢的凌校長，其實也有著一份女性特有的柔和，像她會在每位同仁生日時，寫一張卡片祝賀，對同仁的婚喪喜慶也十分重視，強調互動式、參與式的溝通，所以她在課程領導上，事實上是融合了陽剛與陰柔的領導特性，加以交互運用，才能成就她教育的理想與發揮教育的理想。

　　但對我而言，身為女校長已是處在校長遴選制的時代，學校已是教師、家長、行政共議的時代。太過剛烈的校長只怕無法獲得教師與家長的認同，具有整合、溝通與執行力的校長，再加上平和理性的個性，才能在激烈的校長遴選中勝出。因此，在個人課程領導的過程中，其實自己是不斷修正陽剛的個性，再加上朝向理性平和的態度；在自己反思自我上，已由早期的理性陽剛時的主任領導模式，到今日朝向融合理性與感性的課程領導風格。當然，由於自己的女校長生涯仍在進行中，因此，自我的課程領導也隨時在反思與學習中成長和調適。

二、持續女校長課程領導與改革的推展

　　教育總是有其理想性與實際性，當然教育也會有其困境與需要改革創新之處。批判教育學者 Freire 在論述紀律的重要與應用時，談到「在教學的紀律中，在這個愉悅但困難的學習中，在尊敬及處理公共事務的紀律中，在彼此尊重的紀律中，才能了解這些夢想」。教育者必須要負擔起使學習者自己養成自己的紀律這樣的重責大任，而教育者自身就要示範，不是只做知識的傳遞工作而已。

　　因此，Freire 期勉大家要在認知中成長。我們要覺察到認知就像一個活生生的現象一般顯露在我們面前，我們要帶著人類生活方式——語言、文化的象徵世界、歷史而創造，使「成長」獲得意義並超越了單純的生活中成長。這正是人的成長與其他萬物成長相異之處。人類唯有整全的成長，才是在「存有的和諧成長」，這不僅是生物的發展，還有情緒平衡的方式成長。

　　然而，在教育的場域中，存在著許多知識霸權、文化結構問題，弱勢者無法透過教育獲得更好的生活選擇權利與生活方式，造成教育的 M 型化問題。因此，自己在教育的場域中，擁有學校重要的職務，應當要促進教師專業成長，形塑良好的學習環境，讓孩子透過學習，獲得能力與良好品格，在未來的生活中能擁有更多的選擇與生活。

伍　反照──生命史研究與省覺

> 生命應該有意義，這是一個命令。
> 但我們生命中的意義必須由我們自己來創造，
> 存在的意義就是要創造自己的生命。
>
> ～《蘇菲的世界》（蕭寶森譯，1995）

一、生命史研究的意涵

　　Goodson（1991：117）將生命史研究分成三個層次，分別是：個人生命史（個人生命中的插曲或經驗）、團體或集體的歷史研究（如早期女性教師的工作），以及關係層面的歷史（個人和團體之間關係與關係的變化）。

　　研究者可能會運用不同學科觀點（Smith, 1998），例如：在人類學的生命史中，以一個個體生活探究作為一個文化的代表。此外，研究焦點不單是研究對象敘說有關自己的生命故事，同時也從不同管道得到消息。因此生命史研究是一種混合體，混合著研究對象所述說的生命故事，和研究者歸納整理的資料。所以生命史研究可透露出不同類型的生活型態，發現人類的經驗，提供生命的意義。所有生命的歷程，對於經歷過的人們都有意義，生命史引起他人的關注，若因浸淫其中，更可以從其中學習寶貴的經驗（許傳德，1999：5）。

Bruner認為，自傳、生命故事或敘說探究的方法論和認識論的核心為：

> 這裡沒有所謂獨一無二的真實、正確，甚至忠實的自傳……自
> 傳不會也不能是一種被活過生命的參考而已，我認為沒有一種被活
> 過的生命這回事。從這個立場來看，生命是經由自傳的行為中被創
> 造或建構。這是一種分析經驗的方式，也是一再被分析經驗的分析
> 與再分析，直到我們沒有力氣呼吸，也沒有力氣再寫了。分析與再
> 分析是詮釋性的。
>
> （Bruner, 1993: 38-39, 引自卯靜儒，2006：72）

我是一個說故事者，敘說我與凌校長在這十年中課程改革交融的故事。
敘說自己生命故事的歷程，就是組織自己對世界了解的過程。從故事的敘說
中，我看到一位女校長對教育的愛與堅持，看到她的笑、她的淚、她的挫
折，也看到她的成果。在我與她的生命交融中，我不僅是個敘說者，也是一
位學習者，學習一位女校長經營校務的典範，學習一位女校長對教育的奉
獻；因為我也是一位女校長，我一如凌校長走過的校長路途一樣，開始經營
一所小型學校，開始投入新世紀的教育環境中。在以生命史為方法的探究
中，我理解一位女性成為校長的生命歷程，也省思自己為何追隨其後地想成
為一位女校長，更省思身為女性在這個環境中的角色與價值！

二、尊重他者與研究倫理的重視

因為以生命史探究為探究方法，才認識了生命史探究；因為做完生命史
探究，才體會到自己和凌校長在不斷的對話與說故事中，把自己攤開在陽光
下檢視一番；就在這開誠布公的檢視當中，我閱讀到凌校長的過去與現在，
更省思自己和自己的過去、現在和未來。

在生命探究的歷程中，我試著對凌校長的生命經驗做一番詮釋，但更多
的時候是我在省思我的生命歷程。在探究的過程中，我尊重凌校長的「說」
與「不說」，就如同Mark Twain所說：「每個人都是月亮，有不為人知的

陰暗一面。」在與凌校長討論其敘事文本的過程中，我將故事文本整理分析後請凌校長檢視，她同意後我才分析為研究文本，她不願提及的事情，我會尊重她與理解她，也不會放入研究文本中。

透過生命史的探究，我學習到尊重每一位他者的發聲，不斷地從過往的經驗加以反思、批判、解放及再概念化。在社會的脈絡下，找尋自我的定位及意義；在理論的驗證下，檢視自我的思維與行動，以了解我所處的時代精神。

透過生命的詮釋與省思，我看到自我的學習歷程、成長足跡與信念形塑的經驗。透過參與課程改革的歷程與課程領導的經驗，我知道在這多變的世界裡，我並非孤獨的奮鬥者。凌校長陪伴我一起在教育的路上前行，我也陪伴她同行，同時，在這條課程改革的教育道路上，還有著許許多多的教育夥伴，我們一起互相支持、互相鼓勵，也共同成長。

◎ 三、研究文本書寫形式的省思

對於現今的敘事論文或生命史論文，大致都已能接受「文獻探究」不必單獨成章，而是融入在每一章的研究文本中，以進行研究文本與理論的對話與辯證。但我在撰寫論文時，敘事探究在國內還算是發展初期，加上自己撰寫的能力不足，因此無法做很好的整合，所以在論文的篇章中仍保留著文獻專章，以做為研究的理論基礎。

敘事探究若能概念化出一個具有豐富內涵的「隱喻」，確實可以提供閱讀者有更好的想像與理解。如我的論文，篇名以「交織一片藍天」表達我與凌校長共織課程改革的歷程，就像為孩子提供一片藍天綠地，讓孩子們能擁有更好的學習環境與教學，也代表著我們在相知相惜的交往中，充滿著良好的互動與對彼此的尊重。

其次，在內容的隱喻上，延續自然界的現象，採用「藍天下的四季」做為凌校長教育生涯的隱喻，也隱含著一種生命的流動性，由「冬蟄」表達生命的學習期；「春萌」表達教育生涯的初啼；「夏耘」代表著教育生涯的挫

敗與轉折期;「秋實」則展現教育生涯的豐收期,至此凌校長也在教育生涯畫下圓滿的句點。當然,對我而言,教育生涯仍持續著,我參與她的部分生命期,也向她學習校長課程領導的真諦和應有的作為,這些都滋養我校長生涯的內涵。

對於敘事探究的書寫方式,除了散文形式外,詩歌、小説、劇本等形式,都是可以依著個人的能力與興趣加以嘗試,但最重要的是具有研究價值與令閱讀者產生共鳴之處!

四、敘事探究信實度的省思

對於敘事探究信實度的問題,討論的文章很多,也是量化研究者質疑質性探究者的地方。但隨著質性研究的發展與學者的論述,Cho 和 Trent(2006)認為,效度應取決於探究者所服膺的探究典範上,即不同研究典範應有不同的效度。

Cho 和 Trent 在綜合效度文獻及各學者的觀點後,提出兩種普遍的質性研究效度取向:交互效度與轉化效度。交互效度是指,在處理探究的過程裡運用特定的技術、方法和策略,質性研究就可以獲得更高的可信性。Seal 將此取向歸類為詮釋派標準學;Maxwell 則稱之為描寫的描述性與詮釋性的效度,也是在處理這種交互效度(引自 Cho & Trent, 2006)。它可包含成員檢核與三角檢證。

在轉化效度的觀點上,乃是源自於質性研究者想要釐清在微觀或鉅觀的脈絡下,社會、文化、政治意義的價值承載本質。由此觀之,「意義」是社會建構物,效度並不能藉由特定技術來「具體」達成;相對的,轉化取向的效度是聚合於研究者的反省自身。

由上述學者的觀點省思自己的論文,在生命史與自傳的探究上,其信實度的呈現,就在研究者個人的反省與情境中個人意見的公開,即「我」的視框為何?我的觀點如何?在當年的論文探究中,我除了説明我的背景和行政經驗外,也談及我的立場是「共行者、理解者、分析者與詮釋者」,我無法

站在中立的角度，但我也會提出我的批判和立場。

再者，以生命史和自傳的觀點來看，我可以只運用轉化效度的觀點，以報導者的反省與自身的反省為信實度，但為使研究文本更具可信性，我還是訪談了與凌校長相關的同事或家長及其親人，以相關成員的三角檢證檢核凌校長故事文本的內容和提供不同的觀點理解與詮釋。

回想在論文寫作的過程中，感謝指導教授的專家檢視與同學的同儕檢視，讓自己的許多觀點得以澄清和思考，以書寫出更好的研究文本。因此，在質性探究的信實度規準上，應因著不同的研究取向而找尋最適切的信實度取向。

五、隱喻之慎用

對敘事的寫作者而言，除了要有敏銳的心思與靈巧的筆外，能夠為自己所撰寫的文章找到合適的隱喻也是不容易的。在論文的寫作過程中，一方面撰寫文本，一方面思考隱喻，是必要的，但也不必太過勉強，有時寫著寫著，隱喻自然湧現；有時，一開始就知道要使用什麼主要隱喻，但內文的章節並不一定能立即找到適當的隱喻。因此，先撰寫好的內文才是最重要的，有了豐厚的文本，再思考適當的隱喻；不必為了隱喻而忘記文本的厚實描述。而且，在隱喻的使用上，也要找到最適切的隱喻，才能讓文本與隱喻相得益彰，否則寧願樸實而豐厚的描述，也不應水仙自戀的幻寫。

六、研究方法的輔助

對於敘事探究是否需要方法論的輔助？還是只要說故事即可？不同派別有不同的看法，這可能是見人見智的問題。但我個人認為，有方法論的輔助，確實讓自己的論文與一般的傳記不同，更重要的是自我的反思與深刻的檢視和研究方法的學習，讓自己的論文與思維，有了不同的意義。對於研究方法與方法論的學習，應該是進入學術殿堂學習的重要課題，因為每一個方

法論都有其背後形成的條件與適合的研究取向，因此，選擇對的研究法，才能完成一個好的論文，也才能透過研究方法的歷程與省思，讓研究者找到研究的價值、目的和意義，因此，研究方法的輔助在論文中，應該還是占有重要的地位。

陸 遠眺——代結語

> 一個小火苗就能造成熊熊烈火。
> 任何有意義的運動或影響深遠的行動，
> 都必須從我們每一個人開始。
>
> ～《從已知中解脫》（若水譯，2003）

雖然女性在過去「男性中心」的體制下受到種種不公平待遇，但也不宜過度自貶，因為有此經歷，女性才能站在超然立場，剖析真理，所謂女性為「他類」（otherness）、「邊陲人物」（marginal people），才能「尊重他人，容忍異己」。後現代主義者尊重差異性和他類的觀點，提供「他類」一種希望和合法性，並鼓勵對話、協調及互動，使得被壓迫者（例如：女性或少數族群）的聲音及權利能受到尊重（莊明貞，2003）。

對現代的女性而言，固然擁有比以前更多參與公共事務的機會與自主性，但因為社會仍存在著許多性別刻板印象，因此女性在投入職場或實現自我的過程中，需要建構一個真正性別平等的環境，才能實踐一個沒有性別偏見的文化，女性在其職場與工作上的選擇與自主，才能受到真正的尊重與開展。

遙望二十一世紀，女性主義的興起，讓更多的女性思考自己的主體性與發展自我的潛能，在社會上不僅發揮了不比男性差的能力，也建立了女性工作的尊嚴和特性。在現今的社會裡，女性的生命歷程仍是不變，但是面對複雜的社會變遷，女性的人生挑戰比起前輩婦女更是艱鉅。但即使艱鉅，身為

女性，仍應勇敢地發聲和表達，才能彰顯女性的主體意識與做自己。

　　對照論文的書寫，不知不覺中已歷經六、七年的時光，自己已經由一位初任校長漸漸邁向有經驗的校長。對教育的不悔與關懷仍然沒有減少，心中所堅持的教育理想也沒有動搖。而且因為有實踐的場域，更讓自己可以帶領著夥伴們一起努力前行，也因為大家的努力，創造了學校的價值與特色，讓更多人看到教育的希望，這也符合當初自己的選擇，選擇一所自己所愛的學校，用智慧經營、用生命陪伴、用生命寫下生命的另一章。

　　在這生命的另一章中，凌校長已不再陪伴，但仍是在旁的鼓勵者與支持者，分享著我的經營理念與作為，分享著我的喜怒與哀樂；同時，我也分享著她經歷先生往生的哀傷，與家人彼此關懷的歷程，分享她經歷病痛的勇敢與開朗，分享做為一位奶奶與外婆的帶孫心得和人生中不同的閱歷！我們不僅是長官與部屬的關係，不僅是朋友的關係，更是生命旅途中可以互相鼓勵與扶持的夥伴！

 參考文獻

中文部分

卯靜儒（2006）。我們如何研究女性教師的性別經驗與意識——一種女性主義觀點的後設分析。**教育研究月刊，147**，68-79。

何怡君（2003）。**交織一片藍天——我與一位女校長投入課程改革的生命史研究**。國立台北師範學院課程與教學研究所碩士論文，未出版，台北市。

余德慧、李宗燁（2003）。**生命史學**。台北市：心靈工坊。

若　水（譯）（2003）。J. Krishnamurti 著。**從已知中解脫**（Freedom from the known）。台北市：方智。

莊明貞（2003）。**性別與課程——理念、實踐**。台北市：高等教育。

許傳德（1999）。**一位國小校長的生命史**。國立台東大學教育研究所碩士論文，未出版，台東市。

黃乃熒、張靜瑩（譯）（2008）。詩的領導和政治領導。載於 B. Davies 著，**學校領導新潮**（The essentials of school leadership）。台北市：華騰文化。

蕭寶森（譯）（1995）。J. Gaarder 著。**蘇菲的世界**（Sophie's world: A novel about the history of philosophy）。台北市：智庫文化。

英文部分

Apple, M. W. (1993). Appendix: Education, power, and personal biography: An Interview. In M. W. Apple, *Official knowledge: Democratic education in a conservative age* (pp. 163-181). New York: Routledge.

Bruner, J. (1993). The autobiographical process. In R. Folkenflik (Ed.), *The culture of autobiography: Constructions of self representation* (pp. 38-56). Stanford, CA: Stanford University Press.

Cho, J., & Trent, A. (2006). Validity in qualitative research revisited. *Qualitative Research, 6*(3), 319-340.

Dimmock, C. & O'Donoghue, T. (1997). *Innovative school principals and restructuring: life history portraits of successful managers of change.* London: Routledge.

Goodson, I. (1991). History, context and qualitative method. In I. Goodson & R. Walker (Eds.), *Biography, identity & schooling: Episodes in educational research* (pp. 114-136). London: Falmer Press.

Smith, L. M. (1998). Biographical method . In N. K. Denzi & Y. S. Lincoln (Eds.), *Strategies of qualitative inquiry* (pp. 184-224). Thousand Oaks, CA: Sage.

Williams, R. (1977). *Maxism and literature.* London: Oxford University Press.

9 跨越薄冰向前邁進——
再探一位國小教務主任
課程領導的自我敘說

陳靜宜

壹 起始

敘說探究的起點之一是研究者自身經驗的敘說和研究者的自傳。

～Clandinin 和 Connelly（2000）

 一、故事的摘要

這篇論文〈如履薄冰或大步邁進——一位國小教務主任課程領導的自我敘說探究〉（陳靜宜，2006）故事內容，主要是在描寫我擔任教務主任時的課程領導歷程，這篇以自我敘說方式來探討國小教務主任課程領導實踐的研究論文，所要探索的主要目標有三：首先，希望藉由敘說自己課程領導的經驗，體現個人多層次的自覺，「看見」自己從事課程領導工作的樣貌，探索存在於自己身上的實踐理論；其次，希望在擔任教務主任的課程領導實踐旅程之中，透過自我敘說探究言說行動、書寫歷程的省思，於實踐中不斷的調整、修正再行動；最後，我也想一併探究過去擔任課程組長時期一直存在的困惑，此困惑即是：「課程發展委員會的執行秘書一職究竟是由教務主任來擔任，還是委由專職的課程組長來擔任會更為適切呢？」

　　我的故事乃追溯自 2000 年擔任課程組長開始，當時毫無行政經驗的我雖然懵懂卻也感到相當榮耀，除了背負有課程實驗的使命感，也帶有分享課程實驗經驗 [1] 的實際任務。

　　2004 年接任教務主任後，則延續了課程組長的經驗，只是責任更重了，為了能更踏穩課程領導的腳步，並試圖看見自己步步前行的軌跡，進行自我敘說探究，研究自己的實踐歷程。

　　在探究的過程中，我發現到，課程領導的核心價值仍在於尊重與信任，而課程領導的角色，則永遠處於不斷的蛻變當中——在不同的學校文化脈絡下、在自我心智態度的轉換中。更值得一提的是，在探究過程中，我也體認出長期以來不斷地影響著我生命實踐的內在思維，它們也同時左右了我的追尋方向。透過自我敘說探究，我體認出課程領導實踐，其實是一趟自我發現的旅程，一趟生命之旅。

二、為什麼是敘說？

　　論文完成一年多之後，我接獲新竹一位國小教務主任的電話，他表達了閱讀時的感受，並來信說明想要訪問我有關敘事探究論文寫作的問題。

　　　　能否請教您為什麼要用敘事探究的模式來書寫您的論文？是有
　　何因緣或是認為此模式較能完整描述您的專業發展歷程？
　　　　　　　　　　　　　　　　　　　（新竹李主任電子郵件，2007/04/04）

　　為什麼是敘說，而不是其他的研究方法？這是一個值得敘事探究者慎重思考的問題。在形成研究問題之初，我原來僅著眼於探討當時許多因推動九年一貫課程而呈現在教育現場的一些問題，包含：學校組織再造、課程改革、課程領導等議題，一邊考量摸索著自己最有興趣更深入研究的是哪方面的問題，然而，因為最切身的還是自己當時的課程領導業務，也是困擾自己

---

[1] 實驗經驗指的是課程統整的可行性及其實施方式。

最多的一個議題，因此便逐漸聚焦研究方向於課程領導方面的相關議題，這時大約是在碩士班一年級後半段時期。在這時期，本來想要以「課程發展委員會的課程領導功能」為主要探究目標，到了碩士班二年級，因為考上了台北市國小候用主任，並且隨即接任了一所中型學校的教務主任之後，這才逐漸轉而聚焦為「教務主任的課程領導」探究。

那麼又為什麼要以敘事探究的方式來書寫呢？對於研究方法的「選用」，我想，是在自己的研究方向及研究問題確定之後，再去評估何種研究方法最適合「回答這些問題」乃最為適切。

> 從碩一開始，我就很清楚自己感興趣的研究主題在課程領導，
> 這與我課程實踐的經驗有直接的關聯性，因此，我也開始思考要用
> 什麼研究方法來研究課程領導會比較「對味」。
>
> （陳靜宜，2006：39）

我想要研究的是課程領導歷程，既然是「歷程」，就有「故事」要說，評估自己這些年來的課程領導經驗，確有許多故事隱於其中，因而認為敘事探究應是最為適合的研究方法。Connelly 曾說：「敘事探究的起點之一是研究者自身經驗的敘說和研究者的自傳。」當研究者開始了他的探究時，即開始建構敘事的開端，此時研究者同樣也在這個三度空間中工作：訴說那些形成我們現在立足點的過往、在個人與社會間來回移動，並將一切安置在某個位置上（Clandinin & Connelly, 2000）。

然而，在此之前雖然閱讀了許多前輩書寫的敘事探究，我仍是充滿了百分之百的焦慮與疑惑，最主要的原因就是因為「沒做過敘事探究」，再加上懷疑自己的書寫能力……等因素。看了許多質性研究論文，並與做過敘事探究的好友深入討論過後發現，有許多敘事探究研究者初期都有許多疑惑及內心交戰的經驗，就如同我的指導教授方德隆（2001）老師曾經說過：「我是在當老師之後才學習當老師的，任何的專業工作都適用。」而我確實是「在進行敘事探究之後才開始學習做敘事探究的」，因此初期充滿了不安與不確定感，不知道自己寫不寫得出來。

　　事隔一、兩年之後再回頭看會發覺到，當你決定出發前行並開始行動，其實一切因緣即已具足。而所謂「因緣」現在看起來，大約可以歸納為以下四點：

　　1.修習質的研究：在就讀高雄師大教育系課程與教學碩士班二年級時，修習了質的研究課程，楊巧玲教授以極具批判思考力的教學內涵，加上一定標準以上的實作要求（如實際觀察、訪談與逐字稿等作業），開啟了我對質性研究的高度興趣，及日後從事質性研究的可能性。

　　2.同儕的鼓勵：這一點對我而言，可說是關鍵的影響力。一位主任儲訓班的好友以敘事探究完成了學位論文，而他無私的分享與鼓勵，讓我對於自己能力上的懷疑降低不少，得以勇敢地跨出第一步。

　　3.指導教授的認同：我的指導教授方德隆老師指導過許多質性研究論文，教授也鼓勵我嘗試用自己有興趣的、能觸動自己心靈的方式來做研究。

　　4.參加「敘事探究工作坊」：2005 年初報名參加了陽明山教師研習中心舉辦的「敘事探究工作坊」，由莊明貞教授指導，每週上課一天，連續五週的時間，聽取前輩經驗分享，而「產出性研習」的性質也讓自己實際嘗試了敘事探究的書寫，該篇自我敘說探究小論文後來投稿到《學校行政雙月刊》，寫的是初任主任的歷程 [2]。

　　對於課程領導議題，我的內心似乎存有一種特別的熱誠，我想那是在專業發展歷程中所經驗到的許多艱辛與困頓，那在我心中吶喊著的，是一種無法被忽略的聲音，正因為想要將曾深刻投入的生命加以記錄與反省，並使之更意義化；我想要做一個研究，是我認為更具意義、能夠觸動心靈深處的那種，因而有了敘說這段故事的動力與探究的基礎。

　　當時以初任主任的菜鳥角色擔任教務主任此一重要職務，總也帶些惶恐不安，我試著以全然投入工作的方式試圖化解，而我所謂的「全然投入」，

2　引自陳靜宜（2005）〈一個教務主任初任歷程的自我敘說探究〉一文。有趣的是我原來投稿的類別是學術研究專論，刊登時被歸類為經驗傳承類，此外，主標題原訂為「不太行政的行政──一個教務主任初任歷程的自我敘說探究」，其中「不太行政的行政」亦遭刪除。

即包含了歷程中的工作札記與省思紀錄的書寫等。札記書寫是一件需要毅力的工作，必須要能帶著堅定明確的意志與目標，方能促使自己持續下去，回頭想想當時決定敘說這段故事時，內心深處似乎也帶有一種為自己教務主任生涯「掛一個認真負責的保證」之意！又因為我認為認真投入之外，更必須具有省思能力與開闊的視野胸襟，方能有較高品質，進行敘事探究正可以幫助我更為全面性的觀看自己在各方面的經營狀況，包括個人的內在思緒與外在作為，並更深入的加以分析檢視、反省思考。

貳　回頭再看

論文完成至今，我已經從教務主任轉而擔任了訓導主任與總務主任，同時我也已經歷了二十年整的教師生涯，在這當中，有時候會驚訝地發現，生活就是一天天地忙碌著，類似的故事也許正重複的走著，不見得有太多自覺。但我想，如果能夠「有知覺地跟著感覺走」，看得見沿途風光，並且有所醒覺……，那麼，一切可不可能有許多不同？

一、書寫的力量

經過敘事探究的長期書寫，文本的產出歷程對於今天的我有著深遠的影響。

首先以書寫本身來說，就像是必須經歷一段類似淬鍊的過程，藉由反省性的書寫，一層層的剝除某種自我的假象，鮮活了固著的記憶，更明白自己的內心隱藏了哪些因子在影響著自己的生活，因而產生一種醒覺的狀態；進行敘事探究就像是參加了一場特訓，左右了我習慣性的思維，微調了原先習焉不察的行動模式。

更具體地說，對於現今已擔任多年主任的我而言，初任主任頭兩年這段敘事探究歷程，對於精神成長或專業成長之路而言，除了是彌足珍貴的紀錄

之外，也提供了重要的成長機會。尤其在卸下教務主任工作之後的這兩年，偶而重讀自己的故事時，會有一個「莫忘初衷」的聲音提醒著[3]，就算是長久以來的習慣性思維，也會因為對自我保持著某種程度的覺察，而逐漸脫離舊有模式。

◎ 二、今日的課程領導體認

重讀故事、觀照自己現今的工作場域，首先就發覺到自己關注與批判的焦點，明顯地落在「領導者對權力的運用」上，這是個很特別的再發現。

我的課程領導故事談到很多的領導觀點、領導作為，然而握在學校領導者手中的權力（如果真的有的話）有時會讓領導者迷失了方向，一不小心就忘記「權力就是責任」的道理，權力的運作最怕過與不及，中庸之道仍是真理，而最高等級的領導藝術絕非展現在權力之上，我想現今公立學校的領導者應該最能夠體現出這個道理。

歐用生在一篇課程領導的理論與實踐專訪[4]中明確指出，課程領導在校園中最重要的莫過於覺知，也就是覺醒教師的課程觀，這是課程領導極為重要的工作。現在我所擔任的訓導主任工作，在課程領導的角色上，不若以往擔任教務主任那般的直接或吃重，如今持續觀察學校課程領導的各項作為時，我的眼光是否會有所不同呢？我試著自問。

以現今的工作場域狀況對照於以往這些觀察，我似乎有了更為明晰的體認，像是在論文第五章第三節[5]曾提及一段「校長善意卻急切的表達方式」，談到領導者雖然本意良善，卻因為無法正確表達其善意而使教師產生排斥，造成了彼此不信任，無法更有效地領導教師專業發展來看，一個領導者必須保持清楚的自我覺知，在工作中反省性的看著自己所展現的特質與領

---

3 因為仍會看到自己某些重複的狀況。

4 引自陳世修（2003）〈課程領導的理論與實踐〉一文之採訪。

5 第五章「課程發展委員會的運作內涵」第三節「面對組織氣氛」（陳靜宜，2006：91）。

導作為。一位五十歲剛退休的主任在本校教師週三進修演講時，提到她在擔任行政領導過程中，許多事務的完成大多得仰賴平日與老師們「搏感情」……。

> 林主任（化名）：「常常搏感情拜託老師們幫忙，唉！你知道嗎？感情搏久了也會搏呷沒感情的……所以我覺得我還是該退休了！」
>
> （2005 研習聽講札記）

雖然這多少點出了一般公立學校領導者面臨的某些困境，然而，一個課程領導者不論採用多少領導策略或技巧，包括「搏感情」等等，要試圖喚起教師的課程意識與自覺，課程領導者一定要以真誠的心來面對他人，也要能勇敢的面對自己，才能夠突破困境，發揮帶領教師專業發展的實質作用，真正有所「領導」。

三、再發現自己的「生命課題」

當我再重新敘說這一段故事時，最明顯看到的是當時自己過度緊繃的情緒，發覺到自己除了可以用不著那麼緊張之外，現在看起來，當時的我似乎把自己當成超人，也把自己看得「太重要」了……。事實上要求自己認真負責，不代表必須繃緊神經地工作，而且還試圖面面俱到，經過那一段敘說以及這幾年的成長和改變，我確實領略到「放輕鬆一點」或「寬容一點」，甚至是「溫柔一點」，或許是成功的要件，這是屬於我的一門重要課題，不單單是在工作上面，生活上亦如是。

參　從混沌到澄清

一、論文形成歷程中的曲折及困難

　　在擔任教務主任第一年之內，我的田野文本幾乎是沒有辦法轉換成研究文本的，只能靠研究札記忠實記錄田野生活的點滴，包含了心思、情緒與事件經過等等。最困難的部分就在於，如何從繁雜的田野文本中，理出頭緒、訂出研究文本書寫的方針。那麼，我到底是如何決定出各章節內涵的呢？

（一）先有故事才有章節

　　身處於田野中的自己，深深明白故事的發展是無法預期的，進行自我敘說探究的「我」，更可能於田野中產生許許多多的糾葛情節，因而讓思緒糾纏不已、分不清脈絡……，到底要說哪些故事？如何聚焦於課程領導主軸，又不失田野故事的整體脈絡？

　　在論文的產出過程中，這是一道重要且困難的關卡，我以心智圖的方式（如圖 9-1 所示）塗鴉式地「畫出」論文的架構，點出各章節的重點，各章節主題遂逐漸聚焦，再將欲闡述的故事簡要敘述，隨時將發生在田野中的重要事件都記在這份心智圖上，慢慢評估哪些部分適合放入研究文本……，讓自己在龐雜混亂的札記資料中，架構出條理與邏輯，然後再加以歸納整理，這份心智圖隨著田野故事的進行而有多次的增刪修改，終至研究文本的完成。

　　我認為這部分的經驗是無法轉移或複製的，而我能夠分享的是，只要專注於田野工作，將這個問題放在心中即可，經過一段時間的醞釀[6]，輪廓就可能浮現上來。

6　如持續書寫田野札記。

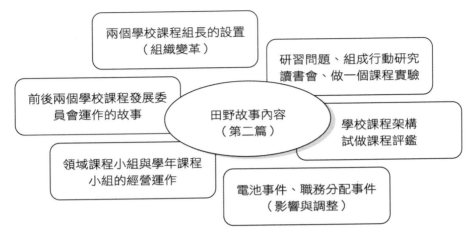

圖 9-1　田野故事的心智圖

（二）形成故事章節架構

這本論文分為三大篇章：第一篇「我和我的研究」，分為三章，第一章說明故事與我的背景及我想探究的問題、第二章為文獻探討、第三章則是研究方法的說明；第二篇「課程領導的實踐歷程」，這篇是田野故事的主要內容，共有六章[7]，內容包含組織變革、課程發展委員會的運作與組織氣氛、領域課程小組與學年教學團的運作、教師專業發展、重構學校課程的旅程，以及危機事件；第三篇「我的看見」，這篇則闡述實踐歷程的發現與轉化，以及故事之於我的追尋、行動實踐的深入剖析與反省思考。

（三）內心的掙扎與平衡

另一個困難點則如同我的論文題目所示：「如履薄冰或大步邁進」，一邊是我的步步為營，另一邊則是校長要求的大刀闊斧，兩者之間的拉扯是這段日子中令人倍感艱辛之處，自然也是論文形成過程的曲折困難所在，同時也成為成就故事張力的重要因素！

7　為第四章到第九章。

二、論文寫作

（一）寫作風格

談到寫作風格，每個人都有其特色，然而對於沒有什麼文筆可言的我而言，文字功力的展現並不是我可以突顯的重點，因此我沒有試圖營造什麼獨特性，要說我的寫作風格大概就只是娓娓道來，沒有太多的文辭修飾，只是真誠地敘說著我的故事。讀過這本論文的人（包含星星國小的凌校長、月亮國小甲、乙兩位同事，以及不在教育界的友人丙）都曾告訴我，他們是一口氣將論文讀完的，而這個聽起來似乎比較嚴肅的「課程領導」故事，若不會太難以閱讀，則已經達成我能力所及的基本要求。

此外，我在論文中各章開頭都加上一段與本章精神相呼應的文字，因為總覺得敘說文字千頭萬緒，似乎仍不能夠清楚明確地表達我的意念，而加註於各章開頭的話語或詩詞，則是意圖點出該章節的主軸，試圖提升篇章的靈魂重量。

（二）隱喻

文本中的隱喻是質性研究中很有趣的部分。

在我的論文中並沒有說明隱喻的部分，而是在論文口試時，口考教授特別提出了有關隱喻的問題。我想就論文標題及學校的化名兩部分來談。

首先，從標題來看，前文提過的「如履薄冰或大步邁進」，其實正是發生在田野場景中再實際不過的拉扯狀態，也正是我左顧右盼、努力求取平衡的心情寫照。

另外，文中提到主要的兩所化名為「星星」與「月亮」的國小，其名稱均各自有其隱含的意義。

星星國小是我深入鑽研課程統整實作、接觸課程領導實務的場域，當時星星國小中各學年進行著的課程實驗就如同點點星光，各自散發著明亮而獨

特的光芒，帶動了教師專業成長的研究氣氛，正如 Stenhouse（1975）所言：「沒有教師的專業發展，就沒有課程發展」，當時的星星國小在這樣的情況下，學校致力於教師的專業發展，使得學校課程發展成果頗為豐碩，亦造就我許多實務上寶貴的經驗。

月亮國小是我前往擔任教務主任的場域，也是論文中主要的研究田野，取名月亮除了相較於同在宇宙中的星星國小之外，月亮的光芒乃來自於太陽的強烈映照，月亮的陰晴圓缺也隱含了這所小學當時尚未穩定發展的狀態，然而月光的柔和仍照亮著夜歸的道路，對於摸索前行的我以及身處其中努力研發課程的教師群而言，都稱得上是意義非凡。

而我所就讀的高雄師範大學，則是如同南台灣的「陽光」，提供我學習與充實自我所需的能量，源源不絕。

（三）研究倫理

研究倫理是在論文寫作過程中最讓我擔心的一部分，為此我做了許多檢視與分析，在論文中也慎重剖析了這個議題。

Clandinin 和 Connelly（2000）提醒敘事探究者：「對於沒說的故事與說出的故事，要保持同樣程度的醒覺。」在我的研究裡，雖然研究焦點鎖定在教務主任的課程領導歷程，但在田野中發生的所有事件、牽涉到的種種人事物，並不僅僅在於課程領導工作所涵蓋的範圍，而課程領導的故事也不可能自外於學校整體的故事脈絡。而這些沒被說出的故事，對於課程領導者來說，仍然有著極大的牽引影響，換句話說，這些田野現場故事對於研究者來說，都是無法視而不見的。而對於研究倫理的關注，諸如是否能夠真正做到匿名的思索、研究關係中的責任等等，這些顧慮在建構和分享研究文本的過程中一再的跟著我，其中亦隱含了一絲不安的情緒——到底我可以肆無忌憚的說出多少故事？有關研究倫理之顧慮在我心中呈現出一種拉扯的狀態，到底我是要鉅細靡遺的描寫更多的田野故事，還是避開可能傷害到其他人的部分？關於這部分，Clandinin 和 Connelly 提醒敘事探究者，必須透過「做為敘事研究者的多重『我』來思考」。我們知道研究札記應儘量記載詳實，但

正式文本的呈現卻需要更形謹慎，一方面需顧及真實性與情境脈絡，另一方面亦必須顧慮是否傷害了無法在此發聲的人。也就是說，對於在故事中與我有某種關係的人而言，我該有怎樣的責任？對於最終呈現的故事，如何表徵其中的角色？必須在過程中警醒並覺察著這些問題。在建構研究文本的期間，我曾不安的向我的指導教授提出這些顧慮及焦慮，在研究中浮現的各種兩難問題，對於敘事探究者來說，在整個研究過程中保持著敏銳的覺察與反思，也就是一種醒覺，這是最重要的面對方式。

論文完成之後，我請同在月亮國小服務的同事曉華（化名）老師在閱讀之後，針對研究倫理的部分給我意見，曉華老師給了我一些回饋，也提及她閱讀其他敘事探究文本的感受。

靜宜主任：

我昨天又忍不住放下手邊的課業看了一遍，最吸引我的是關於領導的那些文字，您看了很多很棒的書，也汲取了書中的精神與精華，也給了我很多的省思與感動。

敘說所帶來的明心見性與力量，在您和又齊主任和許多敘說研究的論文中，我都很深刻地感受到。

其實您在研究倫理上處理得很好，不慍不火，沒有什麼情緒或煽動性的字眼，重要的是，其目的不在宣稱某種分化或對抗。

上學期修質性研究時，有機會接觸成虹飛教授的觀點，在文章中他也談到，自我敘說研究難免會談及研究周遭的人、事、物，研究者只要經過澈底的省思，觀照心中的那把尺，使最後的公開文本帶出正向的力量即可。

成教授所指導的一個學生倪美貞的〈移民——一個國小女教師主體探索的故事〉一文，當中的第一部分以小說《穿梭 N 度空間的女人》出版，對於公布自己的故事，她所面臨的壓力與承擔，我想可以作為進行自我敘說研究的人很大的見證力量。

上學期我在導讀這本書的時候，發現班上多數的人居然都和我

一樣邊看邊哭。

最後，我想說的是，月亮國小是一個值得耕耘的園地，有一些您種下的種子也慢慢在發芽，縱使突如其來的刮風下雨讓您錯愕沮喪，但是可能也磨練了您豐厚的人生，就如論文中說的，一年抵六年！

謝謝您對月亮國小的付出

曉華敬上

2006/02/27

 ## 三、心路歷程與經驗分享

以下就自己寫作自我敘說探究的經驗中，曾經感到困惑或容易忽略的部分提出分享。

（一）凡事起頭難

「凡事起頭難」這句話對於敘事探究者而言，應該是非常貼切，甚至是必然的！剛開始，對於論文內容需要呈現哪些部分，充滿了不確定性，再加上我個人的習慣，即寫作需要相當的醞釀功夫，需要許多時間蘊含並累積能量，那個時候的我除了田野札記之外，完全沒有辦法進行研究文本的轉化書寫，因此我以大量的閱讀[8]來減緩遲遲未能正式書寫研究文本的焦慮，在此期間並以敘事探究完成一篇小論文[9]，這是一篇習作也是熱身。

（二）寫作時間的規劃

時間的運用也是一個問題，每天上午七點半上班到傍晚五、六點左右，回到家時間已晚；身為母親，還有小孩要打點，時間與精力真是一大考驗。每週必須進行一次以上的研究札記書寫，為期大約一年，而進入正式研究文

8　大量閱讀了坊間有關領導方面的書籍以及許多敘說探究相關的專書及學術論文。
9　指前文提過的〈一個教務主任初任歷程的自我敘說探究〉一文。

本書寫之後，每晚九點許孩子上床睡覺後即是寫作時間，惟書寫時間不能超過午夜十二點，為了保持隔天上班的精神，規定自己絕不熬夜，僅在假日前一天晚上可以寫晚一點，正式研究文本的書寫，乃以此模式花了七個月的時間完成。

（三）資料的蒐集

資料的蒐集是最重要的田野工作之一，其中包括：即時的訪談紀錄、研究札記、觀察和記錄情境，以及回溯筆記等，質性研究同好可以加以參考。

1.即時的訪談紀錄：訪談是人與人之間的一種關係，訪談是溝通，其目的在得知觀點、解釋和賦予意義，以對情境有更多的了解（夏林清等譯，1997）。訪談是資料的重要來源，但在當時較為緊張的學校組織氣氛之下，身為教務主任若要訪談老師，可能會造成老師頗大的壓力，因此我的訪談紀錄大都是非正式的交談溝通，不會錄音，對受訪者的敘述盡可能的藉由訪談筆記詳實重新建構，所以最好在二十四小時內完成才較能回憶，因此訪談後會儘速記錄重要的訊息並加以分析。

2.每週的研究札記書寫：因為生活在田野中，或因工作繁忙日復一日，藉由札記的書寫得以看見自己與環境之間的牽連拉扯，透過書寫促使場景再現，讓自己再次身歷其境卻又猶如一位旁觀者。因此，維持至少每週一次的研究札記來記錄日常田野生活，是非常必要的。

3.觀察和記錄情境：情境的直接觀察是參與觀察法的一種形式，而觀察中最重要的技巧是對「什麼在被觀察」有敏感的覺察（夏林清等譯，1997）。在課程領導的過程中，對於田野中的相關議題必須隨時保持敏銳的覺察，並運用隨身攜帶的筆記本即時寫下備忘錄，記錄觀察所得。

4.回溯筆記：Clandinin 和 Connelly（2000）曾提到，進行敘事探究是一種生活的方式，而生活，就其最一般的意義而言，是沒有界限的（蔡敏玲、余曉雯譯，2003），因此資料的蒐集亦是無時無刻的進行著，對於學校的重要事件、各種會議的觀察與對話紀錄，或是平日與校長或教師之間的重要對話，在自然的狀態下並不適宜錄音或現場記錄的，都在空檔時記下重

點，再於下班後儘速記錄下來，以求較為完整的記錄。

5.隨時記下心得筆記：在閱讀相關論文或專書時，有任何的想法產生，我都會隨時記下來，書上、筆記本上隨時都可以記下當時的思維，包含了感想、可以寫作的題材、與友人的對話、嘉句名言，甚至是聯想到的詩詞等等。

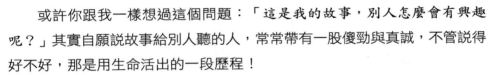

肆 回歸

或許你跟我一樣想過這個問題：「這是我的故事，別人怎麼會有興趣呢？」其實自願說故事給別人聽的人，常常帶有一股傻勁與真誠，不管說得好不好，那是用生命活出的一段歷程！

質性研究的價值在於引發某種內在的呼應，素未謀面不同場域的教育工作者，在閱讀的同時能夠讓閱聽者有種被理解、被認同的心理感受之外，或可作為類似經驗的參考，甚至產生某種支持的力量。

> 真不好意思，冒昧打電話給您，請您不要介意才是。初看到您的論文，有如遇到知己般，有種同仇敵愾的感覺，也是我接任教務工作以來，第一次感到有股強大的力量在支撐著我繼續往前行，謝謝您的專業成長過程，又再次點燃我對教育許久未有的熱情，原來在這麼不同的教育現場，這麼獨特的時空背景，卻有著相同的良知發現與心靈掙扎……。
>
> （新竹李主任電子郵件，2007/04/04）

我敘說了一段生命經驗，今天再次回頭檢視，仍能明確感受到這段探究歷程對我的生命經驗之深遠影響。「言說行動」說的是行動實踐歷程，而故事和敘說正具有反省的潛能，也是理解自我課程觀、奠定信念體系的歷程。故事同時是建構了解和洞見的基礎，是掌握意義的豐富性和韻味的一種求知方式（歐用生，2004）。然而，其重點意義應在聚焦於行動實踐而非僅止

於言說，我的意思是說，生命實踐之要在於其「做法」而不是其「說法」，我相信許多人都可以就自己的理念說出一番道理，但你是否曾經發現自己的實際行動與說出的理念，有時候並不是那麼吻合？Peter Drucker 曾談到：「領導也是實踐，能教會你成為好的領導者的是你自己的實際行動」（羅玉蓓譯，1999）。而 Clandinin 和 Connelly（2000）強調，醒覺最能夠描述活出敘事探究的特質。你有什麼故事？你是誰？你來自何方？你要的是什麼？當你試圖影響他人時，就會面對更多這類的問題（陳智文譯，2004）。敘事探究就像一個不斷前行延續的箭頭般，言說行動的自我剖析就是一種「看見」，是往裡面看的「返觀自照」。

最後，就我自己從「不敢寫」到「寫作前的猶豫困頓」，再到「論文完成」的這趟旅程經驗，我想送給許多想做敘事探究卻遲遲沒有動筆的研究者，這句 Henry Ford（1863-1947）的名言：「不論你認為自己做得到還是做不到，你都是對的！」

參考文獻

中文部分

方德隆（2001）。行動研究的行動研究——研究歷程的反思。載於中華民國課程與教學學會（主編），**行動研究與課程教學革新**。台北市：揚智文化。

夏林清等（譯）（1997）。H. Altricgter, P. Posch & B. Somekh 著。**行動研究方法導論——教師動手做研究**（Teachers investigate their work: An introduction to the methods of action research）。台北市：遠流。

陳世修（2003）。課程領導的理論與實踐——專訪國立台北師範學院課程與教學所歐用生教授。**教育研究月刊，113**，5-13。

陳智文（譯）（2004）。A. Simmons 著。**說故事的力量——激勵、影響與說服的最佳工具**（The story factor: Inspiration, influence, and persuasion through the art of storytelling）。台北市：臉譜。

陳靜宜（2005）。一個教務主任初任歷程的自我敘說探究。**學校行政雙月刊，39**，163-178。

陳靜宜（2006）。**如履薄冰或大步邁進——一位國小教務主任課程領導的自我敘說探究**。國立高雄師範大學教育學系課程與教學碩士班碩士論文，未出版，高雄市。

歐用生（2004）。校長的課程領導和專業成長。**研習資訊，21**（1），60-70。

蔡敏玲、余曉雯（譯）（2003）。D. J. Clandinin & F. M. Connelly 著。**敘說探究——質性研究中的經驗與故事**（Narrative inquiry: Experience and story in qualitative research）。台北市：心理。

羅玉蓓（譯）（1999）。P. M. Smith 著。**領導的 24 堂必修課**（Rules & tools for leaders）。台北市：臉譜文化。

英文部分

Clandinin. D. J., & Connelly. F. M. (2000). *Narrative inquiry: Experience and story in qualitative research*. San Francisco, CA: Jossey-Bass.

Stenhouse, L. (1975). *An introduction to curriculum research and development*. London: Heinemann.

10 女巫故鄉之旅——
敘事課程實踐之自我敘說

江慧娟

壹 旅行的楔子

 ### 一、女巫故鄉的召喚

　　話說很久～很久～以前，在很遠～很遠～的地方（噓……故事總是要這麼開場的）。有一群凱達格蘭的平埔族人，來到這個地方，他們看到這山壁會冒煙的大磺嘴、水池會冒煙的地熱谷、河流會冒煙的北投溪，滿山的煙霧繚繞、遍地的硫磺味，就覺得這裡住著一群女巫，正在煮一鍋魔法湯，於是把這個地方叫做「北投（台語發音）」。

　　話說在兩千多天前（噓……其實就是六年前，兩千的數字總比六大，說故事就是要誇張一點），一個從嘉義東石海邊來北投陽明山下實習的小女子，著實被到處冒煙的水溝嚇了一大跳。當年一把鼻涕一把眼淚離鄉背井的小女子，卻在北投這個地方落地生根，死心塌地堅決成為一位小學老師，北投到底有什麼的魔力，讓人一進入就走不了（噓……是巫師的魔法湯，要不要來一杯，不！是來一碗）。

「我家門前有小河，後面有山坡，山坡上面野花多，野花紅似火……。」在這裡，可是前有北投溪、磺港溪蜿蜒注入淡水河流過台北盆地，後有陽明山、大屯山，重重疊疊屏障了遠方的天空，三月的櫻花、杜鵑粧點春天的胭脂。

於是，我帶著好奇的心，來到了北投實習，走入了女巫的故鄉，走進故事中，期待成為北投的一部分。

對於北投而言，我是一個異鄉客，召喚我來到這裡的原因，除了山明水秀的理由外，還有這裡的故事。一群師生如何在一趟校外教學的鄉土調查中，從荒煙蔓草中發現那一棟被廢棄成為危樓的古蹟，從歷史的脈絡中重新看見了它的價值。而台北市政府卻在當時欲拆除改建為員工休閒中心，故事並沒有因為遭遇到困境，而以嘆息聲劃下句號，劇情在這裡產生了轉折，一封師生聯名簽署的陳情書，將極力想保留公共浴場的心意表達給台北市政府，師生的熱情感動了北投居民成立了「八頭里仁協會」，開辦了多場「認識北投」的研習營，舉辦各式活動、發表各類文章，引起了媒體與大眾對於「浴場」的注意，獲得台北市政府公告為第三級古蹟，更修建成為今日的「北投溫泉博物館」，也是第一座由社區、師生推動而成立的博物館。

一轉眼，我來到了北投也已經十年了，歷經了「2000 年東方班」、「2002 年西方班」、「2004 年南方班」、「2006 年北方班」（化名）四個不同班級的學生，社區課程以不同的樣貌、形式穿梭在我們的課堂中，彷彿有女巫魔法般，引領著我們師生不斷地追尋著她。在她的溪壑裡跋山涉水，在站上台北最高峰──七星山時，涉水走過北投溪時，從北投古街看到了開發的歷史脈絡，從溫泉博物館看到了社區行動力，我們深刻感受到「女巫故鄉」的魔力。

二、旅行的開始

當初會選擇以「敘事探究」做為論文的方法論，是我曾經那麼深刻意識到課程與教學間的落差。

　　還記得 2002 年的暑假，整理了上一屆（2000 年東方班）的課程經驗，重新設計了一份給新班級學生（2002 年西方班）學習的課程，在生活課程中以「和樹做朋友」為統整主題，是一個有十一個活動單元、二十張學習單、共二十四節課的教學活動設計。那一年還得到由中華民國教材研究發展學會主辦的「91 年生活課程教學活動設計」徵稿的特優。

　　在開學之初，把二十張學習單依班上學生人數印好了三十六份，準備用來進行教學。但這份特優的教學活動設計，一直只是一份文本資料，從沒在課堂中進行過；沒有成為教學實際，沒有實施的原因有很多，最重要的一個理由是，我發現我沒辦法直接開口跟學生說：「我們今天就來進行『和樹做朋友』的活動吧！」

　　在不同班級的學習經驗脈絡下，那七百多張已經印好的學習單一直堆在手邊，七百多頁的學習單疊起來大約十來公分，這十來公分，成了我課程設計與教學進行的差距。

　　我開始質問自己，九年一貫課程改革，期待教師是教學者也是課程設計者，希望能縮短層層課程轉化間的落差。而我的教學現場，並沒有如同我在課程設計時的想像，課程與教學存在著很大的鴻溝。我一直有個疑問，我既是課程設計者同時也是教學實施者，都不能描述真實的教與學，那麼是要一份什麼樣的教學活動設計，才能真實呈現課堂中師生的學習互動？如果我只是在詮釋教師個人的教學經驗，沒有考量到學生、環境中的情境脈絡，那麼一份闡釋「目標模式」、得獎的、在書面上寫得頭頭是道的教學活動設計，它的意義是什麼？

　　我發現在我曾走過的那一段（2000 年東方班）課程之旅中，我並不能若無其事地將自編教材如法炮製地複製在這一群（2002 年西方班）學生身上。我開始思考，是否教育經驗就如同 Husserl 所認為的，是存在於每個仔細思索中，發生在每個偶然相遇裡。人類的偶然性，是外在現實的意識經驗、是物體內在的體認、是意識透過內在客體的經驗而來，從世界的偶然性轉化為內在客體的經驗。故偶然性是生命與生命的遭逢，與環境互動的偶然相遇（Grumet & Pinar, 1976）。不但異校的校本課程不能移植，就連老師

本身，也不能將上一屆的課程經驗，不經轉化的就複製在新接的班級中。

在未進到研究所前，我從實務經驗，去歸納一套具體可行的原理原則，理論在當時，對我而言，是在「呼應」我的課程設計，我是利用 Vygotsky 的鷹架理論，使用 Bruner 的螺旋課程觀，……，難道「理論」對我而言，只是在做「呼應」而已，把自己歸類在不同派典中，看到教案時說得出這是誰的理論，而沒有更深層次的意義嗎？

片斷、零碎、知其然而不知其所以然的理論知識，讓我仍用舊思維進行新的教學方式，仍期待一個具體、明確，可步驟化進行「目標、選擇、組織、評鑑」的實施方式，當然我是失望的。我不知道這樣的課程安排背後所意涵的哲學思維是什麼？對於「教」與「學」而言，「知識」的界定是什麼？常常只是在名稱上是「後現代」，在操作面仍停留在「現代思維」。

2004 年到研究所念書，課程相關的理論，從我的認知中，把片斷的知識脈絡化，在我的教學經驗中，回溯曾有過的教學活動，對照各理論派典，重建我的課程觀，理解我曾做過的課程決定，反思我的課程實踐。認識了課程理論的歷史脈絡，更能理解所採用的教學方式，在詮釋時更能明白其限制，不再停留在技術層面的操作，而知道自己為什麼這麼做？

接觸了課程再概念化學派，當課程是以「currere」的動態觀做為理解時，教學活動設計就不會是以直線、封閉的文本來詮釋，也不是單一的目標模式所能描述的，而是以敘事、自傳、傳記等形式，在課程設計上進行應用。課程是重視內在的經驗，而非外在的目標，currere 強調主體再概念化其自傳的能力，個人在現實中尋找意義時，會轉向自己的過去，回歸到自身，為自己的未來想像其可能性。而敘事，給予一種對未來可能發展的開放性，所以教師可能在敘事中發展自己的故事，也發展自我。我從不會寫「教案」到會寫「得獎教案」，從教學活動設計到課程實踐中，我不斷思考我的「課程設計」要如何來詮釋我對「課程理論」的理解？我規劃的教學活動設計如何在教師對於人類知識、社會文化的介紹中，與學生興趣、個別發展間進行位移？什麼樣的敘寫方式，才可以描繪出展開於課程地圖中，每一階段教、學互動的軌跡，繪製出其歷程中的動態過程？

三、旅行的方向

課程是學生的生活經驗，了解經驗最佳的方式是「敘說」，人們在敘說這些故事時，會加以重新確認、修正，甚至建立新的故事（Clandinin & Connelly, 2000）。而故事具有觀看自我的力量，孩子常將個人的經驗帶入故事中，從故事中看見自己，讓讀者與故事產生視野交融，故事的意義也因不同的詮釋而再生（黃迺毓、李坤珊、王碧華，1999；楊茂秀，1998）。

在「女巫故鄉」的課程之旅中，我冀望有一種書寫的風格、敘說的形式，可以描繪出我們這一路上的精采。從女巫的故鄉——北投出發，我希望經由課程來認識社區，也期待藉由在認識外在事物的同時，覺知我們自己，察覺自己的主體性。

當敘事探究是了解生活經驗的方式，是理解課程與教學的新途徑，而在課程實踐的層面上，敘事與課程能在師生互動的經驗上，交融出什麼樣的新視界呢？這是我的研究中所好奇、所關注的。我的研究是將敘事當成研究的方法，把敘事視為一段探究發現的歷程，強調敘事者（師生）在敘事過程中，能更了解生活經驗，更認識這個覺知週遭環境的主體。

這一趟的課程之旅，我以 Lauritzen 和 Jaeger（1997）所提出來的「敘事課程」（narrative curriculum）為經緯度，融合 Drake（1998）對於「故事模式」的觀點，述說一段師生以「女巫故鄉」為場域的課程故事。在透過敘事課程的課程規劃模式，以真實的社區為文化脈絡，在師生共同建構課程的歷程中，從探究中學習如何善用敘事課程來進行敘事教學，寓教學於故事中。

帶著研究問題去旅行，好比在地圖上標示出經緯度，區辨出旅行的方向。我的旅行方向如下：

1.探究我在「女巫故鄉」敘事課程的實踐歷程中，我的反思是什麼？

2.分享我與研究夥伴，在「女巫故鄉」敘事課程中的合作經驗為何？又如何互動？

3.探究師生在「女巫故鄉」敘事課程中，如何與社區互動？學生在社區的脈絡中如何建構自己的文化經驗？

四、旅行的指南針

（一）旅行與課程

當課程從其拉丁字源 currere 來做詮釋，它所描述的不只是跑道，而是準備就緒的跑者，所欲了解的經驗是跑者在跑的過程，是獨特的跑者、是獨特的足跡、是獨特的一天，飛逝而過的是獨特的風（Grumet & Pinar, 1976）。

我理解 currere 課程是發展的過程、參與的經驗、意義的建立，以及主客體的轉化。當我們解釋其外顯與內隱的意義，是希望以更多深刻的詮釋來呈現自我的內在狀態，而不是在其外在表現做枝節的描述。在生活世界中，透過 currere 描繪出個人生活經驗。意義是一種自我看待經驗的方式，意義不存在於經驗中，經過「反思性理解的經驗」才是有意義的。課程是發生的經驗，而經驗是有意識的作為。所以在這趟「女巫故鄉」的課程之旅中，我期待能提供一個生活場域，讓學生去建立他們的意義。

而我認知的旅行也是一種實踐的過程，旅人與異己相互穿透，透過凝視他人，想像自己，來召喚出內在陌生的自我。旅行是「自我」與「他者」相遇的行進「過程」，處於進行式。對自我的認識必須藉由與非自我的「他者」之互動來建構，以旅行做為一種跨越疆界的行為，提供了自我與他者相遇、對話的機會。旅行更是一種流動的展現，展現出我們的本質；旅行讓我們重新界定自己，在流動的行進中，努力了解自己經歷過的一切；旅遊不只是向外看風景，更是向內找到自我（汪芸譯，2001；蔣勳，2007；Kast, 1994）。

而當我們將課程視為一種生命的進程，把生命想像成一趟旅行時，正意謂著我們將教育有意識指向人性，課程是有機體，隨著參與者的投入，而看

見不同的教育風景。課程即是旅行，隨著課程的實踐，隨著旅行的開展，如同 Dewey 所說，地圖不是個人經驗的替代品，不能取代實際的旅程（莊明貞，2007）。

我認為，課程不是教學活動設計的堆砌，不是已完成的靜態跑道，而是正在進行、正在跑的動態過程；課程更不是一張已繪製好的藍圖，只是照圖施工、按表抄課，而是隨著課程不斷進行時，這一路上所看見的風景，是一趟師生互相陪伴的旅行。課程是個人主體性的建構與生命經驗的揭露，而課程和教學是可以相互轉換，重新被解釋、詮釋，也就是所謂的「理解」。

（二）敘事課程

課程是一個集合性的故事，我們告訴孩子關於我們的過去、現在和未來（Grumet, 1992）。我們師生的故事發生在「女巫故鄉——北投」的文化脈絡中，在我們的故事中，在我們透過質問去探討課程迷思時，發現了一條讓教學產生意義化的路徑，而不再只是詮釋文本中的故事。

敘事探究是一種了解生活經驗的方式，敘事既是現象也是方法，現象為「故事」，其探究為「敘說」。敘事探究分為兩層意義：一是將敘事視為研究方法；另一是把敘事當成研究內容（莊明貞、陳怡如譯，2006）。而將敘事運用於教學時，故事可以當作課堂學習的主要課程內容，也可以將課程和教學內容編排成一個故事，讓學生經歷這個故事，完成課程的學習內容。

敘事課程的特色是，課程的開始與結束都在故事中，從具有意義的情境脈絡中，提供自己的故事和個人的生活經驗，是鼓勵學生聯結真實生活和課堂上所採用的故事題材，導以新探索、重讀故事，加上新經驗的聯結，交織出新的文本、新的課程故事（Drake, 1998）。

正因為敘事課程是學生以故事來經驗課程，我透過 Lauritzen 和 Jaeger（1997）的敘事課程模式，了解到課程是源自於豐富的情境脈絡，由師生依浮現的興趣與問題來進行探究，在目標的引導下從事協商的探究，學習學科主題的方法與工具，從探究、溝通的過程中建構意義，學生能將學習的成果以多元的方式展現，並將這樣的課程經驗重新對脈絡形成新的影響作用。

同時我也發現，這樣的敘事課程，受限於學習學科主題的探究，仍會侷限個人建構內在意義的視野。

（三）故事模式

我從 Drake（1998）的故事模式中，觀看到如何從舊故事的敘說、書寫、進行中，衍生出新的故事發展。在故事模式的課程中，其課程的假設是，世界是一直在變動，我們經由故事賦予意義，而知識是互相關聯的，並存在於文化價值、信念和假定之中，而大部分的價值、信念和假定存在於沒有意識的層次中。我們的行動被信念所驅使，為了改變行為，我們必須了解我們的文化價值、信念和假定，才能夠有意識地去設計一個「新故事」來進行。

Drake 所提出的故事模式，是在文化脈絡上進行。強調從個人的舊故事中，在每個個體的生活經驗中，不斷交織彼此的故事，交融彼此的想法，產生大家現在的故事，由於社會是變動的，故事也會隨著時間不斷變遷，透過分享、討論，為未來的故事擬定可以實踐的行動，進而從我的故事、你的故事，衍生成我們的故事，而至未來的故事。

我也意圖從 Drake 的故事模式中，從自己與社區互動的舊故事中，帶著觸發新可能性的酵素回到班級，與學生對話後，重新回到課堂中，討論我們可以做什麼，讓新的可能發展成為新的故事。

但我認為，Drake 的故事模式是衍生於統整課程的設計，仍有目標模式課程的影子，仍在選擇和組織教材中，思考評鑑和評量的方式，以方案課程中的高潮活動做為總結，但故事模式的重點，是在研究文化脈絡有關的故事時，隨時加入適當的個人故事，並發展為文化故事。

貳　沿途風光的描繪

 一、「女巫故鄉」的驛站——我的實踐反思

（一）誰要炮製的課程理論

　　或許因為我並不是師範體系畢業的教師，只修了一年師資班的學分，自覺對課程理論、教學原理，其實是一知半解。再加上曾有過上台領獎時，被頒獎人質疑得獎的原因，「這根本不是一篇行動研究，完全沒有行動研究該有的流程……」，言下之意，書看得太少，理論學得太少。那樣困窘的經驗，日後讓我在意是否有理論依據，是否完整教出了教學模式中該有的步驟。

　　　　第一次嘗試用「概念圖」進行社區教學，和玫玫老師一再討論，技術性的步驟應該怎麼進行。我們還特地去找了《有意義的學習——概念構圖》一書來研究，也蒐集了一些實際的教學案例來做比較，希望可以協助我們觀念的釐清及實際的操作方法，……

　　　　　　　　　　　　　　　　　（教學省思札記，2002/01/14）

　　　　在放學後，我與玫玫老師留下討論，我質疑我們的教學方式可以算是概念構圖嗎？我看書上寫有固定的教學步驟，有選擇、歸類、排序、聯結、舉例……的方式。

　　　　玫玫老師的那一番話，讓我陷入長思：「如果是照這樣教太複雜，低年級小朋友做不出來？我自己都搞不清楚了。我們是在教書，不是被書教。」

　　　　是的，我們是在教書，不是被書教。

　　　　……

　　　　　　　　　　　　　　　　　（教學省思札記，2002/01/17）

在仔細推敲教學法中的實施方式時，企圖在課堂上如法炮製出書中的理論，但我似乎無法做書中的教學成效。我開始質疑，是否我解讀文本有失真？還是理論與實務真有不可跨越的鴻溝？

我開始去思考：為什麼要去一五一十的一個步驟一個步驟去執行，才能理直氣壯的說，我的教學是「方案教學法」，是「建構教學法」？我為什麼想要去說，我是某一種特定的教學法，這些名詞對於我教學的意義何在？對於學生學習的意義又是什麼？我要的是能解決我教學現場問題的方法，我要的是能描述我的教學現場真實的敘寫方式，它可以是、也可以不是某一種特定的教學法。

如果我認為課程是多元理解的重建論，我怎麼能期待衍生於認知學派結構功能論的概念構圖，可以詮釋學生心中關於自己想法的建構呢？我「能」的是將「概念圖」的教學操作得更精緻，而我「不能」得知的是，以「概念圖」進行教學是否真能再現我的教學真實？

在自我回溯的過程中，我覺知到我為什麼在意別人說我是什麼流派的教學法，正因為我曾有過被否定的課程經驗撰寫。我發現課程理論不是目的，其實踐才是目的，不是將教學套入一個合用的理論中，而是為了促進師生的主體意識建構，重建教學現場的實際。任何理論的教學模式轉化為實踐，都是反思的過程，我們必須思考在這課程立論中，自己所站立的位置是在哪裡。

（二）是誰定好了標準

在「2006 年北方班」的課程中，小組合作討論所記錄下來的概念圖，令我很失望，我還在自己的教學省思札記上，大發牢騷，我所檢討的都是學生的表現：

> 怎麼會這樣？五年級的學生表現比二年級的差！
>
> 學生談論到的北投概念與低年級相差不大，還是只能提到一般
> 觀光客對於北投的印象。而且討論與北投相關的事物並不能聚焦，

竟把「節慶」——端午節、元宵節、國慶日……，連「小吃」——雞肉飯、魯肉飯……，都放了進來。

好歹，低年級學生雖然列出的項目較少，但還是有北投的特色，而且還寫得出來桶柑，而高年級……

（教學省思札記，2006/09/26）

在學生陸續交回來的概念圖中，他們的表現讓我有了不同的想法。我又回頭去看那一天的教學影片，也重新思考「我很失望」這一件事。

我為什麼會失望呢？是否我在心中已預期了一個標準，期待他們去超越。當他們沒做到時，我心中的落差，讓我看不到他們其他的好表現。

我重新看當天的影片，看到了我之前沒有注意到的細節。

我開始能理解，學生怎麼會把八竿子打不著的事，都寫進去了。

是因為我當天在提問後，又加了一句：「我們來比賽，看一看哪一組可以寫出最多東西？」因為想贏，再加上一時間想不出其他的東西，所以所有可以想到的都先寫了再說。

景點思考得不夠深入，是因為他們真的沒有那樣的經驗，他們會寫不出桶柑，是因為他們並沒有和二年級的「2004年南方班」一樣，去大屯山採過桶柑。

我怎麼會認為「連一般觀光客」都會知道的北投特色，學生會不知道呢？在看完「北投小鎮」那齣戲之後，我對於我的學生所能建構出的北投，有了不同的想法。

在今年五月下旬，復興高中戲劇班的年度公演上演了「北投小鎮」，故事背景是發生在五○、六○年代的北投，在那卡西音樂聲中，訴說著那一個時代的故事，也正如同在文宣上所言，是一齣富有北投風情的實驗劇。

原以為自己班上的學生所談的「北投」並不深入，只停留在表層。

但在觀看「北投小鎮」時，說書人問了在場的觀眾關於北投的故事，舉手的人並不多，或許是害羞不好意思回答，但在說書人介

紹了之後，有不少人發出驚嘆聲，我才真的相信真的有人是不知道的，甚至在說書人也說錯了某部分時，我才驚覺，我的學生還算是知道的蠻多的。

是不是要經過不同的比較，才能深刻的覺知到……

（「北投小鎮」戲劇觀後感，2007/05/19）

我怎麼會去認為我的學生認知的還不夠多呢？我是以誰的標準來評論他們呢？我是否仍把「北投」這樣的一個社區課程，當成一般的認知學科，而去在乎他們所建構出來的這一座「北投」城堡有多高呢？

認識家鄉，並不是靠著閱讀旅遊手冊上的說明，不是靠著在網站上搜尋，而是邁開步伐走進社區，實實在在的走在社區中、真真實實的在社區中生活，除了張開雙眼看，更是要打開心靈看。

二、「女巫故鄉」的驛站──我的合作經驗

對話，是一種說故事的表現。在故事的交會中，我們看見了「同」的部分，引發了共鳴；我們也會看見「異」的部分，我們學會從不同的角度做觀看，彼此尊重，引發另一種行動的可能性。

除了與教師間的合作外，在這一趟的社區課程之旅中，我更發現到，家長是豐富的社區資源，透過家長，將校園、家庭與社區做了串連。

曾經，家長在我的教學過程中，是屬於被動的協助者。尤其是之前在擔任低年級導師時，家長的協助一直停留在陪伴式的支援，支援教學上的分組活動，支援校外教學的隨行人員，支援教學上的瑣碎雜事。後來家長成了回饋教學的重要他者，我開始在學習單上設計一欄──家長回饋，除了讓家長了解學生在校的學習反應外，也讓家長表達意見，修正我的教學形式。

其中荏荏爸爸（化名）談到「丹鳳山」常常火燒山的事，其中特別提到他從小住在丹鳳山：「一旦火燒山，提供不少家庭燒水洗澡，我家也是受惠之一。」

我還鬧了一個笑話，聽荏荏分享他爸爸小時候關於丹鳳山的回憶。

「什麼？利用火災把水煮開洗澡。」我覺得不可思議，這是我所不知道的資料，我還努力重述、解釋、合理化荏荏的分享。

「是把水裝到桶子內，放在火災現場裡嗎？讓火把水煮開嗎？」我愈解釋愈心虛、愈覺得不可思議。

「不是啦！是火把樹木燒成木炭，我爸爸再撿回家用。」荏荏急著解釋。

「喔～」我恍然大悟。

「老師，你太誇張了，把水放到火災現場，再拿回來用，虧你想得出來。」全班哄堂大笑。

（課堂紀錄，2006/12/19）

在孩子與家長的互動中，在課堂上的對話裡，我們產生了更多的好奇心，想知道多一些，孩子回家與家長談得更多，主動蒐集相關資料，想要釐清我們的問題。

丹鳳山三十多年前，是一座松樹茂盛的山，但常常火燒山，以致於丹鳳大石後，松樹燒光光，現僅存一小片松樹純林在往軍艦岩沿途。從後山往軍艦岩路上，仍可發現鳳梨樹，因丹鳳以前是鳳梨山，普遍種植鳳梨。之前提到常火燒山，其實也提供了不少家庭有火可燒水洗澡。我家就是受惠之一，但相對我就必須很辛苦。我覺得現在政府補種的樹種完全錯誤，建議種植適生適種的松樹才宜，種可取自當地。

（荏荏爸爸的回饋單，2006/12/20）

在聽過荏荏分享過爸爸童年時的精采回憶，大家期待有機會可以親自聽荏荏爸爸介紹丹鳳山。於是安排了一趟「丹鳳山」校外教學，而且隨行的還有「荏荏爸爸」，他沿途介紹，並說明今昔之比，讓學生對以前的丹鳳山有很多美好的想像，也大嘆今日的環境破壞。

我也透過家長看見更深入的北投。

活動在體驗過後，我更期待經由省思，讓學生將經驗意義化。在社區的課程中，除了我看見學生對於自己生活的這塊土地之認識外，他們更甚至開始影響家人對於北投的看法。

> 我住在北投已有十年之久，但從未聽過丹鳳山，聽到誠誠去了一趟回來，訴說這麼多的故事，更讓我有好奇心，有機會一定要去走走。
>
> （誠誠爸爸的回饋單，2006/12/20）

> 從北投市場往山上，有看到丹鳳二個字，雖然不曾去過，……聽穎穎介紹之後，覺得應該抽空去看看那麼美的丹鳳山。
>
> （穎穎媽媽的回饋單，2006/12/20）

家長不僅只是學習單上客氣地回饋有空會去走走而已，瑞瑞媽媽不但利用假日，由瑞瑞當嚮導。

> 聽到丹鳳山，但未曾挑戰、欣賞過它，……我一定要挑一個風和日麗的涼爽季節帶家人，再一次由瑞瑞當嚮導拜訪這個美麗的勝地！
>
> （瑞瑞媽媽的回饋單，2006/12/20）

經過一個寒假，在瑞瑞的寒假作業上家長回饋欄中，我發現瑞瑞一家人不僅利用假日去爬過了丹鳳山，也挑戰了軍艦岩，甚至在九天的春假中，又帶了親戚一同上山。

> ……陪著孩子一起爬上爬下，除了參與、運動之外，更有所獲，自己也開了眼界。……春節九天，我帶了親戚、家人，一同見識軍艦岩的美麗……
>
> （瑞瑞媽媽的回饋單，2007/03/15）

　　我在想，我是在進行一種什麼樣的課程？不只是社區的課程，也是生活的課程。不僅是在教室內上課，學生還走出了學校、走進了社區，走上了丹鳳山步道，踩著父母童年回憶的足跡，走進了時光隧道中。經由孩子，家長走進了校園，分享了他曾看過的北投，在他們的敘說中，北投不僅是立體空間的存在，還加上了時間脈絡成了四度空間，穿越了數十年的時空，躍然出現在我們面前。

　　也經由孩子的再敘說，家人也以不一樣的目光，重新發現這一塊每天生活的土地，有如此的歷史、有如此動人的故事、有如此美麗的風景，就只在抬頭可以望見的距離上，而自己卻不曾仔細去端詳過。

　　這不正是 Drake（1998）的故事模式，從父母的舊故事敘說中，衍生出新的故事發展。我們經由故事賦予意義，而知識產生了關聯性，存在於文化價值中。我的故事、我家的故事、你的故事、你家的故事、現在的故事、過去的故事，透過敘說與聆聽，不斷交會產生新的故事。而我的課程，只是一個提供他們彼此敘說的平台。社區課程，在孩子與家長的交織中，在彼此的心中豐厚了起來。

三、「女巫故鄉」的驛站——學生形塑的文化經驗

　　從我與社區互動的舊故事中，我帶著觸發新可能性的酵素回到班級，與學生分享、對話，討論我們可以做什麼，讓新的可能發展成為新的故事，就如同 Drake（1998）所提出的故事模式，是透過個人、文化、全球與共同的層面來探索學習的主題。故事模式的目的，主要是個人的成長來回應社會的變遷。

　　在我的故事模式中，觀看到如何從舊故事的敘說、書寫、進行中，衍生出新的故事發展。我以旅行的「自然生態篇」、「歷史古蹟篇」、「社區人文篇」為三大主軸，描述學生的社區文化經驗的形塑。

（一）自然生態篇

從家鄉的特殊性，去描繪出家鄉的與眾不同，學生提到北投擁有得天獨厚的山，北投有「最古老的五指山層——貴子坑」、「最年輕的山層——觀音山」、「台北最高峰——七星山」，這些「最」之輩的山，建立了北投的具體形象。甚至「丹鳳山」上那動人傳說的——燃燒的鳳凰，也勾勒了北投淒美的圖像。

> 我發現自己親自到丹鳳山看鳳凰才美，在照片上看只想說：「好像呢！而已」。

> （儒儒的學習單，2006/12/20）

> 如果你沒能在北投奇岩攀岩過，怎麼知道北投的滋味呢？那種被困在山壁上，上不去、下不來的驚心動魄，是一輩子難忘的。

> （蓁蓁的學習單，2006/12/20）

如果沒有了溫泉，當初到地熱谷的凱達格蘭族就不會說出「北投（女巫）」。北投會冒煙的河流，很難不讓人注意到，連地下的水流，也會衝出水溝蓋，冒出陣陣白煙。

我們的校外教學，去到了大磺嘴、走過了地熱谷、涉過了北投溪、找尋過磺港溪。

> 地熱谷是北投溫泉的心臟。不斷的加壓，讓溫泉水從地熱谷不斷的傳送出去，所以北投才有這麼多的溫泉，不但是溫泉旅館中才有，連一般的住家也都有。……

> （鴻鴻的學習單，2007/03/20）

> 其他區的水不是自來水，就是地下水，我們北投的水可不一樣，是連冬天都很溫暖的硫磺水，溫泉總讓我想起北投人的熱情，在我心中北投的溫泉和北投人的熱情，是可以畫上等號的。……

　　內在建構的意義，就在於難以忘記的經驗。學生從外在的社區自然景觀特色，看見了內在的人情溫暖。敘事不是像攝影機做純粹的拷貝，我可以帶學生去走訪北投的風景，雖然投影在我們眼底的物理風景是一樣的，但投射在心中的感動卻是不一樣的。故事是可以詮釋的，我發現身為教師的我，我的課程想法也隨著學生的觀點而產生不同的詮釋，呈現了 Gudmundsdottir（1991）所謂的「教育性的詮釋」。

（二）歷史古蹟篇

　　北投就像一張展開的藏寶圖，我們師生在北投區冒險，每多聽一個故事、多認識一件事物、多參觀一個景點，我們對北投就多一份喜愛，同時也期待尚未舒展開來的藏寶圖中，又記載著北投的哪些傳奇。

> 　　北投就好像一張藏寶地圖一樣，總有變化多端的事，在等著我們呢！總吸引著我們不斷的去冒險。
>
> （茹茹的學習單，2007/03/20）

　　在 2006 年的五年級下學期剛開始，學年則著手規劃「校本課程——北投古街」的安排細節。在走訪「學仔內」，介紹「溫泉國小」的前身——八芝蘭公學校學仔內，是百年的三合院建築，曾有過在學仔內讀書的學生，陳姓占了九成。

　　以學年的「北投老街闖關活動」為學習的契機，學習了北投的開發歷史，甚至介紹陳姓家族的發展，學生回過身來探詢自己的家族，在北投住了多久？與北投的淵源有多深？

　　在「陳氏祠堂」上，關主老師正解說著陳姓家族在北投開發的歷史時，儒儒指著神桌上其中的神主牌說，那是她的阿祖。茹茹也表示她曾與爸爸來此拜拜過。

> 　　從民國六年就住在北投，已經住了九十年，……是因為北投有

農地可以耕作，才住下來。……

（晏晏的學習單，2007/04/20）

我的祖先從清朝就住在北投了，我是第九代。但在爸爸的時代，我們搬家住到竹圍。……不過我想再搬回來北投，因為我覺得北投是個很有趣的地方，……

（荏荏的學習單，2007/04/20）

家族已在北投住了二百多年，自己正是第二十代的子孫，我們這一輩的子孫，名字都有一個「昱」字。……

（儒儒的學習單，2007/04/20）

從曾祖父一直到我，都土生土長在住在北投，親戚朋友也住在北投，所以我想，我也會一直住在北投。……

（潔潔的學習單，2007/04/20）

是什樣的一個地方，我們祖先住過，我的父母住在這裡，我也會選擇一直住下去，就算我離開了，仍想著要搬回來，這個地名，名字叫做北投。

一個社區的發展，是隨著歷史在演進。從社區的歷史發展，回顧自己的家族歷史，從新舊知識互相交融中創造新的意義，就如同 Lauritzen 和 Jaeger（1997）所提到的敘事課程重要的特色，在於「探究」，而探究不限於向外的踏查尋訪，也在於向內的自我了解。如同 Gudmundsdottir（1991）建議我們，理解一個故事是包含不斷的再建構——從舊文本中創造出新文本。

一趟「北投老街」的課程之旅，學生除了向外看見北投的整體開發，也是照見自己的家族遷徙，發現了原來自己也是北投歷史的一部分。

（三）社區人文篇

豐富的自然生態構成了北投的形體，悠久的歷史古蹟是北投的靈魂，如果沒有活絡的社區人文，就成就不了北投的精采。

在社區人士自動發起的活動中，一次又一次的認識北投的工作坊，描繪出北投的容貌；也在一年又一年的湯花季時，以溫泉的熱情姿態，向觀光客介紹我們自己；更在每年春天萬紫千紅的陽明山花季中，展示北投的五彩繽紛；甚至在每年元宵的踩街，可以免費拿禮物的同時，小孩子更能感受到當北投小孩有多幸福。

「2006年北方班」的學生，以多元的方式參與了社區活動。宜宜全家一起在晚上度過了一個那卡西之夜；康康則和爸爸一起參與了熱門樂團的演出；晏晏、誠誠、成成及晏晏媽媽則在雨中參加了「健康藝術踩街」，晏晏還表示，除了有趣的裝扮外，也有女巫帽、別針、氣球、紋身貼紙可以拿，可說是大豐收呢！鈞鈞和庭庭則參加了「溫泉溯源祈福活動」，二個小女生說了，真是一趟奇特的活動，因為都是阿公、阿媽，只有她們兩個是小孩子，不過長輩很照顧她們，沿途有發放禮物，則全部送給她們二個，還被一群阿公、阿媽稱讚，稱讚她們很乖，年紀小小的，就知道要認識家鄉，很不簡單，害她們很難為情。也因為被長輩用力的稱讚，二個人決定把照片洗出來，加上文字，做成小書，和同學一起分享。

> 從一年級開始，老師就帶我們去過北投公園，二年級去過溫泉
> 博物館，這一次，不是老師帶隊，而是在假日，和同學一起報名參
> 加社區的活動，經過這一次的導覽解說，讓我更進一步的了解北
> 投，……
>
> （鈞鈞的學習單，2007/05/20）

> 從一年級開始，我就去過很多次這些地方了。雖然每一次講解
> 都差不多，但學習的內容一次比一次多，而且聽過的，就可以當複
> 習喔！
>
> （庭庭的學習單，2007/05/20）

復興高中的實驗劇團演出了「北投小鎮」，班上有二組同學去看，一組是翰翰、鴻鴻和臻臻，他們看了星期六的下午場，而培培、亨亨和他們的媽

媽則看了星期日的下午場，由於沒有事先索票，票已經發完，櫃台姐姐竟給他們還剩下的「頭等艙」的票呢。

　　爸爸看了之後感觸良多，因為他是見證北投從繁華到平淡的人，回家後，他還告訴我很多以前北投的故事。……我看到了北投以前的繁華，讓我知道要珍惜北投現在所擁有的，要努力去尋找北投的根，北投是我永遠美麗的故鄉。

（培培的學習單，2007/05/20）

　　就如同 Drake（1998）所說，在研究文化脈絡的同時，要隨時加入適當的個人生活故事，才能發展成深刻的文化故事。雖然社區的活動一年一年的在舉辦，如果沒有投身在社區的文化脈絡中，怎能深刻體會到家鄉的改變，想到起而行的維護家鄉的美好呢！

參　浮光掠影的捕捉

一、旅行的收穫

（一）旅程中的山重水複──自我的反思

　　在「女巫故鄉之旅」的課程實踐過程中，在以「概念圖」建構北投圖像的同時，好幾次我深陷以理論為自己背書的五里霧中，我該如何走過山重水複，該如何看穿事物的表面現象，直視內在的意義，才能穿越「體驗的意義化」與「活動的嘉年華化」，也才能撥雲見日，在日常生活的瑣碎經驗中，看見教育的真諦，這些是我一直想追尋的。

　　我在課程經驗中反思自己，何以選擇這樣的教材內容？何以選擇這樣的課程設計？在這不斷追用「何以如此」的同時，我更清楚知道我為什麼這樣進行，我抉擇的依據是什麼。回溯以前的課程經驗，去修正每一次的教學進

行，我發現到，如果我的課程觀沒有改變，只是在課堂中斤斤計較教學的流程，在意課程的實施情況，我會永遠尋不著那把「currere」的芭蕉扇，讓每天不斷竄燒的日常瑣碎、突發的野火，隨時燎原而起。遇見了「currere」的動態課程觀，遇見了「敘事課程」，不管是從 Lauritzen 和 Jaeger（1997）的觀點來進行「情境脈絡、提問、目標模式、探究和歷程結果」，還是從 Drake 的觀點，在文化建構中，從舊故事發展出新故事。我更能感受到每天師生進行的對話、發生的衝突、產生的不一致性，才是真正學習的觸發媒介，才真是老師要轉化為課程的重要文本。

每一次的自我書寫，每一次的自我觀照，並非尋求一個永恆不變的自我，而是透過不斷的書寫，反映出多個「我」，以不同的角度、觀點，進行審視與自我批判，在不斷回顧中，又會產生一個新的「我」。一趟「女巫故鄉之旅」的課程實踐，讓我重新發現自我，以自己的雙眸去建構自我的圖像，不再依賴外在的要求來定義自己，在自我抉擇和行動中持續形塑自我與自我超越。

就算是相同的課程、相同的社區活動，在不同的學生、不同的對話、不同的情境脈絡中，總會激盪出不同以往的可能，也會觸動我原來是這樣看待課程、看待學生、看待自己。透過回溯重建過去的故事，在生活文本中的努力詮釋，在自我關係網絡中去聆聽他者的故事，才能對教學的現實產生新的觀點，對現實產生更豐富的感受來重新決定自己。

（二）旅程中的柳暗花明——課程的實踐

會在山重水複中疑無路，是因為對「現代思維的課程實施」，與「再概念化觀點的課程實踐」無法做釐清。不該只在名詞上做「再概念化」的宣稱，但在操作層面上，仍無法擺脫「現代性」的控制。

課程理論不是目的，實踐才是目的，而實踐的教育目的，並不是為了將個體嵌入一個僵化的體系，套入一個合用的理論中，而是為了促進教學者與學習者的意識覺醒，活躍他們的主體意識，可以重建教學現場的實際。

故我以 Lauritzen 和 Jaege（1997）所提出的「敘事課程」、Drake

（1998）的「故事模式」，做為啟帆「女巫故鄉之旅」的指南針，隨時修正我前進的方式，不致於迷路。而非按圖索驥照著地圖，一五一十去詮釋 Lauritzen 和 Jaeger 以及 Drake 的敘事課程觀，而是會有我與理論對話後的實踐。

當我穿越過教學的現場，在師生的對話中，在共同的故事交會中，更能理解課程實踐並非單純的課程實施，也不是將教學流程逐一步驟完成，就可以自詡為課程實踐者。

在生命的流動中，意識以一種來來回回、進進出出的姿態，反覆不間斷的方式來抓住意義，意識也是一種內在與外在的持續互動，讓事物更具體化。我在課程的實踐中，也如同課程意識般，不斷地以來回、進出的方式，出現在我的教學現場。意識覺醒是一種實踐的歷程，只有在實踐中才能確定它的存在，意識經由觀察、反省、對話，透過摸索、探尋與沉澱，課程意識的覺醒穿越過課程實踐而再現，而課程實踐不是課程內容的傳遞，不是如法炮製理論，而是一種生活的實踐，一種師生間、一種教師間，因理解現實、不斷質疑、探索、對話的過程。

這時我才發現，任何理論的教學模式轉化為實踐都是反思的過程，在這課程立論中，我所站立的位置是在哪裡，我的意識覺醒，讓我體悟到實踐並非一種順應的行為，對於理論全然的接受，而是體察到課程與教學的實際問題，願意以產生解決的行動，不只是願意，而且是實際在逐步修正自己。意識的覺醒，在於揚帆與靠岸間的逡巡與擺盪。

（三）旅程中的豁然開朗——與社區互動的開展

走過各種派典的山重水複，越過課程實施與課程實踐的五里霧，才能在柳暗花明處看見「敘事課程」。

課程將兒童與其生活經驗聯結起來，課程是兒童的生活體驗或經驗，兒童在課程中，不僅要面對自我，也要面對由自然事物所構成的客觀世界，面對由其他主體所構成的社會世界，兒童在處理自我與其他主體、社會世界、自然世界中，逐步認識自己，建構自我存在的意義與價值。

　　我一個異鄉人來到「女巫的故鄉——北投」，在課堂內教授「社區課程」，而我的學生多的是已在北投居住多世代，我有什麼樣的能力，可以去進行這樣的課程？沒有固定的書面教科書，只有真實上演的日常生活，我要如何在習以為常的生活環境中，在固著的認知中，讓學生用心、重新去看，看見這塊生長的環境及生活於其中的自己呢？從每一次我課程安排、設計的學習單中，投射出我在當時對於北投建構的層次。我發現，當身為教師的我，所建構的北投是受限時，學生所建構出來的北投，是會受限於老師的視框中；老師的視框影響了學生建構的寬度與深度，如果身為老師的我，站得不夠高、看得不夠遠，我又怎麼能期待我的學生可以看到全世界呢？

　　我的社區課程圖像，隨著參與愈多的社區活動，開始有了更清晰的面貌。我與社區互動的模式，也開始影響了師生在課堂內的對話。從一開始，制式從文本資料中獲得社區的故事，我開始積極親身參與社區的課程，不論是社大的課，或者是溫泉博物館的假日講座，我開擴了視野，隨著我的改變，我能講出關於北投更生動的故事，以此為基礎，學生也忍不住想講自己家在北投的故事，又加上家長的參與，社區的故事愈傳唱愈精采。

　　我期待藉由我所建構的北投圖像，可以更具體、更清晰地看見自己所生活的這一塊土地，能從自然生態中看見北投的好山好水，從歷史古蹟中看見北投百年來的發展，也能從社區人文中看見北投的多元文化，更從特殊產業中看見北投的風華。

　　我也相信，當教師有開闊的視野時，才能有更開放的胸襟，才能接受學生更多的可能發展。從社區帶進教室的鄉土資料，在課程中透過師生對話的催化劑作用下，讓學生、讓家長、也讓教師，在每天食衣住行育樂的社區中，產生新的化學變化，重新看見自己習以為常的固著想法。

二、旅行的發現與困惑

（一）對於敘事課程的再理解

　　正如同 Grumet（1992）所說，課程是一個集合性的故事。那麼課程的

進行，就如同故事的被敘說，說故事的人、聽故事的人，都是在一個有機體
的故事氛圍中；當故事在敘說與傾聽時，反映出個人的價值觀和詮釋，我們
看見了我們如何看待世界，我們感受到我們如何感覺、如何生活。課程是學
生的生活經驗，當日常的生活經驗，是以故事形態被訴說、被傾聽時，課程
的學習就不應該是從設計、教材來切入，而是根據學生過去的經驗來探討課
程。

　　我是這樣子來理解「敘事課程」，企圖建構我們師生的課程，讓課程故
事發生在「女巫的故鄉──北投」的文化脈絡中，我們不僅述說我們的故
事，我們也被我們自身的故事以強而有力的方式述說出來，在我們的故事
中，在我們透過質問去探討課程迷思時，發現了一條讓教學產生意義化的路
徑，而不再只是詮釋文本中的故事。

　　我以 Lauritzen 和 Jaeger（1997）的敘事課程模式做為課程之旅的指
引，他們所提出的敘事課程有三個組成要素，即是目標、情境脈絡和學習理
論。其規劃模式，可分為五個部分，分別為情境脈絡、提問、目標過濾器、
探究和歷程結果。

　　其中指出，情境脈絡是學生週遭的一切，也就是生活，故事也應該像生
活一般。課程以有意義的脈絡化為基礎，做學生可以用有意義的方式沉浸在
生活中、在課程中、在學習中。但卻從「真實、結構、興趣、學科理論」的
四項規準來探討，我認為，其真實與興趣是從學生的觀點來進行學習，而結
構與學科理論的規準，仍是停留在以學科中心的思維模式。透過故事地圖，
師生可以有更清晰的情境脈絡，以進行彼此觀點的交流，引發共同的對話。

　　在提問的規準中，我發現提問的聚焦，是決定課程的重要因素，如同
Lauritzen 和 Jaeger 所認為的，提問是嘗試發現的過程，從我的解讀中，我
是這樣理解的，教師每一項的提問，其實是開啟另一扇窗，引領學生開窗看
見不同的風光。提問後的回答，左右了課程的決定，我們從學生的回應中，
聚焦出新的研究方式、新的探索內容。但是不用 Lauritzen 和 Jaeger 那麼
強調，提問是否實踐了學科的啟發，如同 Dewey 所言，教育無目的，成長
是唯一的目的，從我們自己的課堂經驗中，我也發現到，當我不受限於能力

指標時，學生學習到的事物，往往比我所事先設定的學科視框還要大。

　　Lauritzen和Jaeger使用了「目標過濾器」，讓我困惑其與現代課程觀的差距為何？我思考「目標是意圖教學的核心？還是活動後被選擇的歸因？」，正如同我曾困惑於能力指標是「領導教學」？還是「檢核教學」？先預設教學核心、課程目標，我們從事師資訓練時所熟悉的模式，預先寫好的課程劇本，透過教學來詮釋，師生共演一齣事先寫好的課程文本。若在教學活動後再回頭去歸納課程目標，常會流於套用、穿鑿附會。至於是事先擬定還是事後歸因？是一種位移的關係，在課前可以擬出方向，在課堂內於師生的對話、回饋中去聚焦出清晰的學習目標，且保留空間，可進行粗調與微調，才能真正從課程實施位移到課程實踐。

　　什麼樣的形式才能稱為「探究」呢？如果課程是一趟旅行，旅途中的不可預期是必要的過程，那學習中的探究，也是一種不可避免的理所當然之歷程。

　　在這裡，Lauritzen和Jaeger所詮釋的探究規準，從他們所提到的，探究是否可以促進教學單元目標的達成，似乎是從目標模式進行思維，去在意學生是否精熟技能，是否獲得新的過程技能，這似乎是工具理性的要求。我不認為每一次的探究，都在尋獲問題的解答，有時候發現問題是更重要的學習；也不是在每一次的探究中，都得以有新學科目標的達成，有時候的未達成，才有機會去追問自己，發生了什麼事？我怎麼了？這反而是認識自己更重要的轉振點。

　　在歷程結果中，學習是擴展經驗的方式，然而經驗在反思後才能意義化，成為深刻影響自己的生命經驗。我認為歷程結果，除了評量的意涵外，不管是過程評量還是結果評量，還有一個更重要的意義，如何讓學生將內在意義外顯化，可以與他者進行分享，分享提供了對話的平台，對話交融彼此的視野，可以看到自己怎麼看待這趟學習，別人怎麼看待這趟學習，其中的相同處，我們得到共鳴，其中的歧異處，我們看到了多元性。這是我認為歷程結果更重要的目的。

　　在論文計畫口試階段，我企圖尋找一種可以描述課程真實的理論依據，

一種有執行步驟的課程設計，我使用了 Lauritzen 和 Jaeger 的敘事課程模式，以「情境脈絡、提問、目標過濾器、探究、歷程結果」的五個階段教學模式，設計了一個主題教學活動來詮釋我的「敘事課程」。交織在課程中的教學活動設計，好比是去旅行時的地圖，有了地圖才能在前進時知道方向，不會在旅途上迷路。在我的研究計畫中，在擬定的「女巫故鄉之旅」敘事課程裡，我也預期一趟即將展開的旅行。

而口試委員提出，「再概念化『重建論』的理論依據與認知『建構論』的課程設計，在立論上產生了不一致」（計畫口試紀錄，2006/06/22）。在我心中投下一顆石子，在心中激起漣漪。在我原先已預定好、手執地圖、拿著路線圖，即將上路的同時，我開始躊躇。

我知道，不該是帶著地圖按圖索驥去旅行，我也知道，不該被侷限在一張地圖中來看世界，舉目所望只有地圖所圍成的壁壘。雖然我已摒棄了「目標模式」的課程設計，如果我還是冀望以一個有所謂「情境脈絡、提問、目標過濾器、探究、歷程結果」的五階段敘事課程來做為課程設計，不正是落入另一種「目標模式」。如果我只是期望能進行一個事先設計好「女巫故鄉之旅」的敘事課程，是否真能再現我的課程經驗？

身為教師的我，不能完全空著手進教室，沒有任何的教育目的，只等待學習機會的觸發，我也不能空著手走進我的研究場域，等著研究問題的產生。難道再概念課程觀，只能有想法，不能有方法？至少不是具體規劃在開始前的步驟化方法。

我一直掙扎在「設計」與「放手」之間，如何讓課程可以是「設計後的放任」。

（二）對於敘事探究的再思

當量化的數據無法描繪我的課程實踐時，我尋求一種新的理解課程與教學的途徑，藉由多元聲音的展現，重新形塑自己的課程實踐知識。敘事不是為了更了解這件事，而是更了解我自己。敘事也不在於發現新的世界，而是用新的視野，去重新看待這個世界，以教學現場的故事做為敘說的主軸，我

重新組織生活的經驗，尋找隱默於脈絡中的意義。日常的生活經驗，常以故事形態被敘說、被傾聽，而意義並不存在於經驗中，經過「反思性理解的經驗」才具有意義的，所以意義是一種自我看待經驗的方式（Grumet, 1990）。而了解經驗、建構意義的最佳方式是「敘說」，當在敘說這些故事時，會加以重新確認、修正，甚至建立新的故事（Clandinin & Connelly, 2000）。

而敘事探究的研究方法，也讓我陷入困惑，在故事的真實、文學的虛構中，我該如何以隱喻串接起其間的距離。

1.真實

敘事是主體具其經驗意義的建構，經驗經由敘說再現成為「文本」。而主體的視框決定了對經驗所賦予的意義，同一經驗在不同的視框中，被賦予不同的意義，故「視框」的位移，使得經驗文本不斷被「重新框定」，產生了新的意義。敘說與真實不必然存在著一對一的符應關係（林香君，2005；莊明貞，2008）。

我們無法直接進入他人的經驗，也無法直接將經驗轉移至他人身上，我們所能處理的是經驗的「再現」，詮釋我們的理解，再現我們的經驗。「呈現」真實？還是「再現」真實？若從 Riessman（1993）研究過程中的經驗再現層級談起，從關注、訴說、轉錄、分析，到閱讀經驗，當我在意識流裡關注傾聽，並分離出某些形貌——反思、回憶、從觀看裡拼湊。當我說出什麼時，已在所關注中做了選擇，選擇了說什麼，選擇了不說什麼，也選擇了怎麼說，這都已不是當時單純的經驗了。當我開始描述那時的環境、角色、開展的情節，我會從我的觀點去串接故事，使我對這些事情的理解變得清晰。為了依序重新形成我所理解的事件，為了回應當時的情景，在研究者的我自身上、在參與者的我自身上、在撰寫者的我自身上，我汲取我的文化脈絡、擴大了參考的脈絡。我「再現」的經驗，在交織多重角色的我的觀點，是看得更清楚，還是因為透視後，已不是當時的經驗了。我的故事說給某特定的閱聽者，如果閱聽者是其他的人，可能會有不同的版本。在敘說這個經

驗時，我也在創造一個自我——我想如何被他們所認識。

經驗再現只能做有限形式的描繪，意義是流動的且具脈絡的，我們所敘說的故事，也只是從「整體」經驗中選擇某些特色來敘述，並同時增加其他的解釋元素。而什麼是真實呢？Riessman 所謂「真實的再現」，是鑲嵌於語言中，然後鑲嵌於文化、制度和呈現者模糊的氛圍中。「再現」本身就與許多「真實」之外的東西牽連、糾結、嵌入、編織在一起。「真實」本身就是一種「再現」，正因為每個文本具有「多重聲音」，開放於多元的閱讀觀點和不同的建構方式，建構的真實，只能對特定歷史情境下的某個特別解釋群體，才具有真實意義（王勇智、鄧明宇譯，2003）。

誠如 Gough（2003）所言：「……，我們企求『真實』是沒有被『創造、選擇、扭曲或改變的』，真實的存在超越文本，而許多我們所認為的真實是透過文本來理解的。……虛構可視為以選擇的方式與周遭環境積極相遇，並藉由與未能證實的過去和無法預測未來相聯結，進而擴展了真實。」

所以，真實不是被發現的，它的意義是人們所賦予、詮釋的，而我們所該關注的不應只是「真實」的問題，而是我們如何建構、呈現我們所覺知的「真實」。通往「真實」的途徑多元，虛構只是其中的一種方式。

從這個觀點，我的文本——「女巫故鄉之旅」，所呈現的、再現的「真實」，與學生詮釋的「真實」，難道只是單純呈現學生在學習單所記錄的文字、在課堂上的敘說語言，就能完整建構觀看的視角？難道學生文字的呈現，不會受限於教師在課堂上的引導，或只是老師有選擇性的部分摘錄？

2.虛構

故事能否吸引人、是否充滿意義，在於敘事中所隱含的「虛構」。虛構是一個人對意義的再現與描述，而我們所謂的真實是透過文本來理解，但文本的構成不取決於真實，而是取決於虛構——語言的虛構，例如：「秋天『孵育』了紅葉」此一句子，以科學理性來思維，秋天是不可能「孵育」紅葉的，但是閱聽者的你，明白我想傳達的是，秋天裡紅葉片片的感覺，這正是「語言的虛構」。虛構的運用在於增進我們對於「理解」性質的了解，虛

構激發意義的層次，它敘述一件事是為了要說出其他的事情，它是以一種語言的方式來描述自己，它不斷地從那些無法被限定、被檢視的語言中去獲取意義（阮凱利，2006）。

　　當我們在書寫時，在書寫的主體不斷消失的一個空間裡，我們閱讀及思考我們所了解的，進而閱讀在與他人的差異上，並混淆我們一種混合的認同概念。而已寫下的敘事成為一種持續中的「虛構」，等待讀者以自己的視野去詮釋、去協商、去思考，自己與事件之間的內在關係。虛構可能在文本與讀者之間，也可能來自文字本身，它的威力不是明晰的可見性，反倒是其不可見，而這正是虛構的力量。如果敘事、敘說是一種表達方式，具有溝通的慾望，那「虛構」的表達方式、以詩性的再現，是強化了溝通的力道。

　　由於文本具有建構與虛構性質，才有了想像空間。隱喻的使用，既是一種想像，也是一種掌握真實的嘗試，是一種詮釋真實與尋找近似概念的嘗試。在敘事探究的書寫中，以蔡敏玲（2001）的觀點而言，是在記實與虛構之間的認真與想像。

　　我的敘事探究也是在建構與虛構間進行位移，我建構的是生活經驗轉化生命意義，而我虛構的是在研究現場所感知的一切，以專業知識為羽翼，以課程經驗為天空，所展開的課程故事翱翔，期待寫出、說出一個有活力、活生生的文本，躍然活躍於閱聽者的眼前。

　　而在「建構」與「虛構」中，我該如何掌握位移的分寸，才不會「自吹自擂」或「自艾自憐」。但在「示弱」、「示威」文本的閃躲下，又要書寫出自己的故事風格，仍是我努力前進的方向。

3.隱喻

　　參與者、研究者與閱聽者，透過隱喻溝通他們的經驗，在對話中產生能動性，如同水晶在不同的磨面，在轉動不同角度時，就呈現出不同的光澤。故事的隱喻，強調我們是在特定的脈絡底下，去創造次序、建構文本。學科有其自身的歷史背景，可以透過隱喻、對話和記錄的解釋，發展出後現代課程的豐富性，好的故事會去誘發、鼓勵學生去詮釋，去與文本進行對話

（Doll, 1993; Grumet & Pinar, 1976; Riessman, 1993）。

人類以隱喻思考，透過故事學習。而 James Olney 認為，書寫要如同於隱喻式的橋樑，是建立於從主觀的自我意識到實在的客觀性（引自 Grumet & Pinar, 1976: 38）。而什麼是從主觀的自我意識到實在的客觀性呢？意識是個人內隱的行為，透過隱喻來外顯出來，隱喻是有立論基礎、是彼此的溝通語言，隱喻比起鉅細靡遺，有更多的詮釋空間。

為什麼要有隱喻呢？直接了當的說清楚、講明白，不好嗎？是因為有「隱喻」，才有不同的「詮釋」可能，才能產生「對話」的彈性。因為要彼此溝通、分享想法，要有召喚的功能，就必須要有想像、可以各自詮釋的空間，如同樣的一幅「蒙娜麗莎」的畫像，有人看見了掛在嘴角若有似無的微笑，更有人分析了微笑中摻雜了 83 ％的喜悅、9 ％的厭煩、6 ％的恐懼、2 ％的憤怒，甚至連在性別上都有不同的看法；正因為保留想像空間，各有各的詮釋、理解方式，才能引發討論、對話。也正因為有對話，可以聽彼此的聲音、想法，在多元的聲音中，不再是齊聲合唱只唱單一調，也不是眾聲喧譁各彈各的調，而是此起彼落、彼此唱和，如同一把藍調的吉他，我們用它來即興創作一首世界之歌（Dillard, 1982; Grumet, 1990）。

貼切的隱喻，有著多重詮釋的方向、多元對話的機會。課程的隱喻，會以課程的理論為根基，但隨著敘事探究的論文書寫風格愈來愈多，大同小異的隱喻不斷被複製使用，如何不拾人牙慧，可以另闢徑，除了以理論做架構外，還需要有文學的想像。

肆　一場未竟的旅程

旅行總在「出走與回歸」間擺盪，在「自由與束縛」間拉扯，在這樣擺盪與拉扯的過程中，旅行文本記錄了旅程中我們所看到的，也讓我們意識到自己看到的是什麼，旅行的書寫其實就是一部作者的自傳，藉由不斷的書寫開鑿出旅行的深度。

　　我帶著課程疑惑到研究所進修，期待能解決我在教學現場中實踐與理論的落差，冀望展開一段理論與實務相伴的課程之旅。隨著論文的進行，在理論文獻中搜尋一種我貼身適用的課程理論依據，企圖把自己裁剪成適合的樣子塞進理論裡。但理論與實務不是相呼應與詮釋的關係，實務不是為了呼應理論，而理論不只是詮釋實務，在實務與理論對話與辯證的過程中，就是實踐的歷程。

　　但是旅行不是流浪。「旅行」與「流浪」的概念，猶如「體驗」與「活動」的微妙關係。旅行之所以與流浪不同，在於旅行者終究將回到原先所出發時所離去的「家」。離家與返家，讓旅行形成一往一返的循環結構。旅行的回歸點即出發點，兩點重疊又重複，在相同重複中產生差異。旅行者跨越自我與異己之間的疆界，將封閉固著的空間轉化為自由開放，帶著「差異」回返家鄉。而無目的遊歷，就不是旅行，而是自我放逐的流浪。「體驗」與「活動」的差別，在於體驗是反思後的經驗意義化。

　　我不再冀望以一次的教學活動設計，就說自己是「Lauritzen 和 Jaeger 的敘事課程」或是「Drake 的故事模式」。調整在研究計畫中以「女巫故鄉之旅」為敘事課程的形式，改將這七年來所帶過的四個班級，我們曾進行過的社區課程，可能有部分仍是目標模式、仍是教師中心，但在這段課程之旅中，有我努力從「實施」這頭向「實踐」位移的努力痕跡。旅行是離家與返家的距離，「迷路」才能使回歸點與出發點之間產生「差異」，最後終於帶著「差異」返回家鄉，獲得新視野。這才是課程的真實，與事先設計的研究流程、研究架構不同，這中間的調整，更是研究的真實，更是在「學術理論」與「教學實務」的辯證歷程。

　　縱使在教學現場中，每天上演著豐富的故事，但我總是不確定應該以哪個角度、對誰來訴說我哪一部分的心情與遭遇。當我開始敘寫，文字已將流動、模糊、多觀點的現象，用概念以具體的語言符號表現出來。書寫是一個動態決定的動程，是對現實一次又一次的解構、重新建構解說，從不同的角度對研究現象進行結晶，而每一次的結晶都只是從某一個角度對現實進行揭示。

　　我甚至認為，這一趟「女巫故鄉之旅——敘事課程實踐之自我探究」的過程，撰寫的課程遊記，修改我對這趟旅行的記憶。透過書寫敘說的同時，我召喚閱聽者與自己來參與對社區敘事課程的建構。

　　旅行，是不會因為這一趟旅程的結束，就畫下不再出遊的句號，反而是更加積極規劃下一趟的遠航。

　　教師所開展的課程乃是透過批判性的實踐，將學生置身於動態的空間和時間中，進而「自我超越」，從有我的「有限性」邁向我的「無限性」。

　　而課程也是如此，並不會因為這一堂課的活動結束而束之高閣，而是隨著師生的互動，不斷加入的討論、不斷衍生的好奇，不斷辯證著。

　　旅行，不斷地往外延伸，不斷……

　　課程，不斷地往內深掘，不斷……

參考文獻

中文部分

王勇智、鄧明宇（譯）（2003）。C. K. Riessman 著。**敘說分析**（Narrative analysis）。台北市：五南。

汪芸（譯）（2001）。S. Zikman 著。**旅行，聆聽心的呼喚——自我的探索、發現與成長**（The power of travel: A passport to adventure, discovery, and growth）。台北市：天下遠見。

阮凱利（2006）。虛構在敘事中的力量。載於國立台北教育大學課程與教學研究所舉辦之「**第十四屆課程與教學論壇暨課程與教學的多元取向研討會論文集**」（頁1-15），台北市。

林香君（2005，12月7日）。**故事、知識、權力——宜蘭女性生命記憶手工書團體行動社會意義之建構與反思**。發表於佛光人文社會學院主辦之「2005年蘭陽學國際學術研討會」，宜蘭縣。

莊明貞（2007）。**課程即旅程**。2007年6月25日，取自 http://ming-jane.blogspot.com

莊明貞（2008）。從方法論出發——理解一所郊區小型學校課程革新的敘事探究。**課程研究，3**（2），49-74。

莊明貞、陳怡如（譯）（2006）。C. Glesne 著。**質性研究導論**（Becoming qualitative researchers: An introduction）。台北市：高等教育。

黃迺毓、李坤珊、王碧華（1999）。**童書非童書**。台北市：宇宙光。

楊茂秀（1998）。從帶鞋子散步到老師的頭斷掉——敘事連續性初探。**兒童文學學刊，3**，225-237。

蔣勳（2007）。動機比能力重要。**商業周刊，1004**，158-160。

蔡敏玲（2001）。教育質性研究報告的書寫——我在紀實與虛構之間的認真與想像。**國立台北學院學報，14**，233-260。

英文部分

Clandinin, D. J., & Connelly, F. M. (2000). *Narrative inquiry: Experience and story in qualitative research*. San Francisco, CA: Jossey-Bass.

Dillard, A. (1982). *Living by fiction*. New York: Harper & Row.

Doll, W. E. (1993). *A post-modern perspective on curriculum*. New York: Teachers College Press.

Drake, S. M. (1998). *Creating integrated curriculum: Proven ways to increase student learning*. Albany, NY: State University of New York Press.

Gough, N. P. (2003). *Intertextual turns in curriculum inquiry: Fictions, diffractions and deconstructions*. Retrieved from http://tux.lib.deakin.edu.au/adt-VDU/uploads/approved/adt-VDU20040517.163306/public/02whole.pdf

Grumet, M. R. (1990). Retrospective: Autobiography and the analysis studies. *Cambridge Journal of Education, 20*(3), 321-326.

Grumet, M. R. (1992). Existential and phenomenological foundations of autobiographical method. In W. F. Pinar & W. Reynolds (Eds.), *Understanding curriculum as phenomenological and deconstructed text* (pp. 28-43). New York: Teachers College Press.

Grumet, M. R., & Pinar, W. F. (1976). *Toward a poor curriculum*. Dubuque, IA: Kendall/Hunt.

Gudmundsdottir, S. (1991). Story-maker, story-teller: narrative structures in curriculum. *Journal of Curriculum Studies, 23*(3), 207-218.

Kast, V. (1994). Emotionen in bezug auf das Fremde. *Das Eigene und das Fremde. Angst und Faszination*. Dusseldorf: Walter.

Lauritzen, C., & Jaeger, M. (1997). *Integrating learning through story: The narrative curriculum*. Albany, NY: Delmar.

Riessman, C. K. (1993). *Narrative analysis*. Newbury Park, CA: Sage.

11 重植失根的蘭花——
在地文化認同課程實踐之生命敘說

廖宛吟

　　這幾十年來，「全球化」以雷霆萬鈞之勢，席捲過全世界，每一個國家或地區，無可避免地受全球化的影響。受到全球化的衝擊，讓台灣人在認同上產生了危機。所幸，在一群文化工作者的「耕耘」下，台灣人民的本土意識已逐漸甦醒，大家開始重視家鄉的在地文化。在大家努力的「灌溉」下，在地文化的「蘭花」已落地，且漸漸茁壯，很快地，蘭花會再長出芬芳的花朵，再現風采！

壹　探訪植蘭的園丁——敘說的動機

　　回顧自己的生命歷程，我的故鄉西螺是個充滿人文歷史的地方，但這些在地的文化與歷史，學校的課本中從未有隻字片語的介紹。爾後在大學時期，回鄉帶領小學生了解自己的家鄉時，才驚覺自己的故鄉竟是充滿文化薈萃的地方！

　　2002 年，我選擇至同樣充滿歷史風味的三峽鎮任教。而在 2005 年時參加了鎮內國小舉辦的「藍染與植物染研習」，當時我震懾於三峽藍染與植物染的風采，讓我開始好奇，是誰將這消失了這麼多年的傳統技藝復原？於是我開始尋找三峽的文化傳人，試圖了解他們奮鬥的故事。後來在在地人的推薦下，認識了子軒老師（化名），子軒老師雖不是三峽在地人，卻將自己

生命的精華時期全獻給了三峽，我企圖透過敘說子軒老師的故事，達到以下
的目的：

　　1.理解子軒老師身為外地人，對三峽在地文化認同的起源與轉化的歷
程。

　　2.探究子軒老師投入社區文史工作時，結合實踐理念所進行的在地文化
活動，及其歷經的困境與因應之道為何。

　　3.探究子軒老師在「思雲國小」（化名），結合在地文化工作經驗所進
行的課程實踐歷程。

貳　滋養幽蘭的土壤——理論的探討

　　全球化讓大家的關係比起過去密切許多，遠處發生的地方事件會影響其
他地方，地理環境對各地社會與文化安排的束縛降低，世界的空間已被壓
縮，世界已被視為一個整體（徐偉傑譯，2000；羅世宏譯，2005；
Giddens, 1990; Robertson, 1992）。另外，全球化是一多面向的現象，涵
蓋了政治、經濟、科技、勞動、文化工業、媒體、生態環境和社會認同等面
向，主要可以透過經濟、政治與社會三個生活領域來進行追溯（徐偉傑譯，
2000；羅世宏譯，2005；鄭棨元、陳慧慈譯，2005）。

　　而 Robertson 特別強調在全球化的過程中，文化動因的影響力（洪雯
柔，2002）。而文化全球化的結果並不是使各地方趨向一同或走向差異，
而是地方會隨著既全球化又在地化的過程，不斷的經歷結構與再結構，從而
建構出屬於該地的區域特色（吳錫德譯，2003；游常山，2000；Robert-
son, 1995）。

　　也正因為全球化同時具有同質化與差異化的兩個作用，所以Robertson
（1992, 1995）使用「全球在地化」的概念，來探討關於全球和地方兩者之
間的文化問題，全球化進入某在地社會的過程，就必須面對通過該社會特殊
政治、制度、文化的洗禮，而發展成從在地社會脈絡出發所詮釋、建構出的

形貌（吳綱立，2004；周桂田，2003）。

另外，Robertson（1992, 1995）認為，「全球在地化」是指「全球和地方同時存在與相互滲透」、「『普遍性的特殊化』與『特殊性的普遍化』的雙重過程」。換言之，「全球在地化」也蘊含著「在地全球化」之意涵。當傳統地方文化被全球化影響時，它們本身是在進行「全球在地化」，同時它們也對全球文化作出回應，即「在地全球化」（黃敬忠，2006）。在地文化如果欠缺全球化的視野與規劃，容易封閉與落伍，甚至形成自我中心的偏狹態度，反而不利在地文化的發展（洪泉湖，2003；孫治本譯，1999；Morley & Robins, 1995）。

而近年來因為全球化與在地化的張力下，文化成為相當衝突而且複雜的場域，這樣的複雜性與不確定性，造成人們的不安全感增加，認同的問題也在這樣的張力下變得急切，所以認同議題成為現今關注的焦點（卯靜儒，2008；羅世宏譯，2005）。而文化認同是根據類同與差異而持續形成的過程，它是會時時改變的（羅世宏譯，2005）。

遇上強勢的全球文化衝擊下，強而有力的文化認同將捍衛在地文化的存在。所以教師應經由課程實踐來引導學生認識地方文化特色與內涵，激發對在地文化的情感，讓學生能夠即使身處在全球化的情境下，亦能夠保有對在地文化的認同（黃敬忠，2006）。也唯有年輕的一代，對在地文化有著強烈的認同，即使面對新的文化有了新的認同，原有的在地文化認同也不會消失。

所以現代的教師，不應該只是一個單純的學校知識份子而已，應該擔任一個「轉化型的知識份子」與「文化工作者」（陳儒晰譯，2006；Freire, 1998）。這幾年台北縣教育局推動的「社區有教室」課程方案，就是要將教學的場域由學校擴展至社區，讓學生去關心、改造社區。余安邦（2005）也認為，教師的角色不只是教室中的「教書者」，而是帶領學生關懷社區問題的文化工作者，必須引導學生探究社區問題、資源、生態、經濟、政治和文化等諸多層面。

參　再現植蘭園丁奮鬥史的研究方法 ——敘事探究

　　因為使用量化的研究方法，無法讓人看見生命中的精采，所以我選擇以敘事探究的方法來進行我的研究。敘說是展現與了解經驗的最佳途徑，教師可以在敘事的過程中整理、觀照自己的經驗並賦予意義，並再度建構一個統整的自我（王勇智、鄧明宇譯，2003；蔡敏玲、余曉雯譯，2003）。敘事探究不僅可以了解教師深藏在內心的知識基礎，也提供引發教師專業意識醒覺的途徑。

　　而敘說中所架構的經驗，是不能脫離時間與環境的。敘事探究透過詞彙，串起了一個三度敘說探究的空間：時間性、人和社會，以及地點（蔡敏玲、余曉雯譯，2003）。我將藉著敘事的探究方式，來理解子軒老師個人的經驗以及個人和社會、歷史脈絡之間的互動。

　　在本研究中所使用的資料蒐集方式，以深度訪談、參與觀察及文本分析為主。在進行生命敘說研究的過程中，主要是以子軒老師為報導來源，社區的實踐部分主要以訪談為主，參與觀察則以思雲國小學校課程實踐的部分為主。

　　由於知識的建構是不分質化或量化，都是在追求著信實度與客觀性，不過，傳統信度的觀點並不適用於敘事探究，而效度也必須澈底再概念化（王勇智、鄧明宇譯，2003），但敘事探究還是有其方法與標準來確認產生的知識具有可信賴性，包括：內部一致性、確證性、說服力、可轉換性、實用性（王勇智、鄧明宇譯，2003；Atkinson, 1998; Guba & Lincoln, 1989）。為了達到以上的要求，我花了一年半的時間進行參與觀察與訪談，並以多元的方式蒐集資料；對探究的事件及其本質作厚實的描述，也會注意自己的書寫風格，適度呈現自己的反思與詮釋，在敘寫階段並與其他人分享討論；最

後，並與研究所討論社群進行觀點的辯證與釐清，和指導教授討論研究問題和歷程發現等。

而在進行這項研究時，我希望自己可以對他的生命故事給予最佳的詮釋，並扮演的是一個具有關懷、省思立場的研究者角色。在研究過程中，我逐漸形成局內人的觀點，但我也會試圖提出批判。至於研究倫理的部分，我會誠實而詳盡的告知子軒老師研究目的、方式和可能觸及的問題，並徵求他的同意。而每次訪談、觀察所得到的資料都細心的分析，不會故意對資料做曲解或更改。故事初步完成時與被研究者核對，以確定被研究者的觀點是貼近與無謬誤的。

另外，我不會只是當個資料蒐集者，在適當時會做一位改革者或倡導者，而有時我會當子軒老師的朋友（蔡敏玲、余曉雯譯，2003），站在關懷的角度給予被研究者支持。Gilbert（2002）認為，在敘事研究中，所有權是首要也是許多倫理議題的基礎。但我寧可把敘事探究中的所有權之顧慮，轉為對關係中責任的顧慮，我更會去關注於對相關參與者的責任。最後，為了保護被研究者，在本研究的參與者或場域大多採用化名的方式處理，以避免不可預期的傷害。

肆 植蘭園丁生命的章曲

子軒老師不但是位國小老師，同時也是一位文史工作者，所以不但在教學場域進行在地文化的課程實踐，亦積極在社區為三峽在地文化而奮鬥。

一、啟蒙期——與在地文化的初次邂逅

子軒老師從小到師專時期，所受的教育嚴重的「去台灣化」，所以他並不會去關心地方文化。後來因熱衷畫畫，在環島寫生的過程中，開始不同的想法：

　　我們看到很多地方很美⋯⋯但我們對於背後的地方歷史並不了解⋯⋯所了解的都只是表象⋯⋯我認為有機會的話，應該要更深入去了解各地方在生活上的智慧。

（訪談紀錄，2005/09/26）

　　當時在寫生途中的觸發，在子軒老師的心裡埋下了一顆「種子」，促使子軒老師爾後著力在深耕在地文化。而在 1970 年代時，台灣本土的古蹟保存運動開始萌芽，當時參加這樣的文化搶救行動，讓子軒老師深刻體驗到，若是錯過搶救時機，恐怕只會造成永遠無法彌補的遺憾，也因此讓子軒老師對在地文化的保存一刻也不敢擔誤。

　　在當時，才剛解嚴不久，政治仍十分封閉，各縣市很少人在做鄉土教育，但子軒老師認為鄉土的歷史文化很重要，所以在當時任教的文嶺國小（化名）舉辦九十週年校慶時，他決定進行鄉土教材的編寫。雖然田野調查和訪談所得到的是粗淺的資料，卻讓子軒老師開始認識三峽的在地文化，也一頭栽進三峽的文化領域。

　　後來在 1989 年時，政府本來將三峽老街指定為三級古蹟而不得拆除。但因為居民有不同的想法，迫於民眾的壓力，到了 1993 年就將三峽老街從古蹟名冊中解除。對於三峽人不重視珍貴的在地文化，子軒老師很心痛：

　　看著老街被拆除，心中自是沉痛，但也轉化成一股力量，過去協助維護的是別處的古蹟，比較沒有切身之痛，但現在是自己身邊的古蹟，感覺就特別的心痛，當時老街在拆除時，真正停下來觀看的不會超過十人，大家只是經過停下看了一下就又離開⋯⋯

（訪談紀錄，2005/09/26）

也因為子軒老師有了這樣的經驗，他的心裡產生了一個想法：

　　如果我們可以從小學就開始教育孩子，這些古蹟是我們的珍寶，就像歐洲的一些古建築、城堡，他們保存得很好。唯有從小教

育，才能保存下來。

（訪談紀錄，2005/09/26）

也正因為這樣的想法，子軒老師也積極在學校進行在地文化的課程，希
望從小教育孩子，不要因為經濟的發展而犧牲了這些寶貴的古蹟。

◎ 二、發展期——情定三峽

當時全球化的「足跡」已廣泛滲透進入各領域，為了重建人民對這塊土
地的認同，政府結合在地熱心的社區人士在各個角落推動「社區總體營造」
（于國華，2002；行政院文化建設委員會，1998）。當時文建會開始推動
全國文藝季，並成立地方文史工作室，子軒老師等人因而成立峽山文史工作
室（化名）。在全國來說，成立的時間算是相當早的。成立峽山文史工作室
二年後，子軒老師等人為了結合更多人的力量，進而成立峽山文化協進會
（化名）。

（一）深耕在地文化

在成立峽山工作室和協進會之後，子軒老師等人辦了許多在地文化活
動，包括第二屆的台北縣全國文藝季、「百年風華三角湧」、「廟會迎春三
峽年」、「中元普渡祭典」等，最後更讓三峽染得以重現。

當年辦理台北縣全國文藝季時，恰逢日軍與三峽義勇軍發生激烈戰役滿
一百年，所以主題訂為「鳶山下的子民——抗日一百年」。子軒老師希望透
過活動，可以讓民眾體會當年先民保衛故鄉義無反顧的精神，引發民眾愛鄉
愛土情懷。

而當時國立藝術館為了推展社區的傳統藝術和文化，而輔導辦理「民族
藝術社區展演活動」，配合這樣的主題，子軒老師辦理了「百年風華三角
湧」活動，希望將民俗藝術和社區發展結合在一起，激發民眾對在地文化的
認同。其中一個主題是「三鶯新故鄉，美麗好家園」的社區再造講座，邀請

陳其南、喻肇青、夏鑄九教授等人說明社區營造概念。在當時這樣的觀念還很新穎，子軒老師希望透過此觀念，讓三峽在大家共同努力改造下，成為一個有特色的文化小鎮。

另外，因為共同的祭祀活動是融合居民感情與培養愛鄉意識的最佳策略（林美容，1988），所以 1996 年，子軒老師配合祖師公誕辰辦了一系列「廟會迎春三峽年」活動。在 1996 至 2000 年間，更持續辦理「中元普渡祭典」的宗教藝術生活大展。除了一般性的展覽和講座外，特別結合學校、寺廟和歷史文物館三方，設計了相關中元祭的活動，讓學生與一般民眾可以一同來參與。其中最引人注意的是讓失傳的人工製作的水燈排得以重現，另外，在過程中讓年輕一輩也有共同參與傳統廟會的機會，也象徵了文化薪傳的重要意義。

在「社區總體營造」的理念中，希望社區居民能建立自己的文化特色，更要讓在地產業文化化，以開創不一樣的風貌。過去三峽染布業曾經盛極一時，而在 1998 年時，在馬芬妹、陳景林老師的協助下，子軒老師等人重新找回藍染這項傳統技藝。後來更結合大家的力量，讓藍染成為三峽的在地特色。

在子軒老師等人在藍染領域努力了多年後，台北縣文化局也注意到三峽藍染的特色，所以開始協助舉辦「藍染節」。請「輔大織品服飾數位博物館團隊」將藍染作品數位化與網頁的架設，作品可透過網路銷售。從此使藍染逐漸從工藝走向產業，慢慢向文化產業之願景邁進（宋佳妍，2004）。另外，還推動國際藍染藝術文化交流，觀摩各國藍染藝術品，並邀請國外藍染工藝師及專家學者來台交流，舉辦研討會與大師講座，希望將藍染推向國際化（黃崇昌，2005）。

另外，為了逐步推廣這項傳統技藝，協會的成員陸續在三峽鎮的學校結合「藝術與人文」課程教導藍染。同一年，並在新設的中園國小成立全國第一個「染織教室」，作為長期推動藍染教學的場所，並以藍染為學校的特色課程。三峽的藍染傳統技藝，在子軒老師等人的努力下重新再生，凝聚了在地人對三峽的認同，積極參與家鄉事務與社區改造的工作。

另一件讓子軒老師覺得驕傲的事是，三峽老街得以保存下來。子軒老師
與老街居民自發性組成的「三峽鎮民權街再發展委員會」，主動為居民爭取
權益，開始向政府抗議和請願。為了讓老街居民和專家學者、政府官員有對
話的機會，子軒老師還請了當時文建會副主委陳其南和陳亮全、夏鑄九、曾
梓峰教授等人，多次和老街居民面對面溝通彼此想法。最後在子軒老師等人
的努力下，老街的整修工程終於在 2004 年開始。子軒老師說：

> 看到一個多年堅持的理想、目的達成了，很感動。雖然工程還
> 是有大家不滿意的地方，但是總比當初老街要被拆掉，那種焦慮的
> 心情來得好。

（訪談紀錄，2005/11/19）

所以每次提到三峽老街終於可以保存下來，子軒老師的心情總是十分激
動，他說：「這麼難達成的事都做到了，相信以後沒有什麼事做不到的了」
（訪談紀錄，2005/04/14），這也更堅定子軒老師往自己的理想邁進。

（二）另起爐灶再出發

子軒老師在峽山文化協進會擔任了四年多的總幹事，但對於協會未來的
路該怎麼走，子軒老師和協會部分的夥伴有不同的看法。所以子軒老師決定
以自己的力量試著實踐自己的理念，也因為如此，和協會的人也就漸行漸遠
了……

更讓子軒老師不以為然的是，協會其中的一、兩位成員質疑金錢的流
向，以為子軒老師把「好處」拿走了，所以沒有為協會留下經費。而其實子
軒老師是個追求完美的人，有時候為了將活動辦得盛大一些，子軒老師還得
自己貼錢支付。但他認為做社區的事本來就是在奉獻自己，而不是在賺錢。
子軒老師說：

> 一個團體奮鬥的初期常常可以共患難，但到後來卻不能共享樂
> ……也許協會變得比較有知名度之後，人的想法會變得不一樣；也

有可能是一個組織壯大了之後，難免讓人以為可以分到一些「好處」。

（訪談紀錄，2008/04/21）

後來子軒老師在 2001 年辭去總幹事的職位，開始轉換跑道進行相關的在地文化活動。2002 年，他向台灣藝術教育館提出計畫，獲得補助成立了「思雲社區藝術教育學苑」（化名），開設了藍染、植物染等課程。2003 年，又向文建會申請經費，辦理「思雲草木染村」（化名）社區產業再造系列活動，希望以思雲國小為中心點，進行社區的產業再造。除辦理了不同主題方式的藍染、植物染課程及染藝講座外，還辦理「大豹溪永續生態、文化研習營」，子軒老師希望將大豹溪豐富的自然人文資源結合永續生態理念，發展三峽地區獨特的生態與文化產業。子軒老師雖然不再有協進會的協助，但他的腳步從未因此而停下。

（三）三峽染的瓶頸與再造

慢慢地，子軒老師發現藍染的發展開始出現瓶頸，所以在 2004、2006 年時舉辦了兩次座談會，召集三峽各藍染工作團隊討論要如何共同合作，及藍染未來發展的願景。希望能建立對話的平台，建立社區推廣策略的共識。

原來協會裡，有人認為三峽的藍染活動非得由他們承辦不可，以致於其他工作坊沒有展現的舞台。子軒老師很擔心如果沒有給這些工作坊機會，最後這些工作坊恐怕會消失，連帶這樣的傳統技藝也會跟著消失。另外，從 2005 年開始舉辦的「藍染服裝設計競賽」，其用意是希望藉由競賽活動激發在地設計人才投入藍染服飾的創作，讓三峽的藍染文化產業得以永續經營。但子軒老師說：

> 比賽的結果，得獎的作品多為外地的參賽者，三峽在地的藍染工作者只有一、兩件，實在有些可惜……辛苦那麼多年，卻沒有養成在地的人才，一直想要讓藍染產業化，卻沒有紮根下來。

（訪談紀錄，2008/04/28）

　　藍染本屬於三峽的傳統技藝，三峽在地人應當要成為發展的主力，這樣才能發展出具地方主體精神的藍染。可是三峽在地的藍染人才，在創作方面並無法超越外地的專業服裝設計師或是服裝科學生。除此之外，子軒老師說，三峽染目前還是無法表現出和別人不同的特色，創造出一個屬於三峽地方意象的作品，以致於無法和其他地區的藍染有所區隔，這都是難以突破的瓶頸。

　　而在座談會中形成的共識，認為應該由各工作坊共同來策劃辦理藍染活動；建立具有三峽特色的藍染品牌和商品，需要政府及學術單位的支援，才能讓藍染邁向國際化；而除了藍染技藝的推廣外，更需進行藍染歷史文化的調查，建立資料庫供參觀、教學和研究等工作。

三、深耕期——發展思雲國小的在地課程

　　除了社區轉換實踐跑道外，子軒老師在教學領域也由大學校的文嶺國小轉至小學校的思雲國小任教。思雲國小的環境和文嶺國小大不相同，所以進行的課程實踐內容也大異其趣。不過因為過去在文嶺國小曾經參加九年一貫的試辦，子軒老師說：「因為在文嶺國小的試辦經驗，掌握了九年一貫的精神和理念，到了山上，覺得山上的資源很不一樣，新點子又一直出現」（訪談紀錄，2008/04/21）。

　　子軒老師加入思雲國小的教學團隊後，除了在自己的班上積極建構在地化的課程方案，也試圖統整學校的課程主題架構。不過，雖然子軒老師積極在思雲國小推動相關活動，但過程也不是十分順遂，子軒老師說：「很多事都是我堅持，他們只好做」（訪談紀錄，2008/03/24）。就是因為子軒老師的身分只是老師，所以要推動一個長期性的課程或是校本課程並不容易，除非有校長或主任的支持，否則學校老師普遍的心態是多一事不如少一事，並不太願意去配合。

　　而我非常幸運，在取得子軒老師的同意之後，得以進入他的教學現場參與課程實踐的過程，讓我這個來自外地的老師，可以在進行研究時也認識三

峽在地文化。同樣地，讓我在進行在地文化課程時，較容易掌握課程的精髓，並不是讓小朋友「快樂學習」，而是藉由課程實踐讓小朋友對在地文化產生認同。

（一）發現在地住民「大豹社」

　　過去三峽山區曾是「大豹社」聚居之地，所以子軒老師帶著小朋友進入泰雅族「大豹社」的生活區域踏查，讓小朋友在踏查過程中建構對在地文化的認同。子軒老師先帶著小朋友一同回溯「大豹社」的血淚史，原來過去在日據時期，日本人為了控制原住民，對「大豹社」族人展開極端威壓政策。正因為「大豹社」人曾經居住在大豹溪一帶，所以直到今日仍可由一些地名，得知當年他們曾聚居於此。「思雲國小這裡以前的舊地名就是『大豹』……『大豹』、『金敏』、『東麓』都是泰雅族的部落名稱」（上課觀察紀錄，2005/10/27）。

　　子軒老師帶著小朋友到溪邊進行踏溪之行，觀察大豹溪附近的植物、動物、化石和特殊地質地形。還帶領小朋友往上游進行尋根溯源之旅，希望小朋友以感恩的心來看待這塊「大豹社」曾落腳的土地。在進行尋根溯源之旅之前，子軒老師還會利用網路地圖 google map 來介紹大豹溪的位置。子軒老師說：

> 　　我希望藉由親身溯流求源的方式，讓小朋友體會「飲水思源」這句成語的意義，要不是時間有限，否則應該用步行的方式，更能體會追本溯源的重要性。

> （電話訪問，2005/11/25）

　　另外，過去「大豹社」族的其中一處獵場就是現在的「滿月圓國家森林遊樂區」，日據時期它還曾經是北台灣的重要林場，因此子軒老師帶領小朋友參觀滿月圓時。小嫻（化名）在參觀後道出了大家的心聲：「這裡的風景真是美得像天堂一樣……希望我們的家鄉能永遠那麼美好，保有自然的美景」（小嫻「滿心歡喜滿月圓」學習單，2005/12/08）。過去「大豹社」人

擁有這麼豐富的獵場，但他們十分珍惜不貪心，才能保有如此美麗的環境。子軒老師希望小朋友學習「大豹社」人，懂得以感恩的心來看待這塊土地，讓子孫也能享受到這麼美的人間仙境。

而在離思雲國小不遠處的一處外插角古道，曾經發生過「大豹社」和日軍激烈對戰的血淚史，為了讓小朋友體驗這一段歷史，子軒老師還特地帶小朋友去進行一趟外插角古道健行之旅。爬外插角古道並不輕鬆，但子軒老師認為，這樣的過程雖然很累，但是可以讓小朋友體驗當初日本軍爬上山頭的辛苦。子軒老師說：「這樣的體驗，比老師上課上半天有效」（訪談紀錄，2008/03/05）。

除了進行踏查活動外，子軒老師還配合「世界地球日」帶領小朋友進行護溪活動。Giroux 認為，教師身為「轉化型知識份子」，需負起作為一個知識份子在社會改造過程中的積極角色（陳儒晰譯，2006），因此，子軒老師在進行課程實踐時，常常會帶領學生去關心社會，甚至為社會盡一份心力。

我曾試著比較子軒老師和一般老師實施這樣課程的不同，一般老師會將課程重點放在生態與環境的關係，及進行踏溪、溯溪的課程；但子軒老師除了實施這樣的體驗課程之外，亦重視在地居民歷史和文化層面，而且更進一步帶領學生進行全球性的環保行動——淨溪。如同九年一貫課程主張的「文化學習與國際理解」所強調的，我們應尊重並學習不同族群文化，並深切體認世界為一整體的地球村，培養相互依賴、互信互助的世界觀（教育部，2003）。

（二）採擷三峽古蹟文物采風之行

三峽老街的保存問題，持續了十幾年，終於在 2004 年開始全面整修。「整修的過程中，街屋的內部結構會暴露出來，也正好讓小朋友比較一下整修前、整修中和整修後老街的變化」（訪談紀錄，2005/11/19），子軒老師認為這是一個難得的機會，所以趁著老街在整修時，帶著小朋友來觀察。

在這次的參訪之後，隔了一年多的時間，待老街已經整修的差不多，子

軒老師又帶小朋友去參觀了一次三峽老街。此次不但整修了街屋的結構，更增添了現代光彩的元素，讓蒙塵的老街恢復光鮮。小朋友在子軒老師的引導下，都能觀察此次改造的特色所在，也讓小朋友了解，古蹟未必是殘破的，運用適切的方法，也能讓它在不同的時代下展現它的風華。

另外，子軒老師還讓小朋友自己分組試著去訪問商家，讓小朋友自己去了解這些商家現在販賣的物品、過去的歷史和建築上的特色，雖然訪問到的資料很簡單，但卻是小朋友自己訪問到的第一手資料。最後將小朋友調查的結果合併在一起，就等於完成整條老街的店鋪調查。子軒老師表示：

> 我曾經蒐集過去三峽老街販賣商業的資料，正好可以和小朋友蒐集到的資料做比較，去對照不同的年代之職業類別，就可以看出一個地區在不同的時間軸裡面的商業情況……
>
> （訪談紀錄，2008/03/05）

以前染布店、茶葉店和棺材店很多，現在則走向觀光休閒之途，商家多是販賣紀念品和小吃，和過去染坊林立的局面已大異其趣。這次子軒老師讓小朋友以「主動學習」的方式來進行，過程由學生主導，結合新、舊經驗與知識，強調思考與創作，在這種學習方式下，學生是學習的主角（教育部，2003）。

我也曾經帶學生去參觀，但進行的方式是以老師講解的方式，並沒有讓他們有自我探索的機會。雖然我已經儘量挑比較有趣的部分來講解，但小朋友只是聽，很容易就忘了，所以我也很認同子軒老師讓小朋友以探索的方式來進行。另外，我覺得讓小朋友親自去調查的方式十分有價值，此時，每個小朋友似乎都成了歷史學家，為三峽的在地歷史留下見證。我想，這也是因為子軒老師長期做田野調查，所以才懂得帶領小朋友也來進行調查，否則一般的老師，若從未做過田野調查，又怎麼懂得進行這樣的課程呢？

而除了參觀三峽老街外，子軒老師亦介紹了三峽當地的考古歷史。原來在新石器時代，三峽地區就有人類活動了。因為考古領域是十分專業的領域，所以子軒老師請成鈞老師（化名）協助此次課程的進行。「社區有教

室」的基本目標之一，就是鼓勵老師積極與社區專業人士、文化團隊或公私機關部門共同規劃課程、合作教學（余安邦，2001）。

　　但因為三峽的考古遺址極為分散、規模較小，也因為地表的遺物多已破壞殆盡，不適合進行實地的考古實習，所以，子軒老師先安排了幾次到外地考古實習的教學活動。等小朋友對三峽地區所屬的圓山文化系統有了初步的認識後，再帶小朋友到文嶺國中（化名）參觀先住民文物館。先住民文物館是成鈞老師以自己一個人的力量成立的，他將自己多年來的收藏，分門別類展示出來。子軒老師說：「我們去博物館是隔著玻璃看文物，去先民文化館則可以摸，是個很難得的經驗」（訪談紀錄，2005/11/24）。

　　子軒老師希望透過這樣的「古蹟文物采風之旅」課程，讓下一代將先民留下的文物視之為「寶物」，而非「垃圾」。不要只考量經濟發展或其他因素，任意破壞這些古蹟，讓下一代還有機會看見這些「歷史的痕跡」。

（三）體驗傳統技藝手工染布

　　由於子軒老師長期推動藍染技藝的復興，所以在加入思雲國小時，就開始進行藍染和植物染的課程。在進行藍染課程時，子軒老師會先向小朋友介紹三峽染的歷史。子軒老師對於藍染的歷史文化也花了許多時間去研究，他認為，之所以稱為三峽染，就要說出三峽染的價值和與眾不同之處，所以歷史的部分一定不能忽略。介紹完三峽染的相關歷史後，子軒老師還會帶著小朋友到三峽老街去探訪以前的染坊，至今在老街的商店招牌上仍可看見過去染坊的招牌，置身其中仍可讓小朋友想像出當年的盛況。子軒老師還會讓小朋友去訪問過去是開染坊的店家，讓小朋友自己去詢問店家過去的歷史。

　　在進行藍染課程時，子軒老師會讓小朋友去觀察大菁之外，也帶他們去採大菁。除了採藍，讓小朋友自己實際體驗打藍、製藍、建藍的完整製作過程。製作出藍靛染液，便讓小朋友實際進行染布。

　　藍染的課程在三峽地區很多老師都有在進行，但是一般的老師只著重在「染布」的部分，而且常常是帶至「染織教室」或染坊來上課，教學也是請別的老師來進行，而所使用的染液還常常都是買別人做好的。這樣的做法只

是傳統技藝的學習，意義不大，小朋友在染布的時候，總覺得新鮮有趣，可是對於三峽藍染的歷史和價值卻是一點兒概念都沒有，這樣的課程其意義就要大打折扣了。

而子軒老師在進行這樣的課程時，會讓小朋友了解藍染的歷史，體驗以前的人染布的整個流程，雖然花費的時間非常多，但是子軒老師認為這樣的學習才能讓藍染這項技藝和這塊土地有所聯結，小朋友在這過程中才會認同三峽，否則跟一般的美勞課有什麼不同呢？

除了進行藍染課程外，子軒老師還會帶著小朋友進行五顏六色的植物染。在陳景林和馬芬妹老師的帶領下，三峽除了進行藍染技藝的復興與推廣外，也有在進行其他的植物染推廣，而且子軒老師認為：「藍染也是植物染色之一，只是因為最常使用，所以被獨立出來……但是藍染只能呈現出單一的顏色——藍色，而其他的植物染則可補其不足」（訪談紀錄，2008/04/28）。結合植物染，讓三峽染呈現出五顏六色的不同風采，也讓小朋友有更多樣化的體驗活動。

（四）探訪山區客家文化之旅

子軒老師長期以來對三峽的歷史文化也有相當深度的研究與調查，因此從文獻上得知山區存在著許多客家人。另外，因為子軒老師喜歡和社區的民眾聊天，從家長口中也證實思雲國小附近仍住有許多客家人。這些客家人在山區居住已超過三代，很多都不會說客家話了，甚至有些小朋友根本不知道自己是客家人，有鑒於這樣的隱憂，子軒老師決定帶著小朋友進行客家文化尋根之旅。

子軒老師以一整週的時間來進行「三峽山區客家文化之旅」的主題教學活動，進行的課程包括：「磊确石屋尋客家」、「探訪三峽山客文化」、「峽客說故事」、「製作客家花布背袋和平面藍布衫」、「客家文化園區文化之旅」、「北埔、內灣客家庄體驗文化之旅」等。進行的方式也十分多樣化，有實地參觀、實際操作、聽演講、訪談耆老、分組討論、歌謠教唱等。

子軒老師還視課程需要，邀請該領域的專家進行協同教學，包括：北

埔、內灣文史工作者、地方耆老、三峽老街布行的老板娘、客家文化學者廖
倫光先生、三峽鎮客家協會會長和會長夫人等。尋求社區適任之專業團隊或
人士，協助教師研發課程並共同擔任教學工作，不失為舒緩師資專長不足的
可行做法。

在「社區有教室」的方案中，社區可當作學校的教室，社區的自然、社
會、藝術與文化資源就是學習的最佳教材，社區的耆老與專長人士更可以成
為學校的教師（陳浙雲，2001）。學習的面向是多元的，教師應將學習管
道從校園空間擴大到社區情境，將學習內容從書本進入社區情境，去吸收更
豐沛的學習資源。學生在課程實踐中接觸在地文化，發現它的美與價值，進
而對在地文化產生認同，自然願意擔任起文化的守護者，讓在地文化能永續
存在。

子軒老師表示，這樣的課程是他針對社區的文化，自發性進行的課程，
而台北市客委會的做法則不然：

> 他們規劃好「菜單」，然後發公文去學校，表明今年有多少名
> 額可以去學校做教學的服務，然後學校提出申請，他們就會派老師
> 去教學。他們教得很精采，可是級任老師都跑掉了，感覺好像只是
> 去幫人家帶孩子，他們也覺得這樣效果不好。
>
> （訪談紀錄，2006/03/16）

子軒老師說進行這樣課程的心態跟他們不一樣，是由自己生活的土地自
發性地發展出這樣的課程。

四、展望期──下一步章曲

子軒老師的下一個目標是「永續三峽・生態文化」的經營。這幾年因為
觀光客與居住人口激增，對三峽的環境造成了很大的影響，「與其未來十年
後發生的事情才想辦法解決，不如現在就從教育和文化，從教育的紮根，和
基礎的研究」（訪談紀錄，2008/05/05）。他認為山區的環境非常具有潛

力,未來將會是三峽鎮一個發展的重點。所以下一步的焦點,不只是文化資產的人文部分,還會跨到保育的領域,延伸到對環境的關懷。子軒老師一直是個為了理想奮不顧身的人:

> 因為我自己覺得身上背負著使命,我很想為在地文化做出一些貢獻⋯⋯繼續在社區產業、在地文化藝術方面努力,比較大的理想是希望能夠營造一個比較好的三峽在地文化環境。
>
> (訪談紀錄,2005/09/26)

正因為子軒老師是個有使命感、努力不懈的人,雖然在三峽在地文化已經耕耘了這麼多年,但我相信,子軒老師的生命章曲一定會再繼續下去!

伍 落地生根的蘭花 ── 研究結論與研究啟示

遇見幽谷中這株失根的蘭花,本已搖搖欲墜,但在子軒老師等人的搶救、耕耘下,失根的蘭花開始冒出新芽,並勇敢、堅毅地綻放自己的美麗!

一、研究結論

子軒老師在進入三峽在地文化這個領域後,因深深為地方文化的美所著迷,所以以文化工作者和教育工作者兩種身分,同時為三峽而奮鬥。

(一)認同三峽在地文化,敏銳發覺並加以實踐

子軒老師雖然不是三峽在地人,但為豐富的三峽所深深著迷。在發現在地人並不珍惜自己的在地文化時,讓子軒老師覺得自己身上背負著一股使命感,他認為自己應該去捍衛這麼美的在地文化。而子軒老師因為長期與社區接觸,加上觀察力、敏銳度、執行力強,所以對於別人尚未發現的在地文化,他往往都能在接觸社區的過程中挖掘出來,並將它實現。

（二）將在地文化推向國際舞台

　　子軒老師在實踐在地文化課程時，不僅帶領民眾去認識本土的文化歷史，更試圖將在地文化推向全球化。子軒老師等人除了在地方上推展藍染計畫外，在輔大團隊的協助下，將藍染作品數位化並架設網頁。另外，還推動國際藍染藝術文化交流，試圖將藍染推向全球化。

（三）遭遇困境時，仍堅持對在地文化實踐的理想

　　子軒老師在實踐在地文化課程的過程中，經歷許多挫折與困境，不過他卻從未因此放棄對在地文化的堅持。其中有兩次比較大的困境：一次是三峽老街部分居民不珍惜老街；另一次是峽山文化協進會有人質疑子軒老師使用金錢的流向。但經歷挫折與困境，子軒老師從未放棄，只是堅持自己的目標，奮力向前。

（四）結合社區資源，進行在地文化紮根的薪傳

　　子軒老師會成立文史工作室和文化協進會，就是希望結合社區更多人的力量，共同為在地文化而奮鬥；另外，亦結合各地的文史工作者進行在地文化的課程，利用各自的專長互相協助。除此之外，並長期和各個文教機構、公部門合作，從這些地方也得到許多支援和經費。

（五）在地文化課程實踐理念

　　在學校場域課程實踐時，子軒老師實踐的方式十分注意教學與課程理論的運用。他認為，「課程是經驗」、「課程是社區」，是學習者、學習內容與學習環境之間的交互作用，以及交互作用之後產生的經驗歷程與實際結果；在課程內容的選擇或活動設計上，子軒老師會設計多樣的內容與教學活動，透過不同的途徑達到相同的課程目標；子軒老師亦認為，「課程是研究假設」，他將課程視為是一種在教室情境中有待考驗的研究假設，所以會將自己的教室視為課程發展實驗室，將自己視為教室行動研究者，和學生一起

合作處理知識問題。

（六）支持在地文化課程實踐的脈絡條件

　　支持子軒老師進行在地文化課程的條件，包括：社會環境的改變、課程發展權力的下放、文教機構經費的補助與家長、校長、社區人士的支持。過去的社會氛圍不允許教師實施鄉土教育，但現在在九年一貫課程中，鼓勵各校發展各校的在地文化課程；各文教機構配合政府推動在地文化的政策，給予學校和教師經費來進行相關的課程；而家長與社區人士的支持，更是給予老師最大的鼓勵。

（七）實踐過程兼顧文化學習與國際理解

　　子軒老師在實踐過程中，兼顧文化學習與國際理解，在教學場域中，讓學生在「感同身受」的探究學習活動中，激發愛鄉愛土情懷、養成文化同理心，並深切體認世界為一整體的地球村，培養相互依賴、互信互助的世界觀。

二、研究啟示

　　透過敘説子軒老師實踐在地文化認同課程的歷程，讓我有些省悟，對於課程實踐或政策，我有下列幾點的啟示與建議。

（一）文化認同是在地文化課程實踐的基石

　　子軒老師並非三峽在地人，但因為接觸了解後，認同三峽在地文化，而願意為這塊土地而努力。文化認同不是固定的，會因為文化脈絡與互動場域的增加，老師可以透過與社區結合的課程，引導學生接觸社區與社群，在參與的歷程中產生自愛與社區意識，從而提升對在地文化的使命感。

（二）運用各種社區資源進行在地文化課程較易落實

學校教師應改變過去封閉的態度轉為「向社區學習」，結合社區的學習資源，和社區居民相互合作，一起成長，共同承擔教育的責任。另外，教師可積極與各地的文化工作者或專業人才接觸，在進行相關課程時，結合這些人才讓課程加深加廣；並結合相關機構，除提供經費，也可在活動進行時提供協助。

（三）教師的賦權增能，可以帶動實踐在地文化課程的能動性

批判教育學者期待教師扮演轉化型知識份子，所以教師在進行在地文化課程時，需延伸教學場域，讓學生走入社區，探索社區中的歷史發展與人文特色，亦可邀請社區中的耆老和文史工作者現身說法或指導；並帶領學生關切社區環境、文化活動和環保議題，進行相關的社區行動，激發其對土地的關懷。

（四）重視在地文化精神為課程實踐的首要之務

進行文化課程時，一定要以在地文化精神為重點，教師在乎的並不是活動辦得多精采與盛大，而是透過這樣的課程，是否真的加強學生對在地文化的認同。面對全球化的衝擊，在地文化更應該努力尋求生存的空間，所以如何於教育中培養學生關懷在地文化之情感與意識，並經由教學歷程來協助學生建立對在地文化的認同，激發其對土地的關懷，是「全球化」中教育工作者不容忽視的議題。

（五）落實「全球視野，在地行動」的課程實踐是未來發展方向

在進行在地文化課程時，不只看到社區裡的文化，還具有全球化的視野，所以所設計的課程內容，會適度地與國際化接軌，積極運用現在科技，務必以全球化的視野來進行在地文化的課程實踐，如此才不會落入狹隘的地方主義，讓在地文化走出自己的一片天。

（六）由教師在地實踐，透視國內本土教育的演變

子軒老師長期於在地文化課程上努力，由他的身上可以看見國內本土教育的演變。早期剛解嚴時，鄉土運動受到很大的阻力；到了 1993 年時，新修訂的國小課程標準中，鄉土教學成為國民小學正式課程的一部分；而台北縣政府自 1994 年起試辦開放教育，與 2000 年推動「社區有教室」方案，許多學校因而針對社區的在地文化，經營出自己的特色課程；而九年一貫課程中，更將鄉土語言列為必修課程，積極推動鄉土教學，並鼓勵各校發展學校本位課程，給予各學校與老師極大的課程發展空間。

（七）大學師培機構培育轉化型知識份子的有效途徑

要教育出像子軒老師這樣的轉化型知識份子，大學師培機構需將維護解放與正義的民主社會生活置於目標裡，從而透過課程內容的學習與教學活動的進行，發展教師的公民勇氣、批判思考能力，更具有社會責任與關懷弱勢的情懷。而師資培育機構的教育者，本身就要具有批判的精神，關心公共議題，甚至能積極主動參與公共事務，如此才能培養出轉化型的知識份子。

 **參考文獻**

中文部分

于國華（2002）。**回應於全球化的地方學習運動——「北投學」的社區總體營造觀點**。發表於 2002 年第一屆北投學學術研討會。2008 年 6 月 1 日，取自 http://www.btcc.org.tw/web/91tc/06.doc

王勇智、鄧明宇（譯）（2003）。K. C. Riessman 著。**敘說分析**（Narrative analysis）。台北市：五南。

卯靜儒（2008）。全球化效應下的課程改革——知識社會學的幾點觀察。**教育研究月刊，170**，5-14。

行政院文化建設委員會（1998）。**文化白皮書**。台北市：作者。

余安邦（2001）。給工作坊講師的一封信。載於**台北縣八十九學年度「戶外教學」暨「社區有教室」課程發展實務工作坊手冊**（頁 28-29）。台北縣：台北縣政府教育局。

余安邦（2005）。**社區有教室的批判性實踐——當學校課程與在地文化相遇**。台北市：遠流。

吳綱立（2004）。建構全球在地化的永續城鄉地景。**公教資訊，7**（3），9-17。

吳錫德（譯）（2003）。J. P. Warnier 著。**文化全球化**（La mondialisation de la culture）。台北市：麥田。

宋佳妍（2004）。「2004 台北縣三峽藍染節」活動紀要。**96 年數位典藏電子報，3**（12）。2008 年 4 月 2 日，取自 http://www.ndap.org.tw/1_newsletter/content.php?uid=1165

周桂田（2003）。從「全球化風險」到「全球在地化風險」之研究進路——對貝克理論的批判思考。**台灣社會學刊，31**，158-188。

林美容（1988）。**由祭祀圈到信仰圈——台灣民間社會的地域構成與發展**。2008 年 4 月 28 日，取自 http://twstudy.iis.sinica.edu.tw/han/Paper/mazu/JiSiToXinYang.htm。

洪泉湖（2003）。全球化與台灣原住民族文化的傳承與發展。**公民訓育學報，14**，

37-53。

洪雯柔（2002）。**全球化與本土化辯證中的比較教育研究**。國立暨南國際大學比較教育研究所博士論文，未出版，南投縣。

孫治本（譯）（1999）。U. Beck 著。**全球化危機──全球化的形成、風險與社會**（What is globalization?）。台北市：商務。

徐偉傑（譯）（2000）。M. Waters 著。**全球化**（Globalization）。台北市：弘智。

教育部（2003）。**國民中小學九年一貫課程綱要**。台北市：教育部。

陳浙雲（2001）。活用社區資源，深化課程內容──台北縣社區有教室方案之理念與實施。**研習資訊，18**（1），7-17。

陳儒晰（譯）（2006）。H. A. Giroux 著。**教師是知識份子**（Teachers as intellectuals: Toward a critical pedagogy of learning）。台北市：高等教育。

游常山（2000）。沒有在地化，全球化就不真實。**天下雜誌，231**，276-282。

黃崇昌（2005，8 月 24 日）。**北縣／三峽藍染節 26 日盛大揭幕**。2008 年 4 月 2 日，取自 http://ettvs.ettoday.com/2005/08/24/122-1835502.htm

黃敬忠（2006）。**Roland Robertson 的「全球在地化」及其對本土課程研究的蘊義**。國立台北教育大學課程與教學研究所碩士論文，未出版，台北市。

蔡敏玲、余曉雯（譯）（2003）。D. J. Clandinin & F. M. Connelly 著。**敘說探究──質性研究中的經驗與故事**（Narrative inquiry: Experience and story in qualitative research）。台北市：心理。

鄭棨元、陳慧慈（譯）（2005）。J. Tomlinson 著。**全球化與文化**（Globalization and culture）。台北縣：韋伯文化。

羅世宏（譯）（2005）。C. Barker 著。**文化研究──理論與實踐**（Cultural studies: Theory and practice）。台北市：五南。

英文部分

Atkinson, R. (1998). *The life story interview*. Thousand Oaks, CA: Sage.

Freire, P. (1998). *Teachers as cultural workers: Letters to those who dare teach* (Trans. by D. Macedo, D. Koike & A. Oliveira). CO: Westview Press.

Giddens, A. (1990). *The consequences of modernity*. Cambridge: Polity.

Gilbert, K. R. (2002). Taking a narrative approach to grief research: Finding meaning in stories. *Death Studies, 26*, 223-239.

Guba, E. G., & Lincoln, Y. S. (1989). *Fourth generation evaluation*. Newbury Park, CA: Sage.

Morley, D., & Robins, K. (1995). *Spaces of identity*. NY: Routledge.

Robertson, R. (1992). *Globalization: Social theory and global culture*. London: Sage.

Robertson, R. (1995). Globalization: Time-space homogeneity-heterogeneity. In M. Featherstone, L. Scott & R. Robertson (Eds.), *Global modernities* (pp. 25-44). London: Sage.

Note......

Note......

Note......

Note......

國家圖書館出版品預行編目（CIP）資料

敘事探究：課程與教學的應用／莊明貞等著.
--初版.-- 臺北市：心理, 2010.09
面； 公分.--（教育研究系列；81037）
ISBN 978-986-191-354-4（平裝）

1. 課程研究　2. 教學研究

521.7　　　　　　　　　　　99002645

教育研究系列 81037

敘事探究：課程與教學的應用

主　　編：莊明貞
作　　者：莊明貞、阮凱利、吳臻幸、柴成瑋、蕭又齊、
　　　　　賴玫美、何怡君、陳靜宜、江慧娟、廖窕吟
總 編 輯：林敬堯
發 行 人：洪有義
出 版 者：心理出版社股份有限公司
地　　址：231026 新北市新店區光明街 288 號 7 樓
電　　話：(02) 29150566
傳　　真：(02) 29152928
郵撥帳號：19293172　心理出版社股份有限公司
網　　址：https://www.psy.com.tw
電子信箱：psychoco@ms15.hinet.net
排 版 者：辰皓國際出版製作有限公司
印 刷 者：東緙彩色印刷有限公司
初版一刷：2010 年 9 月
初版三刷：2022 年 8 月
I S B N：978-986-191-354-4
定　　價：新台幣 320 元（含光碟）